KB271116

한국 사회와 그 적들

한국 사회와 그 적들

이나미 지음

추수밭

한국인의 마음이 궁금하다

모두 아픈 대한민국

나는 한국이 좋다. 세상 어딜 가도 이만한 자연이 없고, 이만큼 친절한 관공서와 경찰도, 이만큼 정 많고 똑똑하고 잘생긴 국민도 없다. 물론 문제도 많다. 개인들이 무기력감을 느낄 만한 모순과 정의롭지 못한 점투성이다.

다 아는 얘기지만, 불과 40~50년 전까지 한국은 전 세계에서 가장 가난하고 위험한 나라였다. 어릴 때 미국에서 온 교포 아이 앞에서 한없이 주눅 들었던 기억이 난다. "한국은 너무 더럽고 못살아서 싫어. 사람들도 지저분하고 무식하고…"라고 했을 때, 어린 나는 이 나라가 부끄럽고 나 자신이 초라해 보여, 왜 하필이면 한국 같은 나라에서 태어났는지 정말 운도 없다고 생각했다. 2000년대 초반까지만 해도, 만나는 외국인마다 같은 동양인 일본이나 중국은 장구한 문화의 나라로 여기면서 한국에 관해서는 전쟁과 분단만 언급해 속상하기도 했다. 그러나 지금은 한국을 보는 시선이 완전히 달라졌다. 문화든 기술이든, 이제 한국인이 자랑스럽다고 말해도 자연스럽고 당연한 시대가 된 것이다.

그러나 급작스러운 성장에 따른 그림자 역시 커졌다. 그중에서도 가장 심각한 것이 남과 비교하며 만들어 가는 병적 질투심이다. 기왕이면 앞서

가야 한다, 남보다 뒤처지지 말아야 한다는 생각은 강박증처럼 사람들을 괴롭힌다. 사교육 열풍, 부동산 광풍, 조기 유학, 명품병, 호화 결혼식, 과다 혼수 등의 뿌리에는 이런 샘 부리는 마음이 숨어 있다. 샘이 많으면 미숙하고 속이 좁아 주변과 문제를 일으킨다. 사사건건 질투하는 사람이 많은 사회는 갈등도 심각하다. 불만이 많으니 말도 많고, 탈도 많다. 크고 작은 싸움도 자주 일어나 서로 상처를 주고, 너 나 할 것 없이 내가 희생자라고 주장한다. 나쁜 일이 일어나면 먼저 남 탓부터 한다.

서로에 대한 비난과 경쟁에 지친 한국은 모두가 괴로운 지옥 같아 보일 때가 있다. 교육비 때문에, 취직 때문에, 결혼 비용 때문에, 물가 때문에, 보장되지 않은 노후 때문에, 사람들은 죽겠다고 말한다. 지금 대한민국은 10대부터 노인까지 모두 내가 제일 아프다고 아우성인 듯하다.

도대체 한국인은 왜 힘들고 불행하다고 느낄까? 무엇이 우리의 행복을 가로막는 걸까? 여러 정치·경제·사회적 원인이 있겠지만 그것을 분석하고 구체적인 대안을 내놓는 것은 내 영역과 능력 밖인 것 같다. 이 책에서는 다만 내가 배운 심리학 지식으로 한국인의 심리, 특히 한국인을 괴롭히는 콤플렉스를 들여다봄으로써 한국인이 불행하다고 느끼는 원인을 찾아보고 심리적인 처방을 할 뿐이다.

한국인의 숨은 동력, 콤플렉스

분석심리학에서 말하는 콤플렉스(complex)는 보통 사람들이 말하는 열등감과 다른 개념이다. 콤플렉스는 무엇이 모자라거나 넘치는 외적 조건보다 더 깊숙하게, 우리의 의식과 무의식을 휘두른다. 과거의 아픈 기억, 현재의 해결되지 않은 상황, 미래에 대한 걱정, 마음과 몸의 불편한 조건들과 연결되기도 한다.

예컨대 모성 콤플렉스는 어머니의 자궁에서부터 무덤까지 모두 관련 있다. 어머니 생각을 하면 지나치게 슬프고, 짠하고, 화나고, 행복하고, 머리가 아프고, 피곤해진다면 모성 콤플렉스에 빠져 있는 것이다.

그러나 콤플렉스가 반드시 병적인 것은 아니다. 모성 콤플렉스 때문에 사람들은 위대한 의사도, 간호사도, 교육자도 될 수 있다. 사실 돈 콤플렉스가 없다면 절대 부자가 될 수 없고, 권력 콤플렉스가 없으면 높은 지위에 올라갈 수 없다. 이 책에서 한국인의 콤플렉스를 다루는 것도 콤플렉스가 한국인의 발전에 긍정적인 동력이 된다고 생각하기 때문이다. 콤플렉스는 우리를 괴롭히기도 하지만, 동시에 우리를 성장시킨다. 콤플렉스를 억압하고 부정하기보다는 이해하고 극복할 때 새로운 삶의 에너지가 될 수 있는 것이다. 한국인에게 여러 가지 콤플렉스가 많다는 것은 그만큼 다양한 가능성이 존재한다는 뜻으로 이해해 주기 바란다.

융 심리학에서 지향하는 궁극의 목적은 내면의 참 자기를 찾는 '개성화(individuation)' 이다. 개성화란 주변 상황이나 집단적인 흐름 또는 대세에 동조하기보다는 참 자기가 무엇을 원하는지 관심을 갖고, 자기 내부에서 우러나오는 진정한 가치대로 사는 것을 의미한다. 융은 자신의 내면으로 깊이 들어가 무의식을 들여다보고 작업해야 개성화를 성취할 수 있다고 말한 바 있다. 이런 작업은 결코 수월한 것이 아니어서, 일생을 다 바쳐도 부족할 수 있다.

이런 과정은 외적으로 관찰되기보다는 내면에서 은밀히 일어나기 때문에 때론 아주 특별하고 신비해 보일 수도 있다. 그러나 많은 사람의 오해와 달리, 개성화 과정은 자신의 내면에서만 일어나고 그치는 것이 아니다. 자신이 개성화 과정을 통해 누린 행복을 주변과 나누어야 한다고 융도 말했다.◆ 주변이란 크게 보면 인류이고, 작게 보면 가까운 가족과 친지일 수 있다. 그리고 개성화 과정은 산에 가서 굴을 파고 혼자 벽을 보는 도사의 기이한 수행 같은 것을 뜻하는 것이 아니다. 아침에 일어나 밥을 하고, 출근해서 자기에게 주어진 일을 하고, 일이 끝나면 자기 발전을 위해 공부하는 등 아주 평범한 일상 하나하나도 개성화의 일환일 수 있다.

융이 말하는 인류도 크게 보면 지구촌 전체의 인간이라는 종이지만, 그 범위는 때론 한국인, 서울 사람, 자신이 속해 있는 종교 집단, 직업군 등 다양한 형태의 집단을 아우를 수 있다. 개성화 과정을 주변 사람을 포함해 이웃과 나누기 위한 첫 번째 단계가 '관심'이다. 하이데거식으로 말하면 '마음 씀'이고, 레비나스식으로 말하면 '타자에 대한 배려'다. 가족이든 친구든 누군가를 진심으로 사랑한다면 그 대상이 과연 어떤 생각과 감정으로 행동하는지 궁금해지는 게 당연하다. 크게 보면 조국과 인류에 대한 사랑도 그런 궁금함에서 나와야 한다. 무조건 "난 우리나라가 싫어" 혹은 "우리나라가 최고야" 할 게 아니라 내 나라 사람들이 도대체 어떤 생각과 감정이 있기에 이런 행동을 하는지 궁금해야 한다.

상대방에 대해 열린 태도로 이해하려 하지 않는 한 사랑은 시작되지도 지속되지도 않는다. 처음에는 단순한 호기심에서 시작해 상대방을 알아

◆ Jung, C. G.(1976), *The Symbolic Life: Miscellaneous Life Bollingen Series XX Princeton*, Princeton University Press, p. 454

가는 과정에서 점점 더 이해가 깊어지고, 또 이해할 수 없는 무언가가 생기면 다시 이해하려고 노력하는 과정에서 사랑이 깊어진다. 그리고 사랑은 내 가족뿐 아니라 내 이웃, 내 민족, 지구촌의 모든 생명체에게 실천되어야 한다.

한국인의 집단정신을 그려 보다

숲을 바라보는 방법에는 두 가지가 있다. 하나는 숲 전체를 조망하는 것이고, 다른 하나는 숲 속 나무와 꽃들을 하나하나 살피는 것이다. 이 책을 집필하면서 나는 한국이라는 큰 숲을 보고 싶었다. 물론 나무와 꽃을 하나씩 살펴보는 것도 의미가 있다. 그러나 한 사람의 능력이란 한정되어 있기 때문에 인생을 다 바쳐도, 숲 속의 모든 풀과 꽃과 나무와 돌을 동시에 완벽하게 볼 수는 없다. 욕심을 부려서 나는 숲을 좀 더 큰 덩어리로 보는 쪽을 택했다. 한국인의 심리를 좀 더 큰 단위로 관찰하자는 것이다.

물론 전 세계 어디서도 볼 수 없는, 한국인만의 특별한 마음이 존재한다고 단정 지어 말할 수는 없다. 특히 세계화 시대다 보니, 한국인 중에는 서유럽 사람보다 더 유럽적인 사람이 있는가 하면, 19세기 조선 사람보다 더 보수적인 사람도 있다. 각자가 자기 편한 대로 때론 서양적, 때론 동양적, 때론 근대적, 때론 중세적, 심지어 원시적으로 바뀌기도 한다. 그래서 한국인을 한 덩어리로 이렇다 하고 이야기하면 일반화와 단순화의 오류에 쉽게 빠지고 만다.

해서, 한국인은 이렇다고 결론을 내리기보다는 설화나 역사, 문학 작품 등 문서는 물론 최근의 언론과 임상 케이스들을 모두 동원해 한국인의 집단정신 중 한 부분을 유추해 보는 것으로 이 책의 방향을 제한하고자 한다. 전통적인 풍속과 인물들이 현재 한국의 정신과 문화에 어떤 영향을 주었는지, 또 외국의 문화적 충격이 현재 사회에는 어떤 식으로 침윤되어 왔는지 하는 식이다.

그러나 이 책은 정통적인 의미의 연구서가 아니다. 그런 책은 독자도 재미없겠지만, 글을 쓰는 나 자신도 재미가 없다. 내 삶의 원칙 중 하나가 '기왕이면 인생을 재미있게 살자!' 다. 내 평범한 얼굴처럼 글도 쉽고 편안하게 쓰려고 했다. 그러니 독자들도 편한 마음으로 읽어 주기를 바란다.

이미 눈치챈 독자도 있겠지만, 이 책의 제목은 포퍼의 저서 《열린사회와 그 적들》의 패러디다. 공부의 배경은 다르나, 어떤 폐쇄적 전체주의도 반대한 포퍼의 생각은 내가 이 책을 통해 이야기하고 싶은 바와도 일맥상통한다. 한국 사회가 보다 창조적이고 열린 사회로 나아갔으면 하는 바람이다.

힐링 열풍과 함께 죽겠다, 아프다, 떠드는 사람들도 있지만 주변을 돌아보면 대부분의 한국인은 주어진 운명을 묵묵히 견디며 힘들어도 열심히 산다. 어느 나라처럼 총으로 무고한 사람들을 쏘아 대지도 않고, 스스로 자살 폭탄이 되는 일도 없다. 밤새 더러워진 거리도 새벽이면 말끔히 치워지고, 대부분의 사람들은 열몇 시간의 공부와 노동을 조용히 감내한다.

이런저런 어려움이 많겠지만 수천 년 동안 그랬듯이 한국인들은 앞으로도 주어진 운명을 잘 개척해 나갈 것이다. 그렇게 견디는, 이름 없지만 훌륭하고 멋진 사람들에게 이 책이 미력하나마 도움이 되기를 바란다.

차례

PART 4
'독(獨)'해진 사람들
어디에서도 위안을 찾지 못하는 외로운 한국인들

PART 5

'복(福)' 받을 사람들
그럼에도 불구하고, 한국인이 행복할 수 있는가?

PART 1

'물(物)'에 빠진 사람들

결코 채워지지 않는 욕망의 덫에 빠진 한국인들

생존을 넘어 욕망이 되다

한에 울던 한국인, 이제 욕망 때문에 운다

이젠 기억하는 사람이 드물지만, 1970년대 화가 천경자 씨의 《한恨》이라는 수필집은 초대형 베스트셀러였다. 그때만 해도 한국인들은 한이 될지라도 참고 견디는 정서가 한국인의 유전자에 깊이 박힌 고유의 심성이라고 생각했다. 일제 강점기, 제2차 세계 대전, 한국 전쟁, 베트남 참전, 4·19 혁명 등 1970년대까지 끔찍하고 슬픈 사건이 너무 많았고, 그 때문에 상처받은 이들도 엄청났다. 그보다 더 거슬러 올라가면 동학 혁명에 천주교 박해까지, 억울하게 죽거나 다친 사람에 대해 내려오는 슬픈 전설이 어느 한 집에만 국한된 이야기겠는가. 모두가 엄청난 한을 품고도 그냥 말없이 살아냈다.

가난하고 위생 상태가 나빠서 병이 난 사람도 있겠지만, 어찌할 수 없는 국가적인 사건 때문에 죽거나 다치거나 실종된 사람들, 또한 살아남았지만 마음과 몸에 깊은 병이 든 사람들의 한은 세대를 넘어 전해졌다. 지금은 북한의 식량난을 걱정하지만, 1960~1970년대만 해도 우리나라 역시 보릿고개에 굶어 죽는 사람이 많았다.

그러니 잘살고 번듯해 보이고 자신만만한 선진국의 외국인들 앞에 서면 일단 주눅부터 드는 게 당연했다. 못사는 한국이 싫다며 떠나는 사람도 많았다. 또한 많은 이들이 돈을 벌기 위해 독일의 광부나 간호사로, 중동의 사막으로, 외항 선원으로라도 떠나야 했다. 그래야 가족들이 입에 풀칠이라도 할 수 있었기 때문이다. 사람들은 생이별을 하면서도, 몸과 마음이 도저히 견디기 힘든 고생을 겪으면서도 눈물을 삼키며 미래에 대한 희망을 놓지 않고 살았다.

그러나 불과 한 세대 만에 한국인의 정서는 180도 달라졌다. 물론 여전히 노숙자와 무직자도 많고, 갑자기 병에 걸리거나 가장이 파산해 집안 전체가 어려움에 처한 사람도 많다. 한 끼 먹을거리를 걱정하는 이들도 우리 주변에 엄연히 존재한다. 그러나 대부분 자신의 환경을 원망하거나 스스로의 무능함을 자책하지, 한국이라는 열등한 나라에서 태어난 것 자체가 한이 되고 불행의 원천이라고 말하는 이들은 예전에 비해 확실히 줄었다.

옛날에는 외국에 나가면 한국인이라고 말하는 것이 창피해 일본인이나 중국인처럼 행세하기도 했지만, 이제는 외국인들이 먼저 반기면서 한국인이냐고 물어온다. 디지털 왕국, 자동차와 가전제품의 나라라는 이미지에서부터, 한류의 원산지로서 한국은 호감과 선망의 대상이 되었기 때문이다. 60년 전에는 한국이 아프리카의 최빈국보다 더 가난했고, 필리핀이나 미얀마가 우리에게는 엄청난 선진국이었다는 사실을 아는 젊은이는 그리 많지 않을 것이다.

그럼에도 여전히 드라마에나 현실에나 눈물짓고 울부짖는 불쌍하고 가련한 주인공들은 있다. 물론 예전의 지고지순함에서 나오는 순진한 눈물과는 조금 다르다. 드라마 속의 눈물은 대부분 옛날 영화 〈미워도 다시 한번〉 같은 어쩔 수 없는 운명으로 겪는 한 때문이 아니라, 자신의 욕망대로 살 수 없는 현실에 대한 분노와 질투 때문인 경우가 더 많다.

드라마뿐 아니라 현실에서도 자기의 욕심을 죽이고 구체적인 대상이나 숭고한 이념을 위해 희생하는 사람들을 칭찬하는 설정이 거의 없다. 노사 갈등, 여야 대립, 거리의 크고 작은 시위에서도 예전의 애국충정에서 나온 순수한 지사적 에너지를 느끼기가 점점 더 어렵다. 불행한 사람은 시공간을 막론하고 어디든 있지만, 갈등과 불만을 표현하고 해소하는 방식과 이유가 많이 변한 것이다.

물론 무조건 참는 것이 좋은 것은 아니다. 갈등과 불만이 밖으로 드러나지 않는다는 것은 누군가 절대적 권력을 행사해 모두를 숨죽이게 한다는 뜻이다. 또는 사회 구성원들이 아예 미래에 대해 포기해 무력감과 냉소주의만 가득하다는 뜻일 수도 있다. 갈등이 많을수록 역설적으로 사회는 더 역동적이다. 인생을 열심히 살아야 분쟁도 생긴다. 누군가 시켜서 사는 가짜 인생은 결국 엇나가거나 중간에 포기하게 된다. 자신의 욕망에 충실한 삶은 아름답지는 않아도, 적어도 정직할 수는 있다.

사실 정직함만 따지면 서너 살짜리 아이들이 일등이다. 다만 자신들의 욕망에 충실한 아이들은 대부분 거짓말을 못하고 자신들의 행동 때문에 타인들이 불편해하거나 기분 상할 수 있다는 판단력이 부족하다. 어쩌면 많은 한국인이 현재 그 단계에 머물러 살고 있는지도 모른다. 한 세대 전에는, 자기 안의 그 미숙함을 마음속에 감추고 마치 어른인 양 위선으로 살았다면, 지금은 아예 "나는 욕심 많고 미숙해, 그래서 뭐 어쨌다고?" 하는 식이다. 한을 안고 억울하고 불행하게 늙어 간 어른들은 그런 자신들의 삶을 물려주지 않기 위해, "너는 너 하고 싶은 대로 살아라"를 틈만 나면 주입시켰고, 자식들은 참는 어른들을 보면서 "나는 저렇게 살지 않을래"라고 끊임없이 되뇌며 성인이 된 탓일 수도 있다.

　이제는 한을 마음속에 품어 두지도 말고, 그런 한을 그럴듯하게 포장하지도 말고, 그렇다고 남들이 나 대신 한을 품게 하지도 말며, 좀 더 성숙하게 남을 배려하는 법을 배워야 한다. 그러기 위해서는, 남의 콤플렉스뿐 아니라 내 안의 콤플렉스도 볼 줄 알아야 한다. 그래야만 진정으로 한국인이 갖고 있는 한의 정서가 극복될 것이다.

'통장 잔고 = 인생 점수'
라는 생각

사기를 당하거나 도둑맞았을 때 화가 나는 것은 꼭 돈 때문만이 아니다. 왜 그런 바보 같은 선택을 했는지 우선 자신에게 화가 나고, 자신을 우습게 여기고 속여 이익을 챙긴 상대방에 대한 분노가 사실은 더 크다. 돈은 우리가 생존하는 데 꼭 필요한 도구지만, 심리적 에너지의 상징이기도 하다. 쉽게 말해, 지갑이 든든하면 사람들을 만나도 자신감이 생기고, 저금통장에 다만 돈이 얼마라도 있을 때와 그렇지 않을 때는 기분이 달라지는 것이다.

정신적 혹은 물리적 에너지가 부족해지면 정상인도 돈이나 지갑을 잃고 쩔쩔매는 불안몽(anxiety dream)을 꿀 때가 있다. 꿈에 도둑을 맞거나 강도를 당하는 장면이 나오면, 현실 상황에서 돈과 관련된 여러 가지 일에 대해 물어보고 돈에 대한 집착이 심한지 알아볼 필요도 있지만, 한 걸음 더 나아가 피분석자의 정신적 에너지가 고갈된 것은 아닌지도 짚어본다.

민담이나 신화를 분석할 때도 마찬가지다. 예컨대 흥부가 가난해 형에게 갖은 구박을 당하다가 박에서 금은보화가 쏟아져 나오는 상황을 꼭 벼락부자가 되는 상황으로만 이해할 것이 아니라, 황량하고 메마른 흥부의 마음이 보잘것없는 제비를 보살피고 도와줌으로써 풍요롭게 변하는 과정으로 해석할 수도 있다. 금은보화가 끝없이 나오는 주머니나 항아리, 또는 황금알을 낳는 오리 등을 갖고 있던 이들이 욕심을 과하게 부려 약속한 양보다 더 많이 끄집어내면 마술적 힘이 사라지는 민담의 주제도, 돈뿐 아니라 자신의 에너지를 적절하게 아껴 쓰라는 메시지로 이해할 수 있다.

현실에서 강도·절도·사기 등을 당했을 때, 직장을 잃거나 투자한 돈이 휴지 조각이 되었을 때는 우울감이나 공황 증상도 경험한다. 그 돈으로 꼭 무엇을 해야 되기 때문이 아니라, 돈이 없어진 현상을 자아에 대한 심각한 위험과 비슷하게 지각하기 때문이다. 재산이란 단순히 통장에 기록된 숫자가 아니라 내 인생이 얼마나 성공적이었는지, 또 내가 얼마나 선택을 잘했는지에 대한 증거로 여겨지기도 한다. 이렇게 재산을 어떤 가치보다 높게 평가하는 사회일수록 돈 콤플렉스 때문에 괴로워하는 이들이 많다.

넘쳐도 탈, 부족해도 탈

남들은 사교육에 어마어마한 돈을 쏟아붓는데 자신은 자녀에게 노트나 참고서 하나 사 주기도 어려운 상황이라면, 당연히 자식 앞에서 돈 때문에 떳떳하지 못할 것이다. 아픈데 병원비 걱정부터 앞설 때, 집세가 밀려 이사해야 할 때 돈 때문에 서럽지 않다면, 그게 더 이상하다. 부모에게서 잔

뚝 물려받은 이들은 편안하게 사는 것 같아 보여(실제로는 꼭 그렇지도 않다. 세상에 공짜가 있는가?) 무슨 짓을 해서라도 내 핏줄은 자손만대 책임지겠다는 핏줄 지상주의도 돈이 필요한 이유다. 이처럼 돈에 대한 집착은 열등감, 가족의 역동, 자존심의 상실 등 심리적으로 복잡한 측면이 있다.

재벌이 등장하는 드라마에 열광하는 여성들의 마음에도 부자를 만나 원 없이 쓰고 잘난 척해 보겠다는 퇴행적 욕망이 잠재해 있다. 그러나 실제로 상담하다 보면 한 달에 30만 원으로 생활하는 이들이나 3000만 원을 용돈으로 쓰는 이들이나 돈과 관련된 주관적인 행복감에는 차이가 없다. "돈 없어 걱정"이라며 '가난'을 호소하는 부호들의 하소연도 참 많이 들었다. 그래도 사정 모르는 사람들은 여전히 화려한 삶을 동경하고 찬탄한다. 물론 고급 차를 타고 명품 옷을 입었을 때와 버스나 소형차를 타고 싸구려 옷을 입었을 때 대접을 다르게 하는 사람들도 많다. 그처럼 물건 값으로 사람 서열을 매기는 속물형 인간들과는 사실 아예 상종하지 않는 게 낫다. 별 영양가도 없는 허영의 자리에서 시간이나 죽이기엔 인생이 너무 아깝다.

큰 부자들은 나스닥 창립의 주역이었던 메이도프 같은 큰손에게 사기를 당하고, 중산층들은 평생 모은 돈을 펀드와 부동산에 투자했다가 반 토막 나고, 아예 없는 사람들은 끼닛거리가 없어 절도범이 될 수 있다는 차이뿐이다. 투자한 것이 잘못되어 자살하는 이들에 대한 소식도 들리고, 재산 문제 때문에 부부 또는 부모 자식, 친지간에 원수가 되는 경우는 돈이 많고 적음과 관계없이 누구에게나 일어난다. 돈이 많다고 행복이 보장되는 것은 아니지만, 갖고 있던 것을 빼앗겼다는 박탈감이 사람들을 심리적으로 더 황량하게 만든다. 부자가 오히려 더 구두쇠고, 가난한 사람들이 더 관대한 것은 돈을 빼앗기는 기분을 아무래도 부자가 더 많이 느끼는 탓일 수 있겠다.

몇 년 전 미국에 있을 때 젊은 헤지펀드 매니저의 집을 방문한 적이 있다. 부부 둘이 사는데 집값 비싸다는 맨해튼의 방 14개짜리 펜트하우스였고, 앤디 워홀과 리히텐슈타인 같은 유명 화가의 그림이 수백 점, 심지어 매일 먹고 씻는 그릇과 가구들도 모두 유명 예술가의 작품이었다. 파생 상품을 굴려 남의 돈으로 호화스러운 생활을 한다는 점에서 과연 그들이 그런 부를 누리는 것이 옳은 일인지 의문이 들었다. 지하철을 타고 집으로 돌아오는 길에 늙은 걸인과 낡은 옷을 입고 복권을 사는 가난한 흑인들 곁을 지나면서, 미국식 분배 모델에 혐오감까지 들었다.

다행스럽게도, 한국 사회에서는 힘든 와중에 우여곡절을 겪으면서도 경제 민주화와 공평한 경제 구조에 대한 논의가 이루어지고 있다. 기부 문화도 조금씩 정착되어 가고, 복권이 팔리는 액수도 상대적으로 급격히 줄고 있다지만 여전히 불공평하다는 느낌을 모두 지우기는 어렵다. 발전과 위기를 번갈아 겪다 보면 무조건 황금 보기를 돌같이 하던 시대의 단순한 금전관으로는 불충분하다는 것을 절감한다.

돈 욕심 없다는 사람들의 자가당착

사실 성취욕은 소유욕과 완전히 분리되기 힘들다. 특히 정신이나 영성에 대한 관심이 물질에 대한 관심으로 대치된 후기 자본주의 사회에서 소유욕을 완전히 배제하면서 자기실현을 한다는 것도 현실적으로 불가능하다.

잠시 심각한 우울증을 앓았으나 현재는 거의 정상으로 돌아와 심리 분석을 받고 싶어 하는 환자의 예를 보자.

그는 초등학교 시절 전교 1등을 할 정도로 명석했지만 정신분열증을 앓으면서 세상과 조금씩 단절된 삶을 살았다. 그러나 심리학에 관련된 책을 많이 읽어 "융이 말한 개성화와 자기실현이 나의 목적"이라고 말하면서 심리 분석을 받고 싶다고 했다. 원래 머리가 매우 좋고 몸도 건강한 편이라서, 복잡한 전문직은 가질 수 없지만 간단한 노동은 얼마든지 가능한 상태였다. 그러나 그는 돈 욕심이 없으며, 아무것도 갖고 싶지 않고, 명예도 원치 않는다고 말했다.

사실 그는 형이 막노동으로 버는 돈과 어머니의 연금으로 원하는 것은 웬만큼 누리고 살았다. 일은 않고 공부만 한 공자가 자신의 이상형이라고 말하며 심리 분석을 공부하고 싶다는 그에게 나는 정신분석을 받지 않는 것이 좋겠다고 말해 주었다. 그에게 필요한 것은 정신분석이 아니라 당장 밖으로 나가 몸을 움직이면서 다만 몇 푼이라도 버는 것이니, 일자리부터 찾는 게 순리다.

이 환자뿐 아니라, 사지 육신이 멀쩡한데도 험한 일은 하지 않겠다며 부모 돈으로 살아가는 젊은이들 또한 겉으로는 물욕이나 명예욕이 없어 보이지만, 게으름의 노예가 되었다는 점에서 진정한 개성화와는 거리가 멀다. 그들은 돈 따위는 중요하지 않다고 말하지만, 자신이 입고 쓰는 돈 때문에 다른 사람이 일해야 하고, 또 물려받은 재산은 결코 떳떳하게 쓸 수 있는 것이 아니라는 점에 대한 인식이 없다.

퇴계 이황 선생이나 화담 서경덕 선생을 들먹이면서 일은 안 하고 공부나 하겠다는 사람들도 있다. 고시 준비를 한다며 부모에게 얹혀살며 마흔 살이 다 될 때까지 경제적으로 독립하지 못하는 사람들 역시 매우 완악한 돈 콤플렉스에 사로잡혀 있는 것이다.

'쓰고, 쓰고, 또 쓰라' 소비 권하는 사회

반대로 모든 것을 돈으로 따지는 황금만능주의자들도 엄청나게 많다. 결혼 시장에서 첫 번째로 보는 조건이 배우자의 수입이라고 하지 않는가. '결혼은 현실'이라는 조언은 낭만적인 기대 때문에 엉뚱한 판단을 하지 말라는 것이지, 사업 계약 하듯 조건만 따지라는 것이 아니다. 또 내 돈 내가 쓰는데 무슨 상관이냐며 엄청난 사치와 탐욕스러운 이기주의에 사로잡힌 이들도 추하긴 마찬가지다.

우리나라에 널리 알려진 최 부잣집의 가훈을 보자. '과거를 보되 진사 이상은 하지 마라, 사방 백 리 안에 굶어 죽는 사람이 없게 하라, 재산은 만 섬 이상 모으지 마라, 며느리들은 시집온 후 3년간 무명옷을 입게 하라, 과객을 후하게 대접하라, 흉년에는 재산을 늘리지 마라….' 요점은 절제와 겸손과 배려다. 노블레스 오블리주를 굳이 선진국에서 배울 필요가 없다.

호숫가에 오두막을 짓고 《월든》을 쓴 헨리 소로나, 탑을 손으로 하나하나 쌓으며 전기도 없이 은둔했던 분석심리학자 융도 있지만, 우리 주위에는 소리 소문 없이 열심히 일하면서 자연을 받들고 소박하게 사는 이들이 적지 않다. 사실 자연을 정복의 대상으로 생각했던 근대의 서양과 달리 노장(老莊)과 유교적 청빈 사상으로 자연을 훼손하지 않으려 했던 전통을 그동안 너무 잊고 있었던 것뿐이다. 소박함을 지나치게 강조한 조선시대와 가난했던 근대에 대한 반작용일까. 21세기 한국인은 종교 대신 알게 모르게 화려한 삶을 너무 숭앙하고 있다.

예컨대 소박하고 정갈했던 한식에 '퓨전'이라는 단어를 붙인 뒤 요란하게 큰 그릇에 담아 정체불명의 소스로 범벅해 놓기만 할 뿐 그릇 나르는 사람들의 품과 설거지에 드는 세제와 물은 고려하지 않는다. 빚을 지고서라도 넓은 집에 살려 하고, 남은 음식과 유행 지난 옷을 버리는 것을 세련된 소비 태도라 여긴다. 나는 '식당에서 남기지 않을 만큼만 주문하기, 집 냉장고에서 음식이 버려지는 일 없기, 나만을 위해 자동차 굴리지 않기, 명품 브랜드는 사지 않기, 값비싼 보석으로 치장 않기' 등 나름대로 원칙을 세워 지키는데 때로는 주변에서 궁상스럽다고 지적하기도 한다. 하지만 나는 아끼고 절제하는 사람을 촌스럽다고 하는 사회가 오히려 더 문제라고 믿는다.

쓰고 또 쓰라고 최면을 거는 매스컴이나 기업만 비난할 게 아니다. 일부 정신분석학을 오해한 사이비들도 책임이 있다. 예컨대 프로이트의 성욕설에 슬쩍 기대어 욕망을 절제하기보다는 일단 누리고 배설하는 삶이 훨씬 건강하다고 믿는 사람들도 있다. 욕망이 기술과 자본을 등에 업고 환경을 황폐하게 해도 사실 이를 문제 삼는 정신분석가들은 많지 않았다. 다행히 최근에는 환경 심리학(Eco-psychology), 자연 보존 심리학(Conservation psychology) 등에 관심을 갖는 이들이 늘어나고 있다. 인간 중심으로만 자연을 탕진해 버리면 동식물이 멸종되고 오존층이 훼손되며, 온난화가 심해지면 농작물 생산이 감소하고 결국 내 살림살이도 팍팍해진다.

정치, 경제, 자연환경을 고려하지 않고 부모한테 받은 심리적 상처나 성적 억압만 문제 삼는 것은 부유한 유한부인이나 부잣집의 백수 자녀들에게나 맞는 가설이 아닐까 싶다. 우리를 품어 준 자연과 내가 탕진하는 자원에 대한 최소한의 예의도 없고, 일하지 않는 자신을 부끄럽게 생각하지도 않는 사람은 참으로 뻔뻔하다. 철학자 니체의 말을 빌리자면, 스스로를 통제하지 못하고 욕망의 노예가 된 이들은 지구에 참 나쁜 암적 존재다.

'내 집 마련'에
목매는 사람들

전셋집에 살던 시절, 시어머니는 이른바 남의집 살이를 영 마뜩잖아하셨다. 자질구레하게 집에 손볼 일이 생기면 특히 속상해하셨다. 세입자와 집주인이 자세한 계약서를 써 웬만한 수리는 집주인이 해 주는 미국식 관례가 정착된다면 우리나라도 집을 소유하려는 욕구가 좀 줄어들지 않을까 하는 생각이 들었다. 전 세계 집값이 떨어지고 우리나라 미분양 아파트가 넘치는데도 부동산 투기를 걱정하고, 반대로 하우스푸어, 렌트푸어 대책이 곧 나와야 한다고 믿는다면 집과 관련된 한국인만의 특별한 정서가 있을 것이다.

우선 전쟁, 화폐 개혁, 증권 폭락 등으로 불안했던 기억 때문에 무슨 일이 있어도 공중 분해되지 않는 땅과 집에 대한 믿음이 형성되었을 것이다. 내 돈으로 부동산에 투자하는 것을 함부로 비난하지 못하는 까닭이기도 하다. 지주와 소작인처럼 집주인과 세입자의 관계를 불평등하게 여기는 전통적 상하 관계에 길든 탓도 있다.

재산이 많아도 99칸 이상은 금지했던 평등주의적 유교 전통에 반해 부의 급속한 집중에 따른 상대적 박탈감도 있다. 부자들이야 뭘 해 놓고 살든 나만 행복하면 된다는 서양의 개인주의적 사고방식과 달리 치열한 경쟁 속에서 외향성으로 변한 한국인은 끊임없이 남과 자신을 비교한다.

집을 신분 상승과 과시의 대상으로 생각할 수도 있다. 유럽처럼 '귀족' 신분을 타고날 수 없는 한국에서 비싼 집은 자신이 다른 사람보다 우월한 종자인 듯 착각하게 만드는 기능을 한다. 물론 껍데기를 벗고 자신을 그대로 드러내 보일 때 남들에게 무시당하지 않을까, 또는 우습게 보이지 않을까 하는 두려움도 숨어 있다.

집을 보면 그 사람이 보인다

'집'은 사회적 관계의 '자아'와 상징적으로 유사하다. 정신이 병들었을 때는 꿈에 황폐한 집이 등장하다가 회복되면 아름다운 집으로 서서히 바뀐다. 우울증이나 불안 공포증이 있으면 집 밖으로 나가지 못해 마음의 감옥에 갇히듯 집이라는 감옥에 갇힐 수 있다. 얼핏 강박증 환자들의 집은 매우 깨끗할 것 같지만 물건에 대한 집착이 너무 커 쓰레기를 제때 버리지 못한다거나 완벽하게 청소할 수 없다며 아예 손도 대지 않아 집이 폐품 처리장처럼 변하기도 한다. '가난 망상'이 있으면 필요 없는 물건들을 자꾸 쟁여 놓아 가구와 가재도구 등에 짓눌려 버린다.

사람은 부족해야 일할 동기가 생긴다. 그러므로 지나치게 비싼 소장품이 많으면 자녀들도 의욕을 잃는다. 물건이 훼손될까 봐 함부로 집을 개방할 수도 없으니 사회적으로도 고립된다. 영락없이 집 지키는 개꼴이다.

또 가옥이 너무 크면 방과 방 사이의 거리만큼 가족 구성원 간의 관심도 멀어질 수밖에 없다. 벼락부자가 된 이들 중에 이혼과 가출이 많은 까닭이기도 하다. 부모의 부동산 투기로 어쩔 수 없이 수시로 보따리를 싸야 했던 어린 시절의 외로움과 불안감 때문에 상담하는 이들도 많다. 낯선 환경에 적응하고 새로운 친구를 사귀는 스트레스는 아이에게 때론 우주 정거장에 홀로 남겨진 듯한 공포와 불안감을 준다. 딱지나 토지 보상 때문에 부모 형제와 싸워 서로 원수가 되는 경우도 부지기수다.

GNP가 높아지면 건축에 대한 관심도 한결 풍성해진다. 〈말하는 건축가〉, 〈건축학개론〉 같은 건축을 소재로 한 영화가 인기를 얻고, 《집을 순례하다》 같은 서적이나 인테리어 잡지, 건축 잡지도 일반화되는 추세다. 집을 단순히 축재의 수단으로만 생각하지 않고 미학적 가치에 관심을 갖기 시작했으니 반가운 일이다.

얼핏 돈만 있으면 화려하고 우아하게 살고, 가난하면 좁고 지저분한 공간을 감수해야 할 것 같지만 집의 아름다움이 꼭 돈과 비례하는 것은 아니다. 계속 사기만 할 뿐 정리도 못 하고 버리지도 않아 비싼 물건은 많은데 집이 점점 추해지고 숨 막히게 되는 '잡동사니 증후군(clutter syndrome)' 도 있다. 색채와 구조에 대한 안목까지 없으면 아무리 큰 집도 어지럽고 답답해진다. 우울해하거나 불안해하면서 다른 사람 따라 꼭 무언가 사야 하는 사람의 집 역시 정리가 되지 않는다.

욕망의 절제를 배우지 못하고 소유에만 집착해 물건의 노예가 된 사람도 많다. 특히 부엌과 화장실에 물건이 너무 많으면 불결해지기 쉬워 위생에도 좋지 않다. 수술 후 처음 세수하고 립스틱을 바르는 것이 몸 회복의 표지인 것처럼 집의 꾸밈새와 정신세계는 유사하다.

풍수를 인테리어에 접목하는 사람들은 특히 '기(氣)'의 흐름을 중요하게 생각한다. 물건이나 가구로 출구가 막혀 있거나, 뾰족한 물건이 방문을 가리키거나, 색깔과 무늬가 어지러운 물건으로 가득하거나, 큰 TV 앞에 일렬로 놓인 소파는 나쁜 풍수라고 한다.

이는 환경이 심리를 좌우한다는 환경 심리학과도 통한다. 사적 공간이 보호받지 못하는 시끄럽고 어지러운 집, 환기가 안 돼 퀴퀴한 냄새가 나고 곰팡이가 피는 집, 식구들이 서로 몸을 비비며 살가운 대화를 하기 힘든 너무 큰 집은 정신 건강에 나쁘고 가족 간 불화가 생길 가능성도 있다.

주변을 압도하는 마천루는 위험하고 오만한 현대인의 팽창된 자아처럼 보이고, 자연과 조화를 이루는 서원이나 수도원은 초월적 존재 앞의 겸손을 상징하는 것 같다. 교도소나 병원의 어둡고 획일적인 건축, 거리의 어지러운 소음은 그 자체로 징벌이다. 층간 소음, 쓰레기장이나 복도 등 공동 공간에서 일어나는 이웃 간의 갈등으로 인한 법적 분쟁도 늘고 있다. 몸은 현대에 있으나 마음은 영역 싸움에 목숨 거는 영락없는 원시인들이다.

집에 대한 상상을 넓혀 보자

선불교에 깊이 빠졌던 스티브 잡스는 가구가 거의 없는 절제된 공간을 선호한 반면, 피카소는 프라이팬에 소변을 볼 정도로 지저분했다고 한다. 동화 작가 고(故) 권정생 선생도 이부자리와 책밖에 없는 검박한 살림 속에서 함께 사는 생쥐나 벌레에 대한 글을 쓴 바 있다.

어쩌면 진짜 중요한 것은 주거 환경의 좋고 나쁨이 아니라 그를 바라보는 창조적 시선과 그 안에 담긴 내용인지도 모른다.

호주나 미국의 원주민은 언제든 가볍게 여행을 떠날 수 있도록 많은 것을 소유하지 않는다. 한국인에게는 농경민의 정착 본성도 있지만 파미르 고원과 시베리아 벌판을 옮겨 다녔던 유목민의 자유로운 심성도 잠재해 있다. 어쩌면 좁은 한반도 안에서 경쟁하다 보니 한국인 본래의 웅대한 기개가 쪼그라드는 것은 아닐까. 이찬규는 바슐라르의 《공간의 시학》을 소개하면서 인간의 삶이 자신의 집뿐 아니라, 자연, 그리고 그 너머 우주의 드라마에 연결될 때 비로소 장소가 지닌 '내밀한 가치' 와 연결된다고 지적한 바 있다.◆

사막의 바위틈에 은거한 초기 기독교 시대 '사막의 교부' 처럼 엄격한 침묵과 소박함을 실천한 헤시카주의(hesychasm)가 내게는 흠모의 대상이다.

작은 집이건 큰 집이건, 도시건 농촌이건, 조용한 집이건 시끄러운 집이건 중요한 것은 나란 존재가 그 집 속에 어떻게 자리하고 있으며, 그 시간과 공간이 우주와 어떻게 연결되어 있는지에 대한 사유라고 생각한다. 집도 일종의 내 자아의 확장이자 변환으로 생각하면서 상상의 지평을 넓혀 보는 것도 '참 자기' 를 찾는 하나의 과정일 것이다.

◆ 이찬규, 2009, 〈가스통 바슐라르 또는 행복의 생태학〉, 《인문과학》 제43집, p. 87

먹거리에 집착하고,
먹거리를 천대하고

음식은 모든 창조적 행위의 기초다. 불을 발명해 날것을 먹지 않게 되면서 인간의 지능이 발전해 문화가 생성되기 시작했다. 음식을 맛보고, 씹어 삼켜 소화시키고, 배설하는 과정은 내 마음의 안과 밖, 또는 자아와 환경이 서로 관계하며 새로운 것을 받아들여 만들어 내는 방식과 비슷하다.

내담자가 음식과 관련된 꿈을 들고 오면 사랑과 일, 자신에게 주어진 과제 등 인생의 중요한 상징들과 연결해서 분석해 준다. 이를테면 똑같은 된장찌개 꿈이라도 어머니의 따뜻한 밥상을 연상하는 사람과 군대에서의 식판을 떠올리는 사람의 마음 상태와 현재의 이슈는 다르다. 전자의 경우는 음식이 모성 콤플렉스의 상징으로 해석될 수 있으며, 현재 그것과 관련된 문제에 부딪혀 있다고 추정할 수 있다. 반면에 후자의 경우는 된장찌개가 군대에서 일률적으로 배식돼 나오는 차가운 음식의 이미지로 형상화된 것이기 때문에 기관의 집단적 문화 등에 거부감을 일으키는 문제에 부딫힌 것으로 볼 수 있다.

　또한 밥 먹는 모습을 보면 그 사람의 과거와 현재, 그리고 미래를 읽어 낼 수 있다. 외로운지, 불안한지, 귀찮은지, 부지런한지, 절망에 빠져 있는지, 급한지, 느긋한지 등의 정보가 숟가락 놀림과 음식을 보는 시선에 모두 들어 있다. 밥을 먹는 행위는 그만큼 인간의 원초적 심리 상황에 깊이 닿아 있는 것이다. 식탁에 같이 앉지 않는 가족들의 정서적 유대가 약해지는 이유이기도 하다. 이렇게 식탁은 가정과 사회의 상징적 축약판인 만큼, 자신의 가정이나 민족에 대한 자긍심이 있는 이들은 전통 음식에 대한 애착도 강하다.

음식은 인간관계를 형성하는 매개다

광우병, 기생충 김치, 멜라민 분유, 구족병 등 먹거리와 관련해 세상이 자주 시끄럽고 뒤숭숭하다. 여러 이유가 있겠지만 근본적으로는 부엌과 땅을 점령한 영혼 없는 편의주의와 상업주의에서 비롯된 문제가 아닌가 싶다.

　자연을 함부로 다루지 않고 탐심을 경계하던 시절에는 일 년에 고기 몇 점만 집어 먹어도 감사했지, 지금처럼 음식을 가지고 호들갑 떨지 않았다. 먹고살기 힘들어 조금이라도 싼 음식을 찾아야 하는 이들의 서글픈 심정을 고려한다면, 위험한 중국산 식재료와 영양가 없는 패스트푸드의 침략을 막을 보다 구조적인 방안이 시급히 마련되어야 한다.

　우리 모두가 작게라도 텃밭을 가꾸는 농군이 되는 것도 한 방법이다. 도시 농군도 좋고, 귀농도 좋다. 농수산물 가격이 춤추면 기계를 아무리 많이 팔아도 굶을 수 있다. 농업이 돈을 많이 벌어다 주기는 힘들지만, 농업을 하지 않아 뛰는 농산물 가격에 맥 놓는 일이 반복되면 세계화 시대에 안정되게 살아갈 수 없다.

몸과 마음을 만들고 유지하는 데 꼭 필요한 기본 질료인 음식은 사람들의 관계를 형성하는 매개 중에서도 으뜸이다. 때가 되면 어머니의 된장찌개 냄새나 빵 굽는 냄새가 나는 집안의 어린이는 맛있는 음식을 먹기 위해서라도 어머니에게 잘 보이려 애쓴다. 음식을 먹는 사람에 대한 예의와 성의 없는 훌륭한 요리는 없다. 누구든 자신에게 밥해 주는 이를 하대해서는 안 된다. 내 생명과 건강이 밥하는 이의 손에 달려 있기 때문이다.

집안일 싫어하는 젊은 부부들이 부엌과 친해지면, 그만큼 자신의 독립적인 삶에 대한 자신감도 생길 수 있다. 일단 어른이 되면 어머니가 해 주는 밥만 목 빼고 기다리는 아이의 마음을 버려야 한다. 은퇴 후 할 일이 없어 우울하고 불안한 노인들 역시 내 돈으로 음식을 살 수 있고 스스로 밥을 해 먹을 수 있는 한 굳이 자녀들에게 홀대받으며 살 필요 없다.

부모와 자식, 또 부부 사이가 벌어질 때 그 갈등이 숨김없이 표현되는 공간이 부엌과 식당이다. 극단적으로는 조리용 도구가 무기로 변할 수도 있다(끔찍한 가정 폭력이 발생할 때 쓰이는 칼 역시 부엌에서 나온다). 요리하는 사람이 상대에게 화나 있다면 번거롭게 요리를 해 줄 리도 없다. 먹는 사람도 역시 밥해 주는 사람에 대한 신뢰나 애정이 없다면 어떤 산해진미를 준비해 주어도 달갑지 않을 것이다.

식이 장애 환자들은 대부분 여러 가지 이유로 부모와의 관계가 왜곡되어 있어 어머니의 식탁을 거부한다. 우울증이 오면 입맛부터 떨어진다. 세상 살기 귀찮은데 어떤 음식이 맛나겠는가. 사회 공포증이나 불안 장애 환자들도 마찬가지다. 사회에 몸 담그는 것 자체가 힘든데, 누구와 식사한들 소화가 잘될 리 있겠는가.

음식관이 곧 세계관이다

우리나라는 전통적으로 음식과 약을 동일하게 보았다(食藥同源). 조선 문종과 세종 때의 요리책 《산가요록》, 《수운잡방》, 《활인심방》, 《산림경제》 등은 음식, 농업, 심신 관리 등이 서로 불가분의 관계임을 강조한다. 동아시아 최초로 여성이 쓴 요리책 《음식디미방》을 지은 장계향 같은 부인들의 정성으로 한국의 음식 문화가 이만큼 발전한 것일 수 있다.

몸을 잘 관리하고 자연의 조화를 실천해 도를 깨친다는 도가 사상이나, 부모에게 받은 육체를 잘 보전해야 한다는 유가 사상, 또 인간이 우주의 일부분이라는 불교 사상도 음식이나 식재료를 단순한 도구로 보지 않고 세계관을 실천하는 장으로 여긴다. 밥상을 앞에 놓고 부처님의 가르침을 실천해 겸손하고 정갈하게 음식을 대하는 발우 공양의 철학에서 보듯, 음식에 대한 절제는 자기 수양의 한 방법이다.

기아가 해결되고 생활이 윤택해진 1980년대 이후부터는 음식에 대한 겸손한 마음이 사라지고 있다. 과일류, 동물성 식품의 섭취량은 늘고 쌀 섭취는 줄었다. 얼핏 균형 잡힌 식단으로 바뀐 것 같지만, 외국산 과일을 수입하고 제철이 아닌 먹거리를 먹느라 들이는 외화와 소모되는 연료 등을 생각해 보면, 이국적인 과일이나 채소에 대한 선호 역시 지구 환경을 위협하는 것이라 생각할 수 있다. 또 소나 돼지를 키우기 위해 들어가는 엄청난 양의 사료를 생각하면 육식보다는 채식 위주로 식단을 바꾸어야 한다는 주장에 찬성하고 싶다. 광우병에 대한 우려로 미국산 쇠고기를 반대하는 사람들은 많지만, 외국에서 주로 수입하는 밀가루보다 남아도는 한국산 쌀을 더 많이 섭취하자고 주장하는 이들의 목소리는 왜 크지 않은지 아쉽다.

국내에서 생산하는 채소와 차 종류 대신, 외국에 거액의 로열티를 제공해야 하는 패스트푸드나 커피 등 기호품의 섭취가 꾸준히 늘면 외화도 그만큼 많이 낭비된다. 설탕과 유지방 함유량이 높은 디저트나 크림과 설탕, 향신료 등이 듬뿍 들어 있는 커피와 홍차 등이 세련된 문화로 여겨지는 탓에 성인병 환자와 비만 인구가 증가하는 추세다.

비슷한 상황은 외국에서도 일어났다. 예를 들어 알래스카는 미국으로 편입되면서 전통 음식 섭취가 줄어들고 싼값의 미국산 술과 패스트푸드 섭취는 기하급수적으로 늘어났다. 결국 알코올 중독과 비만 인구가 늘어나면서 알래스카인들의 전체적인 건강까지 위협받고 있다. 음식이 한 국가의 생존과 건강의 열쇠를 쥐고 있는 중요한 자원이라는 점을 입증한다.

전통적인 한국 식단을 거부하고 외래 음식에 길든 젊은이들이 많아져, 한국인의 정신과 육체의 건강이 위협받는 현상은 어떡하든 빨리 제자리로 돌려놓아야 할 시급한 과제다. 어떤 음식을 어떻게 먹고 버리는지는, 인생을 어떻게 살고 마치는지와 거의 유사하다고 볼 수 있기 때문이다.

채워도 채워도 배고픈 이유

한국 사회가 한의 사회에서 욕망의 사회로 변했다고 앞에서 지적했지만, 진짜 문제는 자기 내부의 솔직하고 건강한 욕망을 인지하는 것이 아니라, 외부로부터의 인정과 관심을 지나치게 욕망하는 것이다. 특히 여성들은 아주 오랫동안 남성들이 사랑하고 칭찬하는 대상(object)으로 살아왔기 때문에, 자신의 욕망보다는 자신을 보호해 줄 수 있는 남성의 얄팍한 욕망에 자신을 맞추는 태도에서 벗어나지 못하는 이들도 많다.

21세기 여성들이 자아 성취를 무엇보다 강조하면서도 한편으로는 자기를 호강시켜 줄 수 있는 남성을 만나 편하게 살겠다는 욕심이 큰 것도 아이러니다.

똑같이 좋은 남편을 만나 행복하게 살기를 희망했으나 전통적인 부계 사회에서는 좋은 남편에게 선택되기 위해 특별히 노력할 필요가 없었다. 결혼이 부모의 선택에 좌우되었기 때문이다. 자신의 정자를 뿌려 자손을 많이 얻고 싶은 남성들의 본능은 예나 지금이나 마찬가지지만, 가부장제 사회에서는 남자 역시 매력적인 여성을 고르기 위해 노력하기보다는 부모의 뜻에 따르면 되었다.

그러나 21세기 한국 사회에서는 대체로 여성들은 예쁜 외모와 유혹의 능력이 가장 큰 무기이고, 남성들은 자신과 부모의 재력을 내세운다. 아직 능력 있고 집안 좋은 여성과 외모만 좋은 남성의 결혼은 의심을 받는다. 반대로 능력 있고 집안 좋은 남성과 외모만 좋은 여성의 결혼은 남성이 여성을 좋아해서 택한 것이라며 관대하게 바라본다.

겉으로는 한국의 가족 구조가 여성 중심의 모계 사회로 급속히 전환되는 듯 보이지만, 많은 여성들이 여전히 가냘프고 창백해 보호 본능을 유발하고 남자에게 선택받는 중세적 공주의 삶을 지향하고, 그런 여자들의 삶이 행복할 것이라고 짐작한다. 과연 그럴까?

예뻐야 인정받는다는 착각

누가 봐도 말랐다고 생각할 20대 A 씨의 다리는 끊어질 듯 가늘다. 다이어트와 지방 흡입술을 병행했기 때문이다. A 씨는 한동안 반복되는 거식과 폭식으로 고생한 바 있다. 살찔까 봐 지방이 조금이라도 있는 음식은 절대 먹지 않기 때문에 여성 호르몬 분비도 불규칙적이다(여성 호르몬의 재료가 지방이기 때문에 지방을 전혀 먹지 않으면 당연히 여성 호르몬 분비는 그친다). 극심하게 다이어트를 하는 매우 마른 여성들이 불임이 될 가능성이 높은 이유다. 그러나 A 씨는 남자친구가 자신이 정상 체중으로 변하는 것을 원하지 않는다고 생각한다.

B 씨는 몇 번에 걸쳐 성형 수술을 했다. 그녀의 남편도 수술을 그다지 싫어하지 않았다. B 씨가 예쁘면 그만큼 자신이 능력 있어 보인다고 착각했기 때문이다.

하지만 다이어트와 성형 수술 후유증은 두고두고 나타난다. 우선 무서운 것은 중년 이후에 오는 골다공증과 골괴사증이다. 골다공증이 오면 조그만 충격에도 골절이 될 수 있고, 고관절 등 중요한 부위에 괴사가 오면 심한 경우 걸음을 걸을 수 없다. 노화에 따른 퇴행성 관절염까지 겹치면 겉으로는 멀쩡해 보여도 여기저기 쑤시고 아프다. 간단한 일도 하기 힘들고, 그러면 다시 아프고 우울한 악순환이 계속될 수 있다.

다이어트뿐 아니라 네모난 턱을 브이라인으로 만들기 위한 양악 수술 열풍도 문제다. 턱이 발달되었다는 것을 보통 ‘의지’의 상징으로 생각할 때, 특히 여성에게 그런 의지가 용납되지 않는다는 점은 흥미롭다. 아래턱이 약하다는 것은 그만큼 씹는 근육이 발달하지 않았다는 뜻이고, 음식을 제대로 씹지 않는다는 것은 식이섬유가 충분히 들어 있는 음식을 먹지 않는다는 뜻이다. 야채를 주로 먹는 기성세대들은 비교적 턱관절이 발달해 있지만, 부드러운 인스턴트 음식에 중독되어 있는 젊은 층들의 턱이 발달하지 못한 이유이기도 하다. 식이섬유를 섭취하지 않는 것과 대장암 발병의 상관관계는 이미 널리 알려진 사실이다. 또 양악 수술을 잘못 받아 악관절염과 음식을 제대로 씹지 못하는 증상뿐 아니라, 신경과 혈관을 건드려 지속적인 통증과 무감각증 등으로 고생하는 이들이 적지 않다.

이른바 동안을 만들어 준다는 보톡스나 필러 시술 역시 아직까지는 남자보다 여자들이 많이 이용한다. 젊어 보여야 매력적이고, 그래야 사랑받고 인정받는다는 심리 때문이다. 그러나 보톡스 주사를 맞은 후 눈이 붓고 얼굴 근육이 마비되는 부작용을 겪는 사람들, 또 엉터리 필러 시술 후 피부의 경화나 괴사 등 부작용을 경험하는 이들 역시 적지 않다. 정신과 상담을 받으러 오는 사람들 얘기만이 아니다. 거리에서 흔히 만날 수 있는 한국의 보통 사람들에게서 벌어지는 상황이다.

우월한 유전자와 짝짓기를 하려는 것이 본능이고 누구나 좋은 외모를 가진 이성을 선호하니, 수단과 방법을 가리지 않고 좋은 외모를 가꾸는 것이 무슨 문제냐고 주장할 수는 있다. 그러나 인간뿐만 아니라 포유류의 짝짓기는 시각만이 아닌 후각과 촉각, 심리적 상호 작용 등 복합적인 요소들에 좌우되므로 일단 외모를 뜯어 고친다고 반드시 좋은 상대를 만난다는 보장은 없다(다 떠나서, 외모만 보고 배우자를 택하는 남자가 과연 좋은 남편감인지 짚어 보아야 할 것이다). 더구나 인간은 짐승과 달리 말과 매너와 인생관을 서로 알아 가는 과정에서 호감을 느끼고 사랑을 키운다. 겉으로 드러나는 외모만 보고 결혼한다면 짐승보다 더 미련한 선택을 할 수도 있다. 짐승에게 발달한 후각이 우리에게는 퇴화되어 있으니 말이다.

외모 사대주의와 동안 집착

아름다움의 정의는 시대와 사회의 변화에 좌우된다. 원시시대의 미인상인 뮐렌도르프의 비너스는 남산만 한 배와 풍만한 가슴이 강조된 반면, 그리스 시대에는 수학적 조화와 정확한 대칭이 미의 기준이었다. 중국의 4대

미인이라는 서시, 왕소군, 초선, 양귀비 중 누구도 요즘처럼 긴 허벅지에 날카로운 코와 큰 눈을 가졌다는 기록이 없다. 아마 그들이 21세기 한국에서 태어났다면, 작고 통통한 데다 납작한 코, 가는 눈 때문에 놀림감이 되었을 수도 있다.

극단적 폐쇄 사회인 북한의 미녀상은 원래 동글납작하고 통통한 여성이었지만, 최근 남북 교류와 개방된 중국의 영향으로 쌍꺼풀이 있는 마른 여성으로 바뀌고 있다고 한다. 이는 미의 기준이 사회적 변화에 민감하다는 것을 짐작하게 해 준다.

1960년대 초반 손창섭의 소설에는 자신의 얼굴이 작아서 볼품없고 못생겼다고 고백하는 주인공이 등장한다. 불과 몇십 년 전까지 둥글고 큰 얼굴과 큰 머리는 호남형의 장군감이었고, 돈과 권력이 비교적 잘 보장되는 맏며느리감이라는 소리를 들었던 것이다.

그러나 최근에는 서양에 대한 사대주의가 얼굴까지 서구인처럼 바꾸는 성형 시술, 옷만 돋보이게 하는 깡마른 체구 만들기를 조장하는 것 같다.

자연스러운 주름과 피부의 흠까지 철저하게 없애 영원히 늙지 않는 어린아이의 모습을 지향하는 것은, 동안이 최고라며 미숙함을 부끄러워하지 않는 사회 분위기와 관련 있다. 과도한 피부 진료를 받아 얼굴이 화상 환자처럼 번들거리고 마치 금붕어처럼 입만 뻐끔거리는 사람도 자주 본다. 또는 쌍꺼풀 수술 후유증으로 수술받은 자리와 그렇지 않은 자리의 노화가 다르고, 눈 주위의 지방 세포가 없어져 마치 갑상선 항진 환자처럼 깜짝 놀란 눈을 하거나 흰자위가 더 많이 보이는 경우 등은 의학이 만든 기형이다. 더 심하면 눈이 잘 감기지 않아 각막이 손상돼 시력까지 잃을 수 있으니,

간단해 보이는 쌍꺼풀 수술조차 사실은 쉽게 생각할 일이 아니다.

앞서 언급한 대로 인체에 꼭 필요한 호르몬 분비의 원료가 되는 지방 세포가 크게 부족하면 여성이나 남성 모두 성 기능 장애, 심혈관 장애 등 심각한 신체적 합병증을 앓을 수 있고, 불임이 될 수도 있다. 게다가 무리한 지방 흡입, 가슴 확대 수술을 받다 뇌사 상태에 빠지거나 사망하는 경우, 어디 가서 억울하다는 소리도 하기 힘들다. 피부 박피술 등으로 피부에 화상 같은 상흔을 입어 평생 집 밖에 나가지 못하는 경우 역시 의료로 인한 불행이다.

외모 콤플렉스 강요하는 성형 왕국

완벽하지 못한 외모에 대한 비현실적인 기대치는 이와 같은 의학적 합병증 외에, 평범한 사람들에게도 외모 콤플렉스를 느끼게 만든다. 심지어 외모가 출중하다고 자타가 공인하는 여배우들도 외모 콤플렉스가 있다고 말해 사람들에게 망언 소리를 듣는다. 월드 스타 '비'도 신인 시절엔 쌍꺼풀 수술을 하고 오라는 얘기를 들었다고 한다. 수술하지 않은 보통 외모의 개그맨들이 서로를 엄청난 추남, 추녀로 비하하는 개그는 사람들의 마음을 불편하게 만든다. 키 작은 남성을 '루저'라 부르고, 수술하지 않은 자연 미인에게 의학의 도움을 받으라고 거리낌 없이 말하는 세태는 분명 병든 사회 탓이다. 이 땅에 나폴레옹이 태어났다면 과연 영웅이 되었을까? 그동안 우리 사회에 만연한 극단적 외모 지상주의는 평범한 이들의 외모를 조롱거리로 삼았던 매스컴의 비틀린 가학적 태도에도 책임이 있다.

　자신의 외모를 보는 눈은 결국 자아를 보는 마음의 태도와 통한다. 현재 우리 사회는 백인처럼 성형 수술을 하고, 키 크기 위해 당뇨나 내분비 이상 등을 유발할 수 있는 성장 호르몬까지 처방 없이 맞는 기현상이 만연해 있다. 이것은 그만큼 한국 사회가 동양인으로서의 열등감과 부정적인 자아 정체감, 그리고 낮은 자존심을 가지고 있다는 뜻이다.

　우리는 때로 입술 늘리기, 목 늘리기, 전신에 문신하기, 성기를 대롱으로 감싸기와 같이 원시 부족의 이상한 외모 가꾸기를 걱정스러운 눈으로 보면서 "저 사람들은 도대체 왜 저러고 살지"라고 말한다. 중국의 오랜 전통인 전족을 야만적인 풍속이라고 하지만 전족만큼 건강에 나쁜 하이힐을 문제 삼는 이들은 많지 않다. 수십 년, 수백 년 뒤 우리 자손들 역시 성형 왕국에 살고 있는 현재의 우리들을 비웃을 것이다. 큰 사람, 작은 사람, 뚱뚱한 사람, 마른 사람, 넓적한 사람, 긴 사람 등 각자 있는 그대로의 자신을 사랑하고 자랑스럽게 여기는 자신감 넘치는 사회가 건강하고 성숙한 사회라는 사실에 이의를 달 사람은 많지 않을 것이다.

빛 좋은 개살구, 빚 중독자

《조선왕조실록》 등 과거 역사책에는 사채와 관련된 여러 가지 송사가 기록되어 있다. 세종이 즉위하던 해에도 사채 동결령이 내려졌다고 한다. 어쩌면 원시시대, 조개가 일종의 화폐 역할을 할 때부터 급하면 돈을 꾸고 다시 갚는 풍습이 생겼을 수도 있다. 빚을 갚지 않는 친인척을 관청에 고해 죽게 하거나, 자신의 빚을 갚기 위해 무고한 사람을 고발하는 경우도 있었다는 기록이 적지 않다.

본격적으로 빚 문제가 범국민적인 일종의 정신 증상을 유발하는 지금과 같은 상황은 일제시대 자본주의가 이 땅에 본격적으로 들어온 이후다. 농경 사회에서는 빚이 많아도 양곡과 노동력으로 갚을 수 있는 정도였고, 욕망의 크기도 지금보다 작았다. 그러나 은행업이나 대부업이 발달한 이후부터는 죽을 때까지 갚아도 다 갚을 수 없는 천문학적인 빚을 지는 경우가 생기기 시작했다.

빚지는 것도 중독이다

우리에게는 생소하지만 선진국에는 알코올 중독 예방 프로그램처럼 빚 중독 예방 및 치료 프로그램이 많다. 빚 중독인지 알 수 있는 다음과 같은 테스트도 있다.

1. 카드 빚이나 남에게 진 빚은 항상 최소한만 갚거나 돌려 막는다.
2. 갚아야 할 제날에 맞추어 이자나 원금을 물지 못한다.
3. 집을 잡혀서라도 일단 돈을 쓰고 보겠다고 생각한다.
4. 빚을 갚아 나가는 것에 대한 장기적인 계획이 없다.
5. 배우자나 가족과 빚 문제로 다툰다.
6. 항상 수입보다 지출이 많다.

우리나라에서는 '주위 친척들의 돈을 빌리거나 보증을 서게 한다'는 항목이 추가될 것 같다. 실제로 우리 주위에는 위 항목에 모두 해당되는 이들이 많다. 죽을 때까지 돈 대 주는 누가 없는 한, 능력 없는 명품족이나 신상녀의 종말은 빚 중독자다. 빚 중독이 일종의 집단 히스테리처럼 번진 미국과는 조금 다르지만, 안이하게 잘못 투자해서 결국 사채에까지 손을 대는 사람들도 적지 않다. 점점 더 강한 약을 선호하는 약물 중독자처럼 점점 더 센 이자에 빠지는 것이다.

빚 중독자들은 주로 허황된 판타지에 빠져 현실성 없는 소비를 한다. 이 것은 내적인 공허감, 자신감 부족, 적절한 경제 교육과 훈육 부족에서 비롯된다. 열등감이 깊어서 한 방에 다른 사람들을 놀라게 할 무언가를 보여 주겠다는 강박적 사고도 보인다. 은행 대출이건 부모 도움이건, 남의 돈으로 살고 있는 데에 대한 죄의식이나 불안감이 별로 없는 경우도 많다.

특히 부모와 자녀가 서로 분리 불안 때문에 병적 공생 관계에 있는 경우, 경제 교육을 시키는 대신 무한정 돈 대 주고 문제를 해결해 주다 결국 자녀를 빚 중독자로 만들 수도 있다. 이런 부모들 중에는 돈으로 자식을 조종하는 경우도 많다. 국내외 일류 대학을 나온 자식들의 허황된 씀씀이와 투자 때문에 거덜 난 노년층의 정신과 상담도 늘어나는 추세다. 돈 걱정 말고, 집안일 상관 말고 공부만 하라고 가르친 결과다.

주관 없이 '남이 하면 나도 한다'며 부화뇌동하는 이들도 빚 중독에 빠질 가능성이 높다. 아이슬란드의 경우나 자칭 금융 허브라는 월 가 역시 가시적인 재화의 생산 없이 남의 돈으로 주식 사고 집 사 돈 벌겠다는 심산이었으니 일종의 빚 중독을 부추긴 셈이다.

'남 보기 번듯하게' 대신 내실을 다지자

그렇다면 이들에게는 어떤 치료가 필요할까. 우선 자신이 빚 중독자라는 점을 확실히 인정해야 한다. 만약 문제점에 대한 통찰 가능성이 없다면 입원도 필요하다. 머리 좋고 학벌 좋은 빚 중독자들 때문에 사돈의 팔촌까지 모두 신용 불량자가 되니, 가족 치료도 필요할 때가 많다.

친지 중 빚 중독자가 있으면, 돈 문제로 서로 싸움이 나서 이혼, 가정 폭력, 자살, 심지어 살인 사건도 발생한다. 사이가 좀 냉랭해지더라도 애인,

친구나 친지간에는 돈 거래를 하지 않는 것이 정신 건강에 좋다. 돈을 주고받고 나면 원래 품은 정(情)은 사라지고 상대방에 대한 의심과 분노만 남기 십상이다.

빚 중독을 예방하려면 어려서부터 경제관념을 철저하게 몸에 익혀야 한다. 과시용 소비보다는 노동과 저축, 그리고 소박함이 몸에 밴 스위스와 북유럽 3국이 글로벌 위기를 견디면서 소비 왕국인 미국보다 몇 배 잘살게 된 이유를 제대로 보자.

애덤 스미스의 '보이지 않는 손' 또는 밴덤의 공리주의를 신봉하는 고전적 경제학 이론이나, 경제가 수학의 원리대로 움직인다는 과학주의적 경제학보다는 마치 융의 집단 무의식 개념과 비슷하게, 불합리하게 돌아가는 경제 심리를 그대로 인정하고 적극적으로 교정하려는 행동경제학이 다시 각광받을 만하다.

그간의 허장성세를 버리고 철저하게 내실을 다진다면, 불황은 오히려 한 차원 높은 건전한 세상으로 우리를 이끌 것이다.

하지만 다른 이의 평가와 시선 때문에 '남한테 꿀리지 않게', '남 보기에 번듯하게'에 목숨 거느라 품위 유지비를 줄이지 못한다면 언제든 비슷한 상황이 재연될 것이다. 잘나가던 정치인이나 연예인이 쓸데없이 사람을 몰고 다니느라 돈에 얽혀 망하는 이유나 국가가 빚더미에 오르는 메커니즘은 비슷하다.

몇 배 잘사는 선진국에 가면 오래된 기성복을 입고 털털거리는 중고차를 타고 다니는 훌륭한 이가 많다. 명품이나 명차에 열광하는 것은 소수의 철없는 상류층 애들 또는 마약상·폭력배·콜걸 들뿐이다. 자기 편한 데

돈 쓰고, 자손에게 물려줄 생각도 갖지 않는다면 돈 콤플렉스도 해결할 수
있다.

유교적인 청빈사상과 기독교의 실속 있는 프래그머티즘의 장점을 받아
들이지는 않고, 허장성세와 브레이크 없는 천민자본주의의 늪에 빠진 빚
중독 사회의 끝은 초라한 몰락뿐이다.

명품 의료
vs
공평한 의료

정식 병명은 아니지만, 높은 지위에 있거나 재력가라고 해서 필요 이상의 요구를 하는 환자들의 치료 결과가 오히려 더 안 좋게 되는 상황을 의사들끼리 'VIP 신드롬'이라고 칭한다. 의료진도 신이 아닌 이상 지나치게 긴장하거나 무리하면 시술과 처방에서 실수하는 경우가 있다. 때로는 환자들이 의사를 자신의 고용인쯤으로 여겨 처방마저 자기 마음대로 좌지우지하다 엉뚱한 치료를 받는 경우도 있다. 또한 우울증 등 정신 질환이 있으면서도 이른바 공인이라서 사생활이 노출되는 것을 꺼려 치료를 미루다 자살 등 돌이킬 수 없는 상황에 이르는 이들 역시 VIP 신드롬의 희생자다.

몇 해 전 숨진 마이클 잭슨과 관련해서도 의사들을 상주시키고, 공연 기간에는 병원 수준의 기계와 약품을 갖고 다녔다는 뒷얘기들이 있다. 마이클 잭슨의 호흡이 멈춘 순간 신고 전화를 한 주치의가 과연 어떤 약물을 처방했고 사망과 어떤 관련이 있는지 법적인 문제를 여기서 다룰 수는 없다. 그러나 해 달란다고 성형을 지나치게 해 주고, 치사량의 약물을 투여한 의료진은 확실히 잘못한 것이다. 마이클 잭슨이 보통 사람처럼 원칙대로 치료받았다면 그렇게 허망하게 가지는 않았을 것이다.

특히 아플 때는 조금이라도 나은 대접을 받고 싶은 것이 인지상정이라, 누구나 자신의 아프고 약한 모습을 남에게 보이지 않으면서도 아주 탁월한 의료 서비스를 받고 싶어 한다. 또 어디 가서 남보다 특별하게 대접받으면 기분도 좋고 우쭐해진다. 누구나 무의식 속에는 왕자와 공주처럼 살고 싶은 퇴행 정서가 숨어 있어, 대중은 마이클 잭슨이나 다이애나 비에게서 대리 만족을 느낄 수도 있다.

VIP 의료의 함정

의료 영역에서는 환자를 무조건 왕자와 공주처럼 대접한다고 좋은 것이 아니다. 의학이란 합리적인 과학 정신에 기반을 둔 전문 영역이기 때문에 전문가의 의견에 반해 떼쓰는 VIP 환자에게 끌려다니면 오히려 마이클 잭슨처럼 잘못된 치료를 할 가능성이 높기 때문이다.

실제로 고가의 첨단 장비가 꼭 양질의 진료를 보장하는 것도 아니다. 의사의 무형적·지적 가치를 인정하지 않는 사회 분위기 때문에, 자세한 문진·청진·촉진·시진을 하면 충분히 잡아 낼 수 있는 질병마저 일단 비싼 기계만 남용하다 생각지 않게 오진하는 경우도 많다. 간단한 이학적 검사만 하고 오진을 하거나, 원인을 제대로 찾지 못했다고 고소당할 수도 있으므로 불필요한 기계에 의지하는 비율도 점점 높아진다. 쓸데없이 힘이

들어가면 헛발질을 하게 되고, 귀한 수입품이나 제철 아닌 재료를 쓴 호화로운 밥상이 오히려 몸에 해가 되듯, 돈만 쏟아붓는 사치스러운 의료보다는 누구에게나 적용할 수 있는 표준화된 치료가 훨씬 더 바람직하다.

그러나 거꾸로 자기 돈을 내고 안락한 치료를 원하는 사람에게까지 무조건 하향 평준화된 진료를 받게 하는 것도 문제다. 국가 간 경계가 허물어진 요즘, 돈 있는 사람들은 외국으로 나가기 때문이다. 외국인에게는 의료 보험이 적용되지 않기 때문에, 선진국에 머물면서 치료를 받으려면 수천만 원에서 수억 원에 이르는 돈을 써야 한다. 그런 돈을 한국 병원에서 소비하도록 국내에서 고급 진료를 제공하는 편이 국가에 더 이익일 것이다.

미국식의 극단적 자본주의 의료 체계는, 돈 있는 사람들은 마이클 잭슨처럼 원 없이 쓰다 죽고, 없는 사람들은 병 한번 걸리면 속절없이 파산한다. 반면 영국식 사회주의적 의료 체계는 진료 대기 시간이 몇 달씩 되고 우수한 의료진이 유출되는 단점이 있다. 한국 역시 비현실적인 보험 수가 체계로 진료를 하면 할수록 손해를 보니, 낮은 비용으로 쓸 수 있는 레지던트나 전임의로 전문의가 할 일을 대치하기도 한다.

병원 부대시설 확장, 고가의 의료 장비나 약품 사용 등의 고육지책으로 수지타산을 맞추라는 압력이 들어오기도 한다. 그러나 결국 국가 전체의 의료 비용은 더 들어갈 수 있다. 보험 수가에서 손해 보는 것을 상쇄하기 위해 성형 수술, 피부 미용, 안티에이징 시장만 과잉 팽창되어 외모 지상주의와 노인 홀대라는 사회의 정신 질환을 더 악화시키는 면도 있다. 돈 많이 벌고 평탄한 삶을 살기 위해 의대에 들어간다는 요즘 젊은이들에게 어떻게 슈바이처 정신을 기대하겠는가.

너무 많은 사람이 돈은 적게 내면서 대우는 잘 받으려 한다면 누군가 손해를 보아야 하고, 그 손해는 결국 국민 전체의 몫이다. 거칠고 소박한 밥상과 생활의 가치를 다시 돌이켜보듯, 화학 약품과 기계의 남용이 아닌 환자의 면역성과 자연 치유력을 키워 주고, 아프고 어려운 이웃과 더불어 건강한 사회를 만들어 가는, 따뜻하고 공평하며 합리적인 의료 모델이 필요하다.

그러나 "의술은 인술이기 때문에 이익을 창출해서는 안 된다"는 주장은 자본주의 시대를 부정하는 일종의 시대착오적인 생각일 수도 있다. 만약 자녀를 의사로 만들었는데 사회에 봉사만 하라고 한다면 오랫동안 그 엄청난 학비를 기쁜 마음으로 낼 부모가 과연 몇이나 될까.

유교 전통과 사회주의적 사고방식을 지닌 이들이 갖고 있는 이른바 '위화감'이라는 걸림돌을 어떻게 처리할지가 관건이다. 돈이 없어서 본인이나 가족이 제대로 치료받지 못한다면 두고두고 마음에 한이 될 것이다. 해결 방식은 결국 보험 공단과 의료 시장의 투명성과 효율적인 관리 체계가 아닐까 싶다. 세상 누구나 만족하는 시스템이란 없다. 물론 모두가 이해하고 합의할 정도의 공정성을 찾는 것 역시 쉽지는 않다.

의사에 대한 구원자 콤플렉스에서 벗어나라

의료란 단순 서비스와 달리 인간의 복합적인 콤플렉스를 건드리는 부분이 있음을 생각해야 한다. 의료는 몸과 마음을 치유하는 것이기 때문에 무의식의 깊은 곳까지 작용한다. 수술을 받기 위해, 검사를 받기 위해 속옷까지 벗고 시술대에 누워 있는 환자들은 의료진 앞에 무방비로 노출된 무기력한 자신을 경험한다. 약과 수술로 인한 부작용이 언제든지 일어날 수 있기 때문에 의료진에 대한 존경과 신뢰 없이는 진료를 받을 수 없다. 의료진 역시 환자에 대한 기본적인 애정과 일에 대한 성실함 없이는 자기 일을 해낼 수 없다. 기본적으로 이윤을 추구하는 다른 직종과 달라야 한다는 전제가 존재하는 것이다.

그러나 현실적으로 모든 의료진이 철저히 자기희생을 해 가며 진료에 임할 수는 없고, 또 모든 환자가 의료진에게 존경과 신뢰를 보내지는 않는다. 환자는 치료진에게 자신의 병을 완벽하게 치료해 주는 구원자 이미지를 투사하고, 의료진은 그런 투사에 묻어서, 은근히 권위를 내세우는 면도 없지 않았다.

얼마 전까지는 그와 같은 의료진의 권위를 인정하는 분위기였으나, 이제는 사회가 어떤 직업을 가진 사람들의 권위도 인정하지 않기 때문에 의료진이나 환자 모두 혼란스러워하는 면도 있다. 권위가 사라진 의료진에 대한 환자와 사회의 비합리적인 주문과 기대를 의사들은 지나친 희생으로 받아들이고, 또 이 때문에 방어적이 될 수밖에 없는 의사들의 어려움을 환자나 사회는 이기심으로 이해하기도 한다. 이 추세가 심화돼 의료계와 사회가 더 불화한다면 결국 환자와 의료진 모두 손해를 입게 된다.

응급실 등에서 의사가 행패 부리는 환자에게 구타를 당하거나 욕설을 듣는 경우가 비일비재하고, 의사들의 진료에 대한 고소와 고발도 증가해 의사들도 방어적 진료, 즉 고가의 장비를 이용한 진단과 시술을 자꾸 하게 된다.

결국 사회와 환자들이 좀 더 객관적으로 의료인의 입장을 이해하고 이성적으로 판단해야 의료에 드는 고비용이 절약된다. 의사들 역시 과거의 권위적인 태도를 버리고 좀 더 겸손한 태도로 환자를 대한다면 불필요한 오해를 살 일도 없을 것이다. 그런 태도를 갖기 위해 가장 필요한 전제 조건으로, 환자와 의사가 갖고 있는 의료와 관련된 여러 가지 콤플렉스, 특히 구원자 콤플렉스를 해결하고 의료진에 대한 지나친 투사를 걷어 낼 필요가 있다.

밑 빠진 마음에 명품 붓기

명품 열기라고 하지만, 명품을 한 번도 사 보지 못한 이들도 많다. 오히려 매스컴 등에서 명품 열기, 명품 광풍이라고 은근히 간접 광고를 하면서 부추기는 것이 더 문제다.

환자들 중 명품 때문에 상처를 받는 이들이 가끔 있다. 주로 강남 등 돈이 많은 지역에 사는 여성들 중 모임에 나가면 다른 이들은 다 명품을 들고 입고 나오는데, 자기만 그렇지 못해서 주눅이 든다고 말하는 이들이 있다. 또 반대로 남편이나 아내, 또는 자녀가 자신 몰래 거액의 명품을 샀을 때 배신감을 느낀다는 이들도 있다.

외국의 명품에 대한 호사가들의 기호는 사실 뿌리가 깊다. 예전 판소리나 소설 등에 보면 중국 등 외국에서 들여온 물건을 오랫동안 설명하는 대목들이 나온다. 낯선 물건, 화려하고 예쁜 물건에 대한 호기심은 시공을 초월해 인류가 공통적으로 갖는 특징이지만, 최근의 명품에 대한 기호는 몇 가지 특징을 보인다.

내가 소유한 것이 곧 나다?

우선 인터넷이나 TV 등을 통해 모방 심리를 급속하게 부추기고, 글로벌 시대가 되면서 정보나 구매 패턴의 변천이 빠르게 확산된다는 점이다. 어떤 명품을 알고 사용하느냐에 따라 자신이 어떤 계층에 속하는지, 정체성을 찾고 소속감을 느끼는 이들도 있다. 이들은 무엇을 갖고 있느냐에 따라 자신을 정의하는 전형적인 소유형 인간이다. 에리히 프롬의 말을 인용하면 '소유의 노예'가 된 사람들이다.

하지만 이들은 물건이 아닌 정신적인 그 무엇으로는 상대방과 공통적인 대화를 나누지 못하고 정서적인 교감을 갖지 못한다. 실제로 여성들의 점심 모임, 남성들의 술자리를 가만히 관찰해 보면 속내를 이야기하는 경우는 거의 없다. 주로 돈, 자녀들의 과외, 자기 자랑 등에 불과하다. 자신의 감정이나 영혼을 드러내는 법이 없다. 그러니 만나도 공허할 뿐이고, 그 공허한 마음을 물건으로 채우려 한다.

두 번째 문제는 잘못된 경제 개념이다. 명품을 사는 이들 중에는 물론 자기가 쓸 수 있는 범위 내에서 적당하게 구매하는 이들도 있을 것이다. 그러나 남들이 하니까 나도 한다는 식으로 월급을 통째로 써 버린다든가, 12개월 할부로 구매한다든가, 빚을 내서 사는 경우가 있다. 큰돈은 갑자기 주어지는 것이 아니라 차근차근 종자돈이 모여야 된다는 기본에 대한 개념이 없는 경우다.

주로 어린 시절부터 부모가 너는 기죽지 말고 멋지게 보여야 된다, 돈은 상관하지 마라, 하며 경제 개념을 키워 주지 않은 탓도 있다. 학교도 실용적인 경제 교육이 아니라 추상적이고 이론적인 경제 교육만 시킨다는 점에서 잘못이 있다.

명품뿐 아니라 쇼핑 중독도 주의해야 한다. 일종의 강박적인 집착으로 쓰지도 않으면서 물건을 구매해 잔뜩 쌓아 놓는 이들도 있다. 사랑에 대한 허기, 공허감, 외로움 등으로 인한 쇼핑도 일종의 병이다. 또한 잡동사니 증후군도 강박적 충동 조절 장애의 일종이다.

고갈된 창조성을 물건으로 메우려는 심리

물건에 대한 집착을 극복하려면, 우선 자신의 생활을 전반적으로 점검할 필요가 있다. 지나치게 타인을 의식하는 과시적인 모임에만 목숨을 걸지 않는지 냉철하게 돌아보자. 좋게 말하면 활동적이고 외향적이지만, 이것이 지나쳐 내면의 참 자기는 잃어버리고 남들이 관찰하는 대상으로서만 존재한다면 허무한 인생일 뿐이다. 다른 사람들은 나를 어떻게 생각할까, 내가 어떤 모습으로 비칠까 전전긍긍하다가 세월을 다 보내기 때문이다.

자신이 의식하는 남들이 과연 무슨 의미가 있는지, 근본적인 질문을 해 볼 필요가 있다. 내가 들고 다니는 가방과 입은 옷으로 나를 평가하는 동창들 하나하나가 그렇게 가치 있는 사람들인가? 그들을 내가 정말 좋아하는가? 그렇게 무게를 둘 만큼 나에게 소중한 친구들인가?

또한 끊임없이 왜 내가 다른 사람과 비교해서 평가를 매겨야 하는지에 대해서도 자문해 봐야 한다. 자신이 다른 사람보다 열등하다고 생각하는 사람일수록 옷이나 물건으로 자신을 치장하고 포장하는 경향을 보인다.

겉이라도 그럴듯해 보여야 상처받은 속내를 감추어 상대방에게 무시당하지 않는다고 생각하는 것이다.

이처럼 과도하게 물질 지향적인 삶을 살고 있다면, 잃어버린 정신의 영역에 관심을 기울일 필요가 있다. 소비의 노예가 되면, 정작 중요한 사랑, 마음, 영혼 같은 것에 최소한의 관심도 갖지 못할 가능성이 높다. 어떤 물건을 샀을 때 느끼는 행복감과 정말로 내가 좋아하는 일이나 뿌듯한 일을 했을 때 느끼는 행복감이 얼마나 다른지 깨달아야 한다.

창조적인 삶은 꼭 무언가 대단한 것을 만들어 내야만 맛보는 것이 아니다. 아침밥을 맛있게 만들었을 때, 꽃을 예쁘게 꽂았을 때, 좋은 등산 코스를 찾아내 자연과 교감하며 하루를 뿌듯하게 보냈을 때, 지저분한 서랍을 깨끗하게 정리했을 때도 삶은 창조적으로 변한다. 사람은 창조성이 고갈되면 그것을 보상하기 위해 무언가 구매해 텅 빈 마음을 메우려는 경향이 있으므로, 자신이 물건에 집착한다면 어떤 점이 그렇게 공허하게 하는지 하나하나 짚어 보아야 한다.

예컨대 구두에 집착하는 사람은 땅에 발을 붙이지 못하고 마음도 붕 떠 있어 항상 어디론가 헤매는 경향을 보인다. 〈섹스 앤 더 시티〉처럼 현실에 정착하지 못하는 여성들이 구두에 집착하는 것이다.

가방은 개인의 물건, 자산, 여성성을 의미한다. 자신이 갖고 있는 자원이 부족하고 만족스럽지 못할 때, 또 자신의 여성적 측면이 행복하지 못할 때 가방을 자꾸 사는 경향이 있다. 옷 역시 페르소나의 한 표현으로 자신의 외적인 가면, 지위 등이 불만족스러울 때 구매하는 경향이 있다. 명품 문구를 사는 이들 중에는 지적인 열등감을 가지고 있는 이들도 있다.

결혼식에도 창조성을 발휘해 보자

물신 숭배의 병증이 가장 도드라지는 것이 결혼식이다. 일생에 한 번뿐이고, 하나뿐인 자식이라는 것을 강조하면서 남부럽지 않게, 남에게 모자라지 않게 호화로운 결혼식을 치르고 싶어 한다. 웨딩드레스와 꽃 장식, 음식 가격만 다르지 비슷비슷한 형식이라 실은 그렇게 우아하지도 감동적이지도 않다. 혼수나 앨범 사진, 해외여행도 마치 모두가 비슷한 복제 패키지 같다.

양쪽 혼주들의 의견에 휘둘려 혼인 당사자들의 의견이 소외되었던 과거와 달리 요즘은 신랑·신부의 의견이 존중되는 추세이긴 하다. 하지만 부모 세대에 비해 가격만 달라졌을 뿐 크게 변하지 않은 것 같다. 개성을 강조하는 젊은이들답지 않다. 혼인 비용 때문에 등골이 휜다는 부모들이 아직도 적지 않지만 혼수로 인한 갈등이 이혼 사유가 될 정도라는 것은 이제 일상화된 담론이다.

사치스러운 혼례에 거부감을 갖던 이들도 막상 자신의 일이 되면 양쪽 집안의 부모는 물론 예비 신랑·신부까지 쓸데없는 기 싸움을 벌인다. 이른바 '자존심'과 '체면' 때문에 남 하는 것은 다 해야 한다는 생각에 사로잡혀 서로의 마음을 상하게 하기도 한다.

주변에서 자꾸 부추기거나 주변을 너무 의식하는 경우도 많다. 요람에서 무덤까지 모든 것을 시장의 논리로 경쟁하는 문화가 되어 버린 셈이다. 옆집 아이가 무슨 분유와 기저귀를 쓰는지부터 시작해 장례식까지, 한국의 모든 의식은 자신이 원하는 선택이 아니라 남의 눈에 비치는 것 때문에 경쟁하고 휘둘리다 빚더미에 앉기도 한다.

《주서周書》〈고구려전〉에 고구려 사람들은 혼폐금, 즉 지참금이나 혼수 주고받는 것을 부끄러워한다는 구절이 나온다. 고대 아프리카나 유럽 등의 약탈혼과 달리 한반도의 결혼은 상당히 점잖았다. 예학이 발달한 조선 시대에는 관혼상제에 관한 주자의 학설을 모아 만든 문공가례에 따라 혼례가 진행되었다. 결혼에 대해 어른들이 의논하는 의혼(議婚), 사주단자를 교환하는 납채(納采), 신랑이 신부 집에 붉고 푸른 비단과 음식 등을 보내는 납폐(納幣), 신랑이 신부 집에 가서 신부를 데리고 오는 친영(親迎), 이렇게 네 단계로 요약된다. 신부 집안에서는 보통 닭 · 대추 · 실 · 포 등으로 차린 큰 상을 신랑 집에 올렸고, 이때 신랑 집 어른들은 간단한 선물을 주었다. 하지만 극심한 전쟁과 가난으로 인한 정체성 혼란을 겪은 탓인가, 전통적인 소박한 격식은 사라지고 서양식도 동양식도 아닌 어설픔만 가득하다.

그러나 아무리 풍속이 천박해졌다 해도 결혼 당사자들이 의지를 갖고 바꾸면 될 일 아닐까? 젊은이들이 자신의 창조성을 스마트폰이나 아이패드 이용에만 쓰지 말고, 혼인 같은 인생의 대사에서 멋지게 발휘하면 좋겠다. 스카이다이빙을 좋아하면 비행기에서, 야구를 좋아하면 야구장에서, 등산을 좋아하면 산에서 할 수도 있다. 고아원에서 아이들을 시동으로 꾸미고, 축의금 대신 기부금을 받는 것은 어떨까?

결혼은 성인으로 입문하는 중요한 의식이다. 분에 넘치게 호화로운 혼수와 혼인 비용은 신랑 · 신부의 인격적 존엄과 독립을 방해하는 독이 아닐까 싶다. 혼인 비용이 증가하는 만큼 이혼율도 높아지는 현상에 주목할 필요가 있다. 시작은 미미하지만 끝은 창대할 수 있다는 패기가 요즘 젊은 이들에겐 부족한 것 같다.

우리 브랜드도 아닌 해외 명품에 집착하는 사회는 열등감으로 병든 사회다. 자존심도 없는 사회다. 어쩌다 우리가 이렇게 외국 브랜드를 좋아하게 되었는지, 사회의 리더들에게는 책임이 없는지, 언론은 과연 잘못이 없는지 하나하나 꼼꼼하게 따지고 싶은 마음이다.

저 높은 곳을 향하여 앞으로 앞으로

한국인의 콤플렉스 3 : : 교육

애정을 넘어
애증으로

내가 상담한 이들 중에는 자녀에게 원하지 않는 전공과 공부를 강요해, 정작 대학에 들어간 뒤 무기력감에 빠진 자녀 때문에 골치를 썩는 부모가 적지 않다. 노동의 즐거움과 경제 개념, 부모로부터의 건강한 독립 같은 기본적인 자질보다는 성적만 중시한 탓이다.

이렇게 성적 지상주의가 팽배하게 된 이유는 한국의 특수한 역사적 배경과도 무관하지 않다. 전쟁 후 한국의 학생들, 지금의 베이비부머 세대들은 대부분 열악한 환경에서 돈을 벌어 가며 악착같이 공부했다. 대부분의 전후 세대 중에는 부모가 제대로 뒷받침해 주었다면, 환경이 조금만 더 좋았더라면 하는 원망을 갖고 성장한 사람들이 많다. 공부를 하고 싶어도 그러지 못한 좌절감으로 결국 인생 전체를 낭비한 이들도 있다.

그들이 낳은 자녀들이 1990년대 이후의 젊은이들이다. 1988년 서울 올림픽 이후, IMF나 금융 위기가 있었던 단기간을 제외하고 대부분 성장과 풍요를 접하며 산 세대들이다. 부모로부터 풍족한 뒷받침을 받으며 자랐거나, 자신은 그렇지 못하나 부모의 지지를 받는 친구들을 보며 성장한 이들이다. 부모가 특별하게 독립심을 고취하려고 하지 않는 한, 전후 세대의 이른바 '악바리 근성'이 저절로 주어지지는 않는다는 얘기다.

혼자 서지 못하는 젊은이들

오바마는 잊어버릴 만하면 한국인의 교육열을 칭찬하지만, 실제로 외국의 교사나 교수들은 한인 학생들에게 동기와 자발성이 부족하다는 점을 자주 지적한다. 똑똑하기는 한데, 스스로 알아서 하는 근성이 부족하다는 말이다.

최근 들어 기업체에서도 부모의 재산이 많은 강남 출신 유학생은 채용하기를 꺼린다고 한다. 매뉴얼 달라면서 과외 받으러 온 줄 착각하는 젊은이들이 많다는 것이다. 시키는 일은 간신히 하지만, 불편한 여건은 견디지 못하는 왕자님과 공주님도 많다. 학벌은 좋지만 책임감과 추진력이 부족하고 불평만 한다면, 상사로서는 머리는 나빠도 열심인 직원을 거느리는 것보다 훨씬 더 골치 아플 수도 있다.

돈이 많은 집일수록 자녀들의 주택 마련은 물론 손자 교육까지 책임지려 한다고 한다. 부자들만 간다는 소위 명문 유치원에서는 조부모 경제력부터 물어본다는 말이 공공연하게 떠돈다. '부모 장학금'이라며 부끄럼 없이 자랑하는, 학벌은 좋은데 혼자 설 생각은 애초에 없는 젊은이들을 임상이 아니라 현실에서 직접 만난 적도 많다. '아빠의 무관심, 엄마의 정보력, 조부모의 경제력'은 그러나 대학 입학까지만이다. 정말로 똑똑한 아이들은 엄마나 조부모에게 기대서 공부하지 않는다. 설령 그렇게 해서 일류 대학에 들어갔다 치자. 의존적으로 인생을 시작한 젊은이에게 독립심이 얼마나 있을 것이며, 부모가 죽은 뒤 그들의 중년과 노년이 얼마나 한심하겠는가.

그럼에도 불구하고 언론 매체에서 자녀를 좋은 대학에 입학시킨 부모들이 마치 자녀 교육에 완벽하게 성공한 양 미화하는 것도 문제다. 자녀 교육의 목표는 좋은 대학이 아니다. 좋은 대학에 들어갔으나 정신 건강이 심각하게 병들어 있는 학생들도 많다. 주변을 살펴보면, 사업한다 어디 투자한다 하며 온 집안의 돈을 말아먹는 일류대 출신 엘리트들이 엄청나게 많다. 이른바 엘리트들을 믿고 부모들이 돈을 몰아주기 때문이다.

좋은 대학을 보낸 어머니들에 대한 무조건적인 찬사 뒤에는, 학벌이 앞으로의 자녀 인생을 좌우할 것이고 자녀 인생은 어머니가 결정한다는 잘못된 집단 최면이 숨어 있다. 곱게 자라 좋은 간판만 딴 자녀들이 사회에 적응하지 못하고 부모를 함부로 대하는 진짜 지저분한 뒷얘기는 공개되지 않는 탓이다.

일찌감치 자녀들을 분가시키는 일본이나 심지어 아이들이 대학 등록금을 달랄까 봐 대학 입학까지 꺼리는 미국의 냉정한 부모들은 우리나라에 비해 자녀들에게 덜 투자한다. 실제로 공들여 봐야 부모에게 돌아올 것이 없다고 생각하기 때문이다. 그처럼 부모들이 확실하게 선을 긋는 태도를 보여 주기 때문에 열심히 살아야 한다고 믿는 아이들은 한국의 젊은이들에 비해 더 치열한 경향을 보인다. 뒤를 봐주는 부모가 없다고 생각하니 그만큼 열정도 더 생기는 것이다.

자녀를 무력하게 만드는 부모들

맹목적으로 내 자녀에게 많은 재산과 명예를 몽땅 물려주고, 또 그만큼 자식의 인생에 개입하려는 욕심은 적지 않은 후유증을 유발하기도 한다. 우선 부모에게 재산이 있으니, 특별히 땀 흘려 일할 필요 없다고 믿는 자녀들은 영원한 새끼 캥거루로 남으려고 하는 경향이 있다. 힘든 것을 하지 않으려는 '영원한 아이 증후군(eternal child syndrome)'이다. 돈 나올 곳이 있으니 일 안 하고 버텨 보는 것이다.

재산 문제를 둘러싼 갈등으로 서로 고소하고, 심지어 상해를 입히고 살인에 이르는 가족들도 적지 않다. 어차피 줄 돈인데, 왜 미리 주지 않느냐며 행패를 부리는 멀쩡한 자녀도 많다. 어려서부터 '결핍'과 '극기'를 가르치지 않아, 노력하고 보람을 느끼는 즐거움을 배우지 못한 탓이다. 돈만 물려주려 했지 사랑하는 법과 윤리적 태도를 가르치지 않았으니, 물신주의에 빠진 자녀만 비난할 수도 없다. 열심히 일해서 버는 돈을 귀하게 생각하지 않고 세상을 쉽게 보면 결국 큰코다치게 마련이다.

반대로 부와 명예가 배타적으로 세습되는 것을 옆에서 보고 상처받는 젊은이들은 냉소와 무력감, 우울감에 쉽게 빠진다. 노력해 봐야 어차피 좋은 부모 만난 아이들을 도저히 따라잡을 수 없다는 절망감으로 일할 의욕을 상실하기 때문이다. 부의 세습이 심하고 계층 간 이동이 봉쇄된 나라의 주관적 행복도와 성장 동력이 떨어지는 이유다. 핵심 계층, 동요 계층, 적대 계층으로 철저하게 운명이 결정되는 북한, 빈부 차이가 세습되는 필리핀, 중남미가 발전하지 못하는 이유 중 하나이기도 하다. 부의 세습이 나라의 발전을 심각하게 방해한다는 뜻이다.

가문 중시의 유교 전통에다 합리적인 근대성이 자리 잡지 못한 한국이 더 가족주의의 폐해가 심하지 않을까 의심할 수도 있겠다. 물론 미국과 유럽의 기업도 가족 통제 기업이 80퍼센트 내외나 된다. 하지만 가족형 기업의 수명은 매우 짧다. 선진국에서 재산을 상속하는 비율이 상대적으로 낮은 것은, 부모들이 꼭 현명해서가 아니라 상속세율이 워낙 높은 데다 노후에 자녀들에게 기대는 부모들이 그만큼 적기 때문이다. 반면에 우리나라에는 언젠가 자녀들이 늙은 나를 거두겠지 하고 은근히 바라다 결국 상처받는 부모들이 아직 있다.

부모의 애프터서비스가 자녀를 망친다

비록 같이 살지는 않지만, 늙으면 자녀들에게 경제적으로 의존하겠다는 허황된 기대를 하는 부모들이 여전히 존재한다. 그러나 강의 시간에 학생들에게 물어보면 늙은 부모를 부양하겠다는 사람은 5퍼센트도 되지 않는다. '묻지 마 조기 교육' 의 열기는 어느 정도 가라앉았는데, 사교육으로 부모 재산을 소진한 허망한 결과를 절감하기까지는 시간이 걸릴 모양이다.

"부모 모실 생각이 없으니 과외 강요하지 마라"라고 말하는 당돌한 중·고등학생들의 얘기를 허투루 들을 일이 아니다. 그러나 여전히 죽을 때까지 자녀 인생을 애프터서비스해 준다는 부모도 있고, 부모 돈으로 사는 것을 당연시하는 젊은이들도 많다. 부모들이 죽고 난 후, 자녀의 노후와 장례 준비는 어떻게 할 건지. 그런 집일수록 남모르는 갈등도 많다. 돈과 집을 물려주는 순간, 부모 자식은 채무자와 채권자 관계로 변한다. 채무자는 채권자를 싫어하고 멀리하고 싶어 한다. 선진국에서 자녀들 공부에 집착하지 않고 유산도 덜 물려주는 것은 우리보다 이타적이어서가 아니라 먼저 이런 가슴 아픈 상황을 경험한 탓이다.

그럼에도 남들 다 그러니까 공부시키고 번듯하게 물려주지 않으면 원망 듣는다고 불안해하는 이들은 고집을 놓지 못한다. 마음속에는 '내 아이가 공부 못하면 자존심 상하고 무시당할 텐데', '공부 안 시키면 아이도 나도 패배자가 될 거야' 와 같은 불안이 숨어 있기 때문이다. 사실 그런 부모만 비난할 수는 없다.

아이의 성적을 어머니의 능력과 연결시키고, 정보 제공이라며 은근히 사교육을 부추기는 매스컴은 자기실현이 차단된 보통 어머니들의 좌절감과 소외감을 더 아프게 자극한다. 이기적이고 배타적인 가족주의, 부모와 자녀가 서로 독립된 존재라는 것을 부정하는 원시적 태도, 물신 숭배적 경쟁 지상주의의 합작품이다.

교육에 대한 투자가 모두 병적인 것은 아니지만, 과연 어떤 교육을 하는지, 또 그런 교육을 하는 데 근간이 되는 철학은 건강한지 꼼꼼하게 짚어 보는 사람은 많지 않다. 대입 제도를 아무리 고쳐도, 땀 흘리기는 싫고 부동산이나 부모 유산만 바라보는 퇴폐적 물신주의에 빠진 젊은이만 양산한다면 곤란하다. 공무원 시험, 자격증, 로스쿨, 의학 대학원을 준비하는 백수들은 넘쳐나지만, 기업은 인력이 모자라 노인이나 이주 노동자에게 매달려야 한다. 번듯한 직장 아니면 아예 다니지 말라는 부모도 있다. 결국 부모 없으면 아무것도 못하는 무능력하고 의존적인 허깨비들만 가득한 사회가 될 수도 있다.

자식에게 먹고살 만큼만 남겨 주겠다는 한 기업인의 발언이 인구에 회자된 적이 있다. 그 많은 재산을 물려주지 않겠다는 점이 부각되어 언론에서 칭찬을 받긴 했다. 그러나 그 이전에 왜 부모가 성인이 된 자녀에게 먹고살 것을 남겨 주어야 하는가에 대한 근본적인 질문 역시 해 보아야 한다. 제대로 짚고 넘어가자면, 다 큰 자녀의 먹고사는 문제는 부모가 책임질 부분이 아니다. 자녀가 일하는 습관을 익혀 스스로 자립할 수 있게 해 주기보다는 자녀들이 노인이 될 때까지 편하게 살 수 있게 준비해 주려는 부모들은 자녀를 교육하는 것이 아니라 사육하는 것이다.

실제로 상담을 하다 보면 자식에게 큰돈을 물려주고 한순간에 재산을 날려 노년에 고생하는 경우를 자주 접한다. 그러잖아도 사기꾼, 협잡꾼이 많은 세상에서 금융 위기 등 어쩔 수 없는 어려운 상황이 빠른 속도로 전개되고 있다. 잡초같이 살 수 있는 능력을 키워 주지는 못할망정 부모에게 모든 것을 의존하게 만들면 경제관념과 판단력을 키우지 못한다. 자녀를 죽을 때까지 책임지겠다는 부모는 실상 자녀를 망치는 나쁜 부모다. 독립 여부를 떠나, 부모가 지나치게 자녀를 억압하거나 관여하면 자녀들의 삶은 결국 파국으로 흐른다.

부모를 죽이고 싶어 하는 아이들

2008년 1월 영국에서는 어머니와 아버지를 죽이려는 장면을 비디오로 찍은 한 소녀에 대한 공판이 열렸다. 비록 살인에는 실패했지만, 죄의식이나 슬픔 없이 부모 살해를 시도한 소녀가 과연 정신 질환자였는지, 아니면 그 야말로 악마의 피가 흐르고 있었는지 판결하기 어려웠다고 한다. 통계적으로는 딸보다 주로 아들이 부모를 많이 죽이고, 살해 동기는 어려서 학대를 많이 받았거나 심각한 정신 질환을 앓고 있는 경우가 많으며, 다른 사람의 고통을 느끼지 못하는 반사회성 인격 장애를 지닌 경우도 있다고 한다. 2012년 말 어머니와 초등학교 아이들을 죽인 미국 코네티컷 초등학교 총기 참사 역시 부모와 자식의 관계가 비정상적이었을 것이다.

특히 청소년들은 부모에게 불만을 가져도 다른 곳에서 살 능력도 없고, 집을 나가도 부모가 다시 찾으면 같이 살아야 하기 때문에, 부모 살해 가해자들은 부모를 죽이는 것 말고는 대안이 없다고 믿어 막다른 선택을 하기도 한다. 성인인 존속 살해범들도 대부분 부모로부터 독립을 못하고 있어 마치 청소년과 유사한 심리 상태에 고착되어, 부모와 범인들이 병적인 공생 관계를 유지하는 경우가 대부분이다.

게임에 빠져서 자신이 벌어다 준 돈을 탕진한 어머니를 살해한 경우나 돈 못 번다는 핀잔을 듣고 부모를 살해한 경우도 그런 역동일 수 있다. 일본에서도 2001년 이후 해마다 청소년들이 부모를 살해하는 증례가 10건 이상씩 보고되고, 미국의 유튜브나 마이스페이스 뮤직에도 부모 살해 사이트가 등장한다고 한다.

급기야 우리나라에도 엄마를 저주하는 '엄마 안티 카페'가 생겼다는 소식이 들린다. 치맛바람이니 헬리콥터 맘이니 매니저 엄마니 하는 식으로 아이들의 일거수일투족을 감시하는 엄마들 때문에 질식할 것 같다는 아이들의 비명이 담긴 현상이다.

이런 아이들이 실제로 부모를 살해하는 어른으로 자라기도 한다. 거액의 빚, 부모와의 불화 등 이런저런 이유로 존속 살인을 저지르는 사람들의 소식도 자주 신문 지상에 등장한다.

물론 과거의 문헌에도 존속 살인에 대한 언급이 아주 없는 것은 아니다. 고려시대에는 나이 든 노인을 버리는 고려장 풍습이 있었다고 많은 사람이 믿고 있다. 물론 이런 전설이 조선 왕조의 주자학 이데올로기를 강조하기 위해 조작되었다, 또는 일제에 의해 한국 중세의 야만성을 강조하기 위해 유포되었다는 말도 있지만, 실제로 기근이 심각할 때는 꼭 고려뿐 아니라 전 세계 어디서나 늙은 부모를 버릴 수밖에 없는 원형적 풍경이 기록되고 있다.

예컨대 중국의 《위지》에는 부여와 고구려의 후장, 즉 순장 풍습과 병사자를 갖다 버리는 풍습이 기록되어 있지만 일률적으로 노인을 갖다 버렸다는 기록은 없다고 한다. 불교의 《잡보장경》에 나오는 기로국에서 노인들을 버리는 기로 전설이 민담으로 구전되면서 고려장으로 변질되었다고 보는 주장도 있다.

《조선왕조실록》 숙종 9년에도 존속 살인에 대한 기록이 나온다.◆ 실록에 실명까지 언급된 것이 그리 많지 않은 점으로 미루어, 조선시대에는 효를 강조해 상대적으로 존속 살인이 드물지 않았을까 생각된다. 고대 중국에서부터 내려와 《경국대전》에도 등장하는 10악 중 하나인 악역(惡逆)은 부모, 조부모는 물론 본인과 처가의 친척 어른들을 죽이는 죄로서, 당장 사형에 처하는 극악한 범죄라 했다.

반면에 최근 연구를 보면, 우리나라가 다른 나라들에 비해 살인범 중에

존속 살인 비율이 두 배 이상 높다고 한다. 강원지방경찰청 정성국 박사가
2010년 《수사 연구》 5월호에 기고한 논문에 따르면, 존속 살인 비율이 점
점 높아지고 있다. 물론 존속 살인자 중 55퍼센트가 정신분열증이지만,
나머지 45퍼센트는 멀쩡한 정신으로 부모를 죽였다는 이야기다.◆◆ 그만
큼 21세기 한국의 부모와 자식의 관계가 아슬아슬한 것 아닌가 싶다.

자녀 교육은 노후 보장 보험이 아니다

소포클레스의 비극 《오이디푸스 왕》의 아버지 살해는 이미 낡아 빠질 정
도로 인용된 바 있고, 로마의 키케로는 아버지를 죽였다는 혐의를 받은 로
스키우스를 변론해 유명해졌다. 도스토옙스키의 《카라마조프가의 형제
들》 역시 아들들의 아버지 살해가 모티브다. 어머니 살해 이야기도 적지
않다.

고대 바빌로니아의 신 마르두크가 어머니 티아마트를 죽이고 영웅으로
재탄생하고, 역시 그리스의 비극에서 엘렉트라는 동생과 함께 아버지를
죽게 한 어머니 클리타임네스트라를 살해한다. 중세 서양에서는 어머니
대신 못된 검은 용 또는 마귀할멈으로 환치되기도 한다. 현대에 들어, 히
치콕 감독의 〈사이코〉는 주인공의 살모 동기가 주제다. 카뮈의 소설 《이방
인》도 주인공이 어머니 장례식 날 낄낄거리고 코미디를 보며 성관계를 갖
는 것으로 시작된다.

◆　　이남희, 《클릭! 조선왕조실록》, 다할미디어, pp. 177~178
◆◆　한국의 존속 살인 '특별한 것이 있다', 〈일요서울〉, 2010년 5월 11일자

물론 이들 이야기나 신화 속 살부·살모 모티브는 어디까지나 상징계의 은유적 표현이라, 실제로 행동에 옮기는 것과는 전혀 별개의 문제다. 그러나 상담하다 보면, 때로는 정말로 아버지와 어머니를 죽이고 싶을 만큼의 분노를 표현하는, 겉으로는 멀쩡한 이들을 가끔 만난다. 어려서부터 부모에게 무시당하거나 숨 막힐 정도로 조종당해 정신세계가 완전히 황폐해진 경우, 또는 부모가 져야 할 부담을 몇 배로 떠맡으면서 부모 노릇에 지친 경우들이다. 결국 병적인 부모가 병적인 자녀를 만드는 것이다.

정신과 의사라 그런지, 혹독한 매니저를 자처하며 자녀를 공부하는 기계로 간주해 담금질만 하는 어머니와 돈만 갖다 주고 무관심한 채 술 마시며 소리나 지르는 아버지들에 대한 자녀들의 분노가 상상보다 심각하다는 느낌을 자주 받는다. 어버이 사랑은 하해(河海)와 같다고 좋게 말하지만, 자식 사랑은 엄밀히 따지면 일종의 이기심에 속한다. 내 유전자를 지닌 자녀에 대한 사랑은 인간이면 누구에게나 내재하는 자기애적 경향의 연장일 뿐이다.

원하지 않는 교육을 자녀에게 꼭 시키고 싶으면 아이에게 무엇을 하고 싶은지, 추가로 들어간 교육비는 성인이 되면 자녀들이 어떻게 갚아 나갈지 먼저 물어봐야 한다. 목표, 동기, 책임감도 없는 아이에게 투자해 봐야 결과는 뻔하다. 어려서부터 스스로 결정하고 책임지는 훈련이 우선되어야 한다. 아쉬울 게 없어 인내심을 배우지 못한 좋은 집안 젊은이들의 무기력을 많이 접한 정신과 의사나 기업체 임원들이 이구동성으로 하는 얘기다. 설령 자녀가 행복하게 성공한다 해도, 늙은 부모에게 남는 것은 자녀와의 소중하고 행복한 추억 이상도 이하도 아닐 가능성이 높다. 그 이상

을 자녀와 며느리, 사위에게 바라다 상처만 입고 쓸쓸한 노후를 보내는 노
인을 많이 만나 본 탓에 하는 말이다.

자녀를 범죄자로 만드는 부모들

    퇴근길, 학교 운동장에 주차된 자동차를 탈 때 선생님들은 겁난다고 한다. 학생들이 뱉어 놓은 가래침 때문이다. 꾸중하는 선생님에게 욕을 하거나 침을 뱉고, 심지어 의자를 집어 던지는 학생들도 있다. 학부모에게 전화 거는 것도 고역이다. 아이 문제를 의논하려는 것인데, "촌지 바라느냐"며 퉁명스럽게 끊어 버리는 것은 물론, 언제 찾아와 행패를 부릴지 모르기 때문이다.

    교사들이 이렇게 학생들의 생활 지도에 무력감을 느끼며 손을 놓아 버린 사이 아이들의 범죄는 갈수록 무섭게 변하고 있다. 초등학생이 포르노를 보고 집단으로 성폭력을 저지르거나, 열예닐곱 살 아이들이 포주가 되어 폭력으로 매춘을 강요하지 않나, 이유 없이 친구를 땅에 묻고 살해 위협을 하는 일들까지 벌어지고 있다.

    음란물을 본다든지, 학교를 멋대로 빠지거나 다른 아이를 괴롭히는 것 정도는 양심의 가책도 느끼지 않는 학생이 적지 않다. 우리 아이, 우리 동네는 괜찮겠지 생각하지만 심층 면담을 해 보면 아이들의 도덕심 미발달과 미분화는 광범위한 현상이라는 생각이 든다. 수단과 방법을 가리지 않고 부자만 되면 된다고 생각하는 어른들은 그들에게 할 말이 없다.

일류 대학 앞에 뒷전인 윤리 교육

이렇게 청소년의 문제 행동이 단순한 '비행(非行)'이 아니라 '범죄'로 치닫는 데는 폭력 비디오와 게임, 영화 등 매체의 영향도 있지만, 윤리 교육의 부재가 근본적인 원인이다. 사건이 터지면 담당 교육청과 학교의 감독 부재를 지적하곤 하는데, 담임 교사가 자기 과목을 가르치면서 40명 넘는 학생의 정신 건강과 윤리 교육까지 어떻게 책임지겠는가.

발달심리학적 입장에서 보면 아이들의 도덕 관념은 학교에 들어갈 나이 이전, 양육자의 태도에 따라 결정된다. 공공장소에서 소리 지르고 뛰어서 남에게 폐를 끼치는 일, 때리거나 욕하는 폭력적 행동, 약한 자를 괴롭히는 비열한 태도, 절도나 거짓말 등의 비도덕적 행동에 대한 죄의식은 유치원 이전, 말을 배우면서부터 형성되기 시작한다. 하지만 똑똑하고 경쟁적인 일부 부모들은 '기죽지 말고 하고 싶은 대로 해라(설령 네가 잘못해도 꼭 사과할 필요는 없다)', '수단과 방법 가리지 말고 남을 이겨라(커닝이나 폭력 정도는 걸리지만 않으면 된다)', '남 신경 쓰지 말고 네 것만 챙겨라(약하고 아픈 사람 도와줄 필요 없다)'와 같은 메시지를 아이들에게 은근히 또는 노골적으로 보내 자녀들을 냉혹하고 지능적인 범죄자로 만드는 데 일조한다.

권위적인 대가족 제도와 봉건 사회에서는 답답하고 싫어도 어른들 앞에서 나를 죽여야 했다. 위선일망정 남에게 손가락질받지 않는 삶의 방식을 선택해야 했던 것이다. 이제 젊은 세대는 그런 이중적 삶의 방식을 거부한다. 순전히 내 가치관대로 살겠다는 젊은이들이 양심과 배려의 덕목을 갖출 수 있도록 학부모·학교·사회의 도덕 교육이 강화되어야겠지만, 현실에서는 무한 경쟁이라는 기치 아래 성적을 올리는 것에 모든 에너지를 집중하는 것 같다.

미국 음악가 랜디 뉴먼이 〈한국 부모Korean Parents〉라는 노래를 만들 만큼 한국인의 교육열은 유명하다. 자식 잘되면 장한 어머니상을 받고, 자식이 잘못되면 부모가 죄인인 사회니까. 삼국시대부터 대학과 박사 제도가 있고 과거 시험을 보아 계층이 결정되는 전통이 우리 기억의 유전자에 내장된 탓도 있을 것이다. 그러나 윤리 교육, 자녀의 적성이나 행복감과 상관없이 무조건 일류 대학에 가야 한다는 잘못된 믿음은 직업윤리나 인간적인 기본 덕목을 갖추지 못한 이들을 양산한다. 고학력자들의 높은 실업률이라는 비효율적 시스템은 극한 경쟁을 유발하면서 윤리적 소양을 함양하는 일에는 상대적으로 소홀하게 만든다.

실제로 자녀의 일류 대학 입학을 향해 범죄 행위도 불사하는 추악한 이들도 많다. 시험 답안, 입학 원서용 자기 소개서나 에세이를 돈으로 사고, 수억 원을 주면 외국 어느 대학에 갈 수 있다는 식의 발상은 자녀를 사기꾼으로 만드는 행위다.

얼마 전에는 한국 학생들의 SAT 시험지 유출 때문에 미국에서 크게 문제가 되었다. 입학 사정관들 사이에서 한국 학생의 입학 서류를 믿지 못하는 분위기가 확산되고, 유학생 전체가 매도당하기도 했다. 대학에 가도 과외 선생 붙여 리포트 대신 써 주면 된다는 발상을 하는 무책임한 부모들이다. 학생들은 집단 커닝을 하며 인터넷에서 리포트를 사고, 교수들은 표절하고 데이터를 조작하는데, 돈 쏟아붓는다고 한국 교육이 일류가 되겠느냐는 개탄이 나올 만하다.

배려와 도덕심은 부모가 길러 줘야 한다

부모든 자녀든, 자신의 열등감을 감추기 위해 양심을 저버리는 범죄 행위도 불사하는 이런 태도는 죄의식을 느끼는 초자아(super-ego)가 건강하게 형성되지 못했기 때문이다. 초자아의 견제 없이 이기적인 본능인 이드(id)의 노예가 된 인간은 열등감이라는 콤플렉스에 먹혀 버린 괴물 같은 존재라 아니할 수 없다. 정신분석가 에릭슨은 초등학교 시절 공부나 운동 등에서 지나치게 열등감에 빠지면 자아 정체성 형성에 심각한 손상을 입어 나이 든 후에도 신경증이나 성격 장애를 일으키는 원인이 된다고 했다. 자녀의 일류 대학 입학을 위해 양심을 던져 버리는 부모들이나, 그 때문에 하기 싫은 공부를 하며 속임수부터 배우는 자녀들이나 열등감의 노예로 고통받는다는 점에서는 별 차이가 없다.

지금과 같은 비틀린 교육열은 수십 년간 세계 최고의 경쟁 사회에서 살다 보니 생긴 일종의 정신 질환이다. 사람들이 열심히 일하는 이유 중 하나가 자식 잘되는 것이겠지만, 도대체 잘된다는 것이 무엇인가? 왜 적성에 맞고 마음도 편한 육체노동을 하면 안 되고, 꼭 펜대만 굴려야 된다고 생각하는가? 열등감과 불안감 때문에 거짓으로 잘난 척하고 남 위에 군림

해야만 성공했다고 믿으며 남은 상처받아도 내 가족만 잘먹고 잘살면 된다는 가족 이기주의에 빠져 버린 사회는 지옥이다.

　조기 교육이라는 미명으로 수동적인 과외 공부만 받느라 미치겠는 상류층 아이들이나, 방과 후 교육과 입학 정보에서 소외된 좌절감에 엇나가는 빈곤층 아이들이나, 도덕심 함양이나 균형 잡힌 인성 교육에는 관심 없는 잘못된 부모 모두 사회의 희생 제물이 아닐 수 없다. 모두가 상위 1퍼센트만 되길 바라는 사회보다는 나머지 99퍼센트로 살아도 남에게 무시당하지 않고, 폭력의 희생 제물이 되지 않는 사회가 훨씬 더 바람직하다. 배려와 도덕심은 평화로운 사회의 절대적 필요조건이고, 그 덕성은 무엇보다 부모들이 자녀에게 길러 줄 때 생성된다. 남을 배려해야 결국 나도 평화롭고 행복한 사회에서 발 뻗고 잠잘 수 있다.

무감동 인생은
어떻게
시작되는가

시험지를 앞에 놓고 쩔쩔매거나, 터무니없는 점수를 받고 망연자실하는 꿈을 한국인들은 자주 꾸는 편이다. 끊임없이 시험을 보고 등급을 매기며 점수에 목숨을 걸어야 하는 한국 사회의 분위기 탓이 아닐까 싶다. 물론 경쟁에서 이기고 싶어 하는 것은 인간의 본능일 수 있다. 어린아이들이 또래와 놀이를 하는 순간부터 서로 더 좋은 장난감을 많이 갖고, 맛있는 음식을 더 먹으려고 다투는 모습을 본 적이 있을 것이다.

이런 본능적인 이기심을 다스리는 방법에는 크게 두 가지가 있다. 하나는 유교에서 말하는 도심, 즉 선천적인 선한 본성을 강조하면서 서로에게 양보할 수 있도록 훈련시키는 것과 페어플레이를 하면서 객관적으로 점수화해 그 결과를 승복시키는 방식으로 폭력적인 경향을 다스리는 것이다. 무작정 치고받고 싸우는 것보다는 정당하게 서로 좋은 점수를 받으려고 노력하는 와중에 사람은 보다 세련된 사회화 과정을 경험한다. 시험을 보고, 점수를 매기고, 등수를 매기는 것들이 이러한 사회화 적응 훈련인 셈이다.

　문제는 이런 경쟁으로 마음의 상흔이 남는다는 것이다. 항상 잘하는 아이들은 자칫 잘나가고 주목받는 상황에만 익숙해져서 작은 실패에도 크게 좌절하거나 분노할 수 있다. 1등만 하는 아이들이 정서적으로 불안해져서 엉뚱한 일을 벌여 주위를 당황하게 만드는 경우다. 반대로 지기만 하는 아이들은 열등감에 사로잡혀 지레 겁을 먹고 회피하거나 포기하는 우울증적 경향을 보일 수 있다.

　이상적인 교육 환경이라면, 이렇게 극단적으로 치닫지 않도록 개개인의 숨어 있는 개성을 개발해 모두가 행복하기 위해 노력할 것이다. 예를 들면 공부는 못해도 청소는 잘하는 아이라면 청소 점수를 높이 주어 사회에 나가 청소 회사를 차리도록 준비해 주는 것이다. 화초를 잘 키우고 동물을 잘 돌보는 데 관심이 있다면, 거기에 맞춰 인생을 설계하도록 해서 탄탄한 화훼 단지의 주인으로 성장시킨다든가 동물 조련사로 키워 줄 수도 있다.

　안타깝게도 한국의 현실은 상상력의 부재 때문인지, 소위 사회적으로 인정받는 안정된 직장을 가지는 것에만 목표를 두어 일부 인기 학과와 대학의 경쟁력만 치열해지고, 나머지 학생들은 들러리가 되어 껍데기만 학교를 다니는 것 같다. 학벌 콤플렉스라고 해도 좋을 만큼, 소위 좋은 대학에 가지 못한 이들은 평생 공부에 대한 한을 품고 살기도 하고, 부모들은 자녀가 좋은 대학에 못 가면 무시당하고 체면이 손상될까 걱정한다. 부모 등쌀에 억지 춘향 격으로 대학 간 아이들은 당연히 인생을 시작하기도 전에 무감동, 무의욕에 빠져 청년 백수가 되기 십상이다. 부모가 좋아하는 점수 따는 준비(고시, 공무원 시험, 자격증 등)나 하며 젊음을 탕진하는 이유이기도 하다.

크고 작은 시험 점수가 나올 때마다 부모나 학생들은 대부분 신경이 예민해진다. 자기가 물려준 유전자 생각은 않고 무조건 몰아붙이는 부모들이나, 게으름 피운 건 생각하지 않고 부모 원망만 하는 자녀들이 낮게 나온 점수를 놓고 서로의 마음에 비수를 꽂을 수도 있다. 미시적으로 보면, 가정과 학교의 잘못된 교육 방식을 분석해서 해법을 찾아야 하지만, 거시적으로 보면 모든 것을 점수로 줄 세워, 일등 하는 사람만 오로지 존재 가치가 있다고 주장하며 약육강식의 논리를 들이대는 무한 경쟁 사회에도 큰 책임이 있다.

그러나 희망이 아주 보이지 않는 것은 아니다. 최근 경쟁적으로 만들어지는 오디션 프로그램들에 등장하는 젊은이들은 엄청난 경쟁률에도 불구하고 그 경쟁을 즐기고 신뢰한다. 일단 집안이나 학력 등과 상관없이 자신의 능력에 따른 페어플레이라는 전제가 있기 때문에 결과에도 기꺼이 승복한다. 경쟁은 인간의 본능 중 하나다. 좋은 먹잇감이 있으면 사자도, 산양도, 코끼리도, 모두 죽을힘을 다해 다가간다. 심지어 떼를 지어 다니는 조류조차 먹을 것이 생기면, 힘센 놈 먼저 차지하는 모습을 보인다.

그러나 인간과 짐승의 차이라면, 약자에 대한 배려와 서로가 합의해 규칙을 만드는 점일 것이다. 경쟁이 없으면 결국 사회의 역동성이 떨어진다는 것은 교조적 공산주의 국가들의 몰락으로 이미 충분히 절감한 바 있다. 중요한 것은 경쟁을 아예 없애는 것이 아니라, 누구나 인정할 수 있는 깨끗한 경쟁을 하는 것이다. 그리고 그 경쟁을 가능하게 하는 것은 철저한 제도의 정비다.

대런 애쓰모글루는 《국가는 왜 실패하는가》에서 페어플레이가 가능한 원칙이 뚜렷한 사회가 생존한다고 말했다. 권력자가 자의적으로 세상을 주무르고 사람들은 정당한 경쟁과 시험을 경험하지 못하면, 결국 모두 무기력한 노예처럼 변할 것이다.

일률적으로 시험과 경쟁을 없애고 국가가 모든 것을 알아서 해 주는 복지 국가는 언뜻 행복할 것 같지만, 조지 오웰의 《동물농장》에서처럼 미련한 집단주의 국가로 나아갈 가능성이 높다.

그러나 '시험', 특히 객관식 문제만 풀게 만드는 극심한 경쟁 사회 역시 자유로운 놀이에서 솟아나오는 창조적 에너지를 말살한다. 경쟁과 시험에도 적절한 '중용'의 덕목이 필요한 것이다.

잠을 박탈당한
사람들

세계에서 노동 시간이 긴 편인 한국의 회사원이나 공장 직원, 자영업자 들은 새벽부터 밤늦게까지 일하는 것으로 유명하다. 열대야가 기승을 부리는 여름이면 거기에 더해 클럽·노래방·술집 등에서 노는 일로 바빠 잠 못 이루는 이도 많다.

수면이 부족하면 피곤함을 느낄 뿐 아니라 집중력·주의력 등이 떨어져 교통사고나 산업 재해에 노출될 확률이 높다. 몸의 면역 체계도 흔들려 전염병에 걸리기 쉽다. 심지어 암에 걸릴 확률도 높아진다니, 넓게 보면 잠 안 자고 일하는 것이 오히려 생산성을 떨어뜨리는 일이다. 심리적으로는 잠이 부족하면 공격성이 높아져 쉽게 싸우거나 부수는 등 파괴적 행동을 하게 되니, 안전하고 쾌적한 도시 환경을 저해하는 요인이 될 것이다.

얼마 전 학원의 수업 시간을 밤 10시까지로 제한한 결정에 대해 찬반 논란이 있었다. 정신과 의사 입장에서 보면 10시도 사실은 너무 늦다. 특히 성장기 아동이나 청소년은 수면 시간이 충분해야 성장 호르몬이 적절하게 분비되어 신체적·정신적 발달이 이루어진다. 우리나라는 어른 아이 할 것 없이 모두 잠이 부족하기 때문에 정서적으로도 불안하고 공격적이지 않나 하는 생각이 든다. 폭력적인 영상물보다 수면 부족이 정서에는 더 해롭다는 주장도 있다.

수면 부족 중에서도 특히 꿈을 꾸는 렘(REM)수면이 박탈될 경우 심각한 정신 질환에 걸릴 가능성이 높아진다. 꿈을 꾸는 동안 육체뿐 아니라 상처 받고 피곤한 정신이 무의식의 자연 치유 기능을 통해 회복되기 때문이다. 심지어 외상 후 신경증의 한 증상인 반복되는 악몽조차 끔찍한 상황을 꿈 속에서 재경험하면서 과거의 상처를 다른 각도와 정서로 바라보는 좋은 기회가 될 수도 있다. 꿈을 통해 무의식의 창조성과 만나 훌륭한 영감을 받을 수도 있기 때문에, 잠 안 자고 열심히 일하고 공부하는 것보다 수면을 충분히 취하면서 깨어 있을 때 제대로 집중하는 것이 더 좋은 결과를 얻을 것이다.

건강한 사람도 나이가 들면 수면 시간이 서서히 줄어들지만, 치매와 같은 뇌 질환이 악화될 때도 수면 주기나 시간이 급격히 변하는 경우가 많다. 또 우울증이나 불안 신경증이 있을 경우, 공연이나 경기·시험 등을 앞두고 수행 불안을 겪을 때도 아침잠이 줄거나 잠들기가 힘들다. 고민이 많아 잠이 안 오거나 새벽에 깨면 잠이 부족한 것 때문에 또 다른 걱정을 얻는 악순환의 고리에 빠진다.

비교적 건강한 청소년이나 젊은이도 어른들의 제한을 많이 받는 낮보다는 밤에 활동하는 것이 더 편할 수 있는데, 음주나 성폭력·패싸움 등 청소년기에 일어나는 사고는 대부분 밤에 이루어지니 부모들은 더 불안하

다. 반대로 해야 할 공부를 다 마치지 못했다고 잠을 안 재우는 극성 부모
도 있다. 성장한 후에, 어린 시절 공부시킨다며 '잠재우지 않는 고문'을 자
행한 부모에 대한 원한과 분노를 토로하는 내담자를 꽤 많이 만났다.

아이들은 공부 때문에, 어른들은 돈 때문에 충분히 자고 쉬는 기본적인
욕구조차 채우지 못는 것이다. 놀 때조차 남들보다 일찍 들어가면 안 된다
고 생각하면서 끝장을 보려는 사람들은, 어떤 의미에서는 자신의 몸을 학
대하는 것이다.

열심히 공부하고 일하기 위해서는 무엇보다 심리적·육체적 건강이 전
제되어야 한다. 그리고 건강한 몸을 유지하기 위해 적절한 수면보다 더 필
요불가결한 것은 없다. 잠을 희생해 가면서 무언가에 몰두하는 사람들은,
결국 자신의 몸이 끝장나더라도 남에게 맞추거나 남 흉내 내거나 하는 가
짜 자아에 사로잡힌 사람이 아닐 수 없다.

PART 2

'통(通)'하지 못하는 사람들

그 누구와도 관계 맺기에 서툰 한국인들

'따로 또 같이'의 어두운 그림자

한국인의 콤플렉스 4 : : 집단

너, 나, 우리를 구분 못 하는 사람들

2011년 기사에 따르면, 한국인들이 점점 더 개인적으로 변하면서 동문회, 회식 등 어울리는 문화가 점점 사라져 간다고 한다. 한 취업 포털 사이트의 설문 조사에서는 30퍼센트가 넘는 대학생들이 자신이 학교에서 친구들과 어울리지 않고 생활하는 아웃사이더라고 답했다. 밥도 혼자 먹고 강의도 혼자 다니는 것이 시간도 절약되고 편하다는 것이다. ◆

임상 경험을 통해서도 확실히 과거보다 혼자 생활하는 이들의 비율이 늘어나고 있다는 것을 피부로 느낀다. 또한 방송이나 사람들의 언어 사용에서도 개인주의적인 성향을 관찰할 수 있다. 예컨대 '우리는'이라는 말보다는 이제 '나는'이라는 단어를 더 많이 쓴다. '나' 중심적인 서구화된 생활 방식의 영향일 수도 있고, '나'라는 존재가 집단에서 분리된 근대화

◆ 희미해진 소속감… 대학생 3명 중 1명 "나는 아웃사이더", 〈조선일보〉, 2011년 6월 23일자

의 현상일 수도 있다.

개성의 말살 vs 공동체의 가치

그러나 여전히 한국인들의 생활 방식은 철저히 개인주의적인 구미와 다르게, 공동체와 집단 지향적인 면이 많다. 물론 참여 인원이 점점 줄어들긴 하지만 반상회, 정기적인 동문회, 향우회, 해병동지회 같은 모임에 대한 열의는 다른 나라에서 찾아보기 힘들다. 이런 모임들의 부작용도 물론 있다. 지나치게 '우리'와 '남'을 가르는 배타적인 집단주의에 매몰되어 개성과 다름을 무시하고, 바보들의 집단이 되어 폭력을 휘두르는 경우도 물론 있다. "모난 돌이 정 맞는다"는 속담대로 모든 사람이 남의 눈에 띄는 것을 두려워하며 살아간다면 결국 창의성이 사라져, 그 사회는 퇴보할 것이다.

그러나 한편으로는 따로 또 같이 사는 와중에 타인으로부터 끊임없이 자극을 받고, 경쟁하고, 또 위하고 보듬어 가면서 집단 전체가 건강하게 유지되는 긍정적인 면도 있다. 예컨대 장례식장이 손님들과 친척들로 북적거리면 상주들은 손님맞이를 하느라 슬픔을 잊을 수도 있다. 장례식이나 결혼식에서 하객의 숫자가 많고 적은 것에 관심을 갖는 것 역시 여러 사람과 잘 어울리는 것을 이상적으로 생각하는 심리의 영향이다. 가문이나 집단의 영광을 위해 내 한 몸 희생하자는 이들에게서 사실 공동체에 대한 매우 고결한 도덕적 품성을 관찰할 때도 많다.

이러한 집단주의는 수천 년 동안 정착해 일궈 온 농경 사회의 영향일 수도 있고, 끊임없이 침범해 오는 외부 세력에 맞서 단결했던 기억일 수도 있다. 유교가 들어오기 훨씬 이전부터 섣달에 사람들이 모여 하늘에 제사를 지내면서 먹고 마시고 노래하고 춤추는 영고(迎鼓)와 10월에 제사를 지내고 모여서 노는 동맹(東盟)과 무천(舞天)이라는 전통은 한국인의 DNA에 숨어 있는 모임 좋아하는 형질의 표현이 아닐까. 심지어 무당들의 무가를 봐도, 유일신이 등장하는 다른 나라의 창세 신화와 달리 일월이 복수이고 창조의 주체가 미륵과 석가 등 복수로 나타난다.

포스트모던형 인간 vs 부족형 인간
|

전근대적 사고가 현대인의 개인주의적 사고보다 꼭 열등하며 나쁘다고 주장할 수는 없다. 먼저 '나'부터 챙기고, '나'라는 가치에 지나친 비중을 두는 근대의 서양식 가치 방식은 사실 여러 가지 부작용을 낳기도 한다. 소속 집단에 대한 책임감은커녕 가까운 이들의 돈을 떼어먹고 외국으로 도망가는 질 나쁜 코스모폴리탄적 현대 유목민보다 차라리 전근대적 사고방식의 부족형(部族型) 인간이 나을 수도 있다.

반대로, 학연·지연 등을 따져 "우리가 남이가!"를 외치며 타 집단과 맞서는 배타성, 돈과 권력 주위를 맴도는 후줄근한 친지·동창 들의 구차함, 내 가족만 챙기는 탐욕스러운 가족 이기주의 등은 타락한 전근대적 부족형 인간의 특성이기도 하다.

21세기 한국에는 이렇게 '나'만 중요시하고 소속된 사회에 대한 책임감이나 죄의식이 없는 포스트모던형 인간과, 나와 남의 구별이 뚜렷하지 않은 선사시대형 또는 부족형 인간이 뒤엉켜 산다. 한국 사회가 워낙 빠르게 변화하다 보니, 어떤 집단이든 그 속을 자세히 들여다보면 나이, 성별, 직업, 학력 등에 따라 대단히 다양한 가치관을 갖고 서로 다른 목소리를 내는 것을 발견할 수 있다. 당연히 갈등과 분란이 생길 수밖에 없다.

건전하지 못한 사이비 포스트모던형 인간은 윤리의식 없이 욕망에 따라 흐느적대고, 광기에 휩싸인 선사시대형 인간은 나와 너, 집단의 구별을 모른 채 덩어리로 뭉쳐 다니며 폭력을 휘두른다. 연애 놀음에 목숨 거는 자녀와 가문의 광영에만 목매는 부모가 지지고 볶는 진부한 드라마나, 김일성 일가에 대를 이어 충성하자면서도 한편으로는 자본주의보다 더 자본주의적으로 사는 북한 지도층의 세기말적 부패도 이런 두 인간 유형의 충돌로 해석할 수 있겠다.

지식·돈·권력이 모두 충분한데도 참 자기를 찾지 못한 채 집단에 부화뇌동하는 이들이 많다. 자기가 정말 원하는 것을 알고 추진할 수 있는 자아가 건강하게 자리 잡지 못했기 때문이다. 오바마가 당선되었다고 혈육의 동질감을 느낀 케냐 국민은 무척 흥분했지만, 정작 오바마는 인종과 상관없이 미국인으로서의 정체성과 통합을 강조하고 케냐에 있는 친지들에 대해서는 냉정한 태도를 보인다. 케냐의 정서는 부족형 인간에 가깝고, 미국의 정서는 근대형 인간에 가깝기 때문이다.

집단에서 독립해 자신을 바라보기

힘 있는 사람들에게 줄을 대려고 온갖 인맥을 동원하는 사람들이나, 자기와 상관없는 연예인이나 스포츠맨들의 사생활에 댓글 달고 간섭하는 이들은 방식은 달라도 어떤 집단적 현상에 동질감과 소속감을 느끼고 싶어 목말라 하는 부족형 인간이라는 점에서 비슷하다.

부족형 인간은 같은 집단 안에 속한 사람들에게는 절대적으로 헌신하지만, 집단 바깥에 있는 사람들에게는 아주 무서운 일도 저지른다. 조직 폭력배가 자기들끼리는 가슴 찡한 의리를 나누면서 남들에겐 거리낌 없이 잔인한 행동을 하는 이유이기도 하다. 심리학에서는 하위 집단(subgroup)에 대한 동조성(conformity)을 보이며 그 속의 권위에 충성을 다하는 현상이라고 표현한다.

분석심리학에서는 집단으로부터 독립적으로 사고할 줄 아는 '자아(ego)'와, 집단의 무의식이나 의식과 분리되어 자신의 행동을 객관적으로 보게 하는 의식의 탄생을 자기를 찾는 개성화 과정의 첫 단계라고 간주한다.

다만 집단의 절대적 권력으로부터 독립해 자신의 주관을 확고하게 만들어 나가는 것과 자신이 속해 있는 공동체에 대한 윤리적 책임감도 벗어던지는 것을 혼동해서는 안 된다. 예컨대, 프로이트의 심리학에 잘못 도취되어 있는 이들 중에는 성적인 본능만 충족시키면 행복이 보장되는 양 오해해서 사회 전체에 해로운 영향을 끼치는 사람도 있다. 또 집단의 전통적 윤리관을 부정한다며 기본적인 윤리나 도덕도 갖추지 못한 패륜아 역할을 죄의식 없이 저지르는 이들도 있다.

이는 개성화에 대한 일종의 오해라 할 수 있다. 개성화는 본능적이고 이기적인 태도와 맹목적으로 집단에 충성하는 태도를 모두 극복해 나와 남이 더불어 잘 살기를 지향하는 것이지, 나 혼자만 또는 내가 속한 집단만 잘되기를 바라는 것이 아니다.

또 하나의 이웃,
언제까지
거부할 것인가

"가문을 위해 희생한다. 힘들어도 내색하지 않고 일한다. 더우면 덥거니, 추우면 춥거니, 미련하게 견딘다. 운명에 불평하지 않고, 묵묵히 최선을 다한다."

1950~1960년대 한국인의 정서를 묘사하는 말이지만, 현재 한국에 시집온 여성 이민자들이나 외국인 근로자들에게도 잘 들어맞는다. 급작스러운 경제 성장으로 한국인들은 본래의 근로 윤리와 희생정신을 놓아 버렸지만, 한국에 있는 외국인들 중에는 이런 덕목들을 그대로 지닌 이들이 많다.

낯선 곳으로 이주해 새 환경에 적응하려면 언어도 큰 어려움이지만, 문화적 충격과 정신적 스트레스가 적지 않다. 은행, 관공서, 학교 등 하나부터 열까지 새로운 시스템에 적응하려면 몹시 힘들기 때문이다. 그나마 가족이 모두 이주하면 똘똘 뭉쳐 힘든 과정을 견뎌 내지만, 혼자 이주하면 외로움과 불안까지 겹친다. 인종 차별도 가세한다. 말이 어눌하고 행동이 부자연스러우니, 이유 없이 무시당하고 오해를 받기도 한다. 정신적 · 육체적 피로가 누적되어 나중에는 피해 의식, 우울증, 불안, 불면, 대인 기피증이 생기기도 한다.

그러나 새로운 공간에 적응하기 위해 다른 사람보다 몇 배 더 노력해서 훌륭한 성과를 얻는 경우도 많다. 외부 환경이 낯설고 척박하면 오히려 더 활동하고 더 많은 종을 퍼뜨리는 것이 모든 생물의 본성이다. 전 세계로 흩어져 있는 유대인, 중국인, 한국인 들이 지닌 민족에 대한 자긍심, 가족 사랑, 근면과 성실이 심리적 원천인 것처럼, 단언컨대 정책을 잘만 만들어 가면 앞으로는 다문화 가족들이 우리 사회의 성장 동력이 될 것이다.

따지고 보면 1960년대 독일에 간 광부와 간호사들, 미군과 결혼한 한국 여성들, 빈손으로 건너간 이민 1세대들의 처지는 현재 한국에 사는 저개발 국가의 외국인들과 별반 다르지 않았다. 지금은 눈부신 성공 신화의 주인공들이 되었지만 그 과정에서 겪은 고초를 이 짧은 글에서 어떻게 요약하겠는가.

그 정도는 물론 아니지만, 미국에 살면서 나도 아시아인을 비하하는 미국의 10대들에게 거리에서 이유 없이 봉변을 당한 적이 있다. 심지어 구미의 이른바 지성인들에게 술꾼과 창녀의 나라다, 뇌물과 폭력의 나라다 하는 식으로 은근히 한국을 비하하는 말들을 들으며 모멸감을 견뎌야 했던 기억도 많다. 내가 이주 노동자나 결혼 이민자에게 강한 동질감을 느끼는 이유다. 또한 나에게 상담해 오는 교포나 유학생들 중에는 언어와 문화 차이로 나이와 지위에 상관없이 큰 상처를 입은 경우도 적지 않았다.

공자도 천하를 주유할 때, 상갓집 개 같다는 멸시도 듣고 지역 토호에게 살해당할 뻔하기도 했다. 철학자 니체도 스위스 시민이 되는 과정에서 적지 않은 고통을 겪었고, 독일 철학자 쇼펜하우어도 영국에 머물 때 그 나라를 거의 저주할 정도로 싫어했다. 그게 텃세고 나그네 설움이다.

최근 이주 노동자들이 직장 폐쇄 등으로 어쩔 수 없이 노숙자가 되고, 결혼 이민 여성이 남편에게 살해되는 등 코리안 드림의 어두운 측면에 관한 뉴스를 자주 접한다. 만약 한국 거주 외국인들을 지금처럼 방치한다면, 전 세계로 퍼진 혐한 감정이 매우 커지지 않을까 걱정된다.

돈을 벌기 위해 한국에 오는 외국인들은 돌아가면 대부분 그 나라에서 영향력 있는 인물이 된다. 아둔한 사람들에게는 우습게 보일지 몰라도 그들은 매우 능력 있고 똑똑한 그 나라의 인재들이다. 한국에 거주하는 외국인들을 제대로 대우해 주고 우리 편으로 만드는 것이 결국 우리에게 이익이다.

외국인이 일자리를 잠식한다며 불안해하기도 하지만, 고학력 백수가 넘쳐나고, 초고령 저출산 사회로 가는 이 외중에 이민자들을 받아들이는 길 이외에 한국 사회를 역동적으로 유지할 수 있는 길은 없다고 본다. 일본이 지금처럼 헤매는 큰 이유 중 하나가 사회의 폐쇄성이고, 미국이 지금까지 버티는 큰 이유 중 하나가 이민자 사회를 택했기 때문이라는 것은 역사적 사실이다. '다름'과 '낯섦'에 대해 따뜻하게 포용하는 사회일수록 역동적인 창조적 에너지를 뿜어낼 수 있다. 우리가 그들로부터 무엇을 더 배우고, 그들을 어떻게 배려해야 할지 진지하게 고민하고 실천해야 우리도 잘 살 수 있다.

원시 부족 중에는 새 부족장을 선출하고 나면 이전의 무능한 부족장을 잔인하게 죽여 희생 제물로 삼거나, 패배한 이들의 머리 가죽을 벗기는 관습을 가진 이들이 있었다. 희생 제물은 현대 심리학의 눈으로 보면 방어 기제 중 하나인 '투사(投射, projection)'의 대상이다. 투사란 상대방에게 자신의 심리적 갈등을 덮어씌우고 자신의 문제는 덮어 버린 채 모든 잘못과 책임을 상대방 탓으로 돌리는 낮은 수준의 심리적 자기방어 기제다. 일단 투사의 방어 기제가 작동되면 내적 성찰보다 외부에서 문제를 찾기에 혈안이 되어 문제 해결을 사사건건 방해한다.

부부 싸움 할 때 남편은 아내 탓, 아내는 남편 탓을 하듯이 사장은 노조 탓, 노조는 사장 탓, 여당은 야당 탓, 야당은 여당 탓을 하는 것이다. 서로 남의 잘못만 찾으니 잔인한 적의 공격에 개죽음당하지 않으려면 일단 자기 죄와 잘못을 감추는 것이 상책인 원시 부족의 상황이 된다. 비난하고 방어하는 데만 모든 열성을 쏟아 창의적이고 생산적인 일을 할 여력도 없다.

　오랫동안 독재 정권이나 권위적인 문화에 길들어 있으면 민주적 시스템을 갖추어도 독립심과 책임감을 갖고 사는 데 익숙하지 않다. 타이완, 중남미 등 독재 국가에서 민주 국가로 넘어가는 나라의 의회가 우리 국회처럼 자주 난장판이 되는 이유다. 자유는 주어졌지만, 그 자신의 권리를 주장하는 데 필요한 충동 조절력을 배우지 못한 탓이다.

편 가르기와 남 탓하기

집단과 집단이 편을 갈라 상대방에게 손가락질하면서 집단의 결속력을 키우는 면도 있다. 집단 내부에서 병든 부분을 찾는 것보다는 적의 잘못을 공격하는 것이 훨씬 쉽다. 대부분의 사람은 자신은 잘못한 게 없다고 생각해야 우선 마음이 편하다. 정신분석학에서 말하는 낮은 수준의 방어 기제다.

　냉철한 이성과 합리적인 분석으로 자신이 속한 집단에 비판의 화살을 대면 배신자라는 낙인이 찍혀 매장당할 것이라는 두려움도 있다. 눈치 보고 줄 잘 서서 내 편, 네 편 뚜렷이 갈라 상대방 비난만 잘하면 사실 성공하기도 했다. 사회가 성숙한지 그렇지 않은지를 판단하는 잣대로 집단주의에서 얼마나 자유로운지, 자신과 다른 의견을 얼마나 포용하는지, 갈등이 있을 때 폭력적이지 않은 방법으로 풀어 나가는지를 들 수 있을 것이다.

　구미에서 TV로 본 국회의원들의 의정 활동 모습은 속내야 어쨌건 유쾌해 보였다. 어려서부터 이성적인 토론 문화를 잘 배운 덕인지 의원들은 위트 있는 유머와 실속 있는 정보를 서로 주고받기 때문에 어느 프로그램보다 재미있고 유익했다. 선거도 마찬가지였다. 물론 엄밀히 들어가면 정치의 본질이 그리 아름답지 못하다는 사실은 선진국이나 후진국 모두 마찬가지다. 권력 콤플렉스는 그만큼 사람을 비인간적으로 만들기 때문이다. 그러나 그런 원형적 본능을 잘 승화시키고 조정하는 것이 성숙한 자아가 할 일이다.

우선 황색 신문과 인터넷 공간이 아무리 비속한 싸움을 부추겨도 거기에 흔들리지 않는 훈련이 되어야 할 것이다. 상대 집단이 잘한 것은 인정하고 장점은 추어주고, 진 편은 이긴 편의 리더십을 칭찬하면 정치를 관전하는 마음도 따라서 시원해질 것이다. 질투와 음모 가득한 파워 게임을 근절시킬 수는 없다. 인간의 본성이 한없이 선하지만은 않기 때문이다. 다만 추한 감정을 날것으로 드러내면서 서로를 물어뜯으면 부끄러운 일이라는 사회적 합의가 보다 공고해진다면, 적어도 국회의 난투극이 외국 신문들에 실려 조롱 대상이 되지는 않을 것이다.

선거도 그렇다. 도박판의 목적은 돈을 따는 것이지만 선거의 목적은 자신의 신념과 이상을 현실에 실현하기 위해 대중의 마음을 얻는 것이다. 그러나 선거라는 게임에 몰두하다 보면, 정작 목적은 잊어버리고 승부욕만 남는 경우가 많다. 그래서 선거에 이기면 우쭐한 마음에 자아가 풍선처럼 부풀어 올라 내가 왜 정치를 하려 했었는지에 대한 기억은 사라져 버린다. 유권자들도 내가 왜 그 사람을 뽑았는지에 대한 숙고 없이 누구 편인지, 어떤 이미지인지만 기억할 뿐이다. 가장 이성적이어야 할 선택이 가장 감성적인 충동으로 변한다. 남는 것은 결국 승자와 패자뿐이고 같이 무엇을 향해 뛰어야 하는지도 잊어버린다.

승자는 한번 나르시시즘에 길들면, 패자인 상대방을 밟으려는 유혹을 받는다. 사각 링에서처럼 케이오시키지 않으면 다시 일어나 자신을 공격할 것 같은 공포도 있다. 선거에 진 쪽 역시 상대방에 대한 증오로 호시탐탐 원한을 풀 기회만 노릴 수 있다. 양쪽 모두 심각하게 병들어 버린다. 마치 도박판에서처럼 선거판도 지나친 승부욕에 사로잡히면 지든 이기든 모두 황폐해지기 십상이다.

약한 놈 집중 공략하기

깡패들끼리 싸울 때는 보통 두 가지 수를 쓴다. 가장 힘센 놈에게 대항하거나, 반대로 가장 약한 놈을 집중 공략해서 상대의 기를 제압한다. 전자는 카우보이 영화의 존 웨인처럼 폼은 나지만 완전히 망할 수도 있기에, 보통은 치사하지만 크게 잃을 것 없는 후자를 택한다. 러시아와 그루지야, 미국과 이라크, 중국과 티베트의 분쟁을 보면, 영역 싸움의 신호탄으로 조무래기부터 건드리는 건달들의 싸움과 크게 다르지 않다. 아무리 그럴듯한 정치적 수사를 써도, 조폭들이나 신제국주의 시대를 주도하는 정치인들이나 모두 권력 콤플렉스에 사로잡혀 있다는 점에서는 크게 다르지 않다.

권력 콤플렉스는 인간 정신의 한 특성인 에로스, 즉 다른 사람과의 관계를 방해하는 콤플렉스로, 다른 사람들을 지배해서 내 소유물로 만들기 위해 그 어떤 폭력적인 방법도 불사한다. 부부나 애인, 친구, 스승과 제자 등 어떤 관계에서도 권력 콤플렉스가 장난을 치면, 사랑과 관심은 간 곳이 없고 오로지 지배와 피지배의 권력 다툼만 있을 뿐이다. 부부들이 신혼 초에 기선을 제압하려 한다든가, 한번 불공평하게 맺어진 친구 관계는 깨질 때까지 그 패턴을 유지하는 데 권력 콤플렉스가 큰 역할을 한다. 개인의 관계가 그럴진대, 각종 무기를 갖고 있는 국가 간의 싸움은 오죽하겠는가.

권력 콤플렉스는 불황을 타개하고 만들어진 무기들을 소비한다는 현실적 이유와 짝이 되어 계속 전쟁을 일으킨다. 만에 하나 슬쩍 퇴군해도, 병 주고 약 주는 재건이라는 명목으로 돈도 벌 수 있는 힘없고 작은 나라는 손쉽게 희생양이 된다. 깡패 싸움에도 '의리'와 '체면' 같은 포장이 필요하듯, 나라끼리도 명분이 필요하니 권력 콤플렉스를 위장하고 자기 합리화라는 방어 기제를 적당히 쓴다. "그루지야는 소수 민족을 탄압했다", "이라크는 대량 살상 무기를 가지고 있다", "티베트는 중화민국의 통일을 방해했다" 하는 식이다.

그렇다고 강대국들의 행동을 비난하면서 반대편에 서서 비참하게 자폭하는 돈키호테가 될 수는 없을 터. 밤중에 불 밝히고 몰려다니면서 강대국 비난하는 소리만 지른다고 해결될 문제는 아니다. 상대가 너무 힘세고 권력 콤플렉스가 강고하면, 논리적이고 평화적인 접근이 잘 먹히지 않는다.

올림픽 메달의 쏠림 현상처럼, 강대국 중심으로 냉혹하게 돌아가는 시대다. 자본주의 국가보다 더 노골적으로 자본주의적이 된 중국이나 러시아, 미국, 일본 같은 선진국이 표방하는 세계화 속에 숨어 있는 약육강식의 법칙과 그들의 콤플렉스, 그리고 우리 자신의 권력 콤플렉스에 대해 얼마나 잘 파악하고 있는지. 어중간한 한국은, 과연 이 지구라는 정글에서 어떻게 살아남을까. 상대보다 항상 잘나야 하고, 내 맘대로 남을 조종하려는 권력 콤플렉스는 저 죽는 것 모르는 채 약자에겐 잔인하고, 권력 앞에선 눈멀게 만든다. 조개에 부리를 처박고 말라죽어 가던 황새가 어부에게

잡혀가면서도 조개보다는 내가 힘세다고 자위한들 뭐하겠는가.

이긴 쪽은 조만간 자신들이 부정적인 투사의 대상이 되어 잔인하게 살해되는 부족장처럼 전락할 것이라는 사실을 모른다. 진 쪽 역시 모든 잘못을 힘 있는 자에게 전가하는 습관을 가지는 한 절대로 승자가 될 수 없다는 사실을 인정하지 못한다. 권력 콤플렉스에 깊이 빠져, 사람을 사람으로 보지 못하고 게임 속의 타깃으로 생각하는 세상은 사람과 사람 사이의 건강한 유대를 파괴해 결국 모두가 모두의 적이 되는 지옥이 될 수도 있다.

고립된 권력은 더욱 위험하다

국회가 여야 간의 싸움으로 격투장이 되는 반면, 행정부의 수장인 대통령이 일하는 청와대의 심리적 문제는 고립이다. 청와대는 담장마저 활짝 열어 놓은 백악관과 달리, 뒷산에서 금방 귀신들이 나올 듯 괴괴하고 적막하다. 풍수를 모르더라도, 바위가 많은 악산을 뒤로하고 약간 삐딱하게 앉은 모습 자체가 사람 마음을 편안하게 하지 않는다. 게다가 군인과 경찰들에게 겹겹이 둘러싸여 있으니, 그 안에 있는 사람들의 마음은 점점 더 고립되기 십상이다. 사람의 마음은 몸을 담고 있는 공간에 많은 영향을 받기 때문에, 솔직히 그 안에 사는 사람들의 정신 건강이 걱정된다.

청와대라는 공간의 생김새를 들먹이지 않아도, 감당할 수 없게 돈이 많거나 지위가 높아지면, 성정이 깨끗한 사람들과는 멀어지고 돈과 권력의 단맛만 찾는 사람들에게 둘러싸이기 쉽다. 어렵사리 얻은 것을 빼앗길까 봐 두려운 데다 달콤한 아부의 말에 중독되기 때문이다. 처음엔 청렴하고 부지런했으며, 그 이념과 국가에 대한 애정까지 깊었던 이승만이나 박정희가 말년에 불행해진 이유이기도 하다.

그러잖아도 4차원 세계처럼 세상과 차단되었던 청와대는 촛불 집회 기간 동안 '명박산성'이라 명명된 컨테이너들에 둘러싸이는 해프닝도 겪었다. 적으로부터 성을 사수하겠다는 장수의 결연한 의지와 뿌리 깊은 피해 의식을 읽어 낸 사람들도 있었다. 시위의 핵심인 광우병에 대한 과학적 논의는 없이, 감정이 격렬하게 치달아서 일어난 사건이었다. 발단은 광우병에 대한 공포가 아니라, 새로운 정권을 지지하지 않는 이들의 피해 의식이 복합되었을 수 있다. 미국과의 협상 과정에 대한 충분한 동의 없이 검역 주권을 내준 졸속 협상이었다는 의심도 받았다. 선거판이 끝난 후 그들만의 잔치에 초대받지 못한 이들의 소외감도 있었을 것이다.

경제를 살려 놓을 수 있다면 살인자라도 뽑아 줄 수 있다는 강남 아줌마들을 만난 적이 있다. 그에 비해 무조건 정권에 반대하는 이들도 있다. 대다수 사람들과는 자유롭게 소통하지 못하고 맹목적 애정과 맹목적 증오에 휘둘리면, 결국 희생당하는 원시 부족의 족장처럼 비극적으로 세상을 마칠 수도 있다. 청와대에 들어갔던 대통령들의 비운은 그렇게 따지면 풍수 때문이 아니라 대통령과 그 주변 사람들을 잡아먹는 권력 콤플렉스 때문일 수 있다.

양의 탈을 쓴 조폭 리더십

김수환 추기경이 돌아가셨을 때, 천주교인이 아닌 사람들까지 길게 마지막 가시는 길을 배웅하던 모습은 참 인상적이었다. 특히 관을 병풍 뒤에 놓는 한국 풍습과 달리 김수환 추기경의 시신은 유리관에 안치되었다. 한 번이라도 고인의 얼굴을 더 보고 싶어 하는 사람들의 마음을 읽을 수 있었다. 마지막으로 고인을 보면서 슬픔을 달래는 뜻이 담겨 있는 가톨릭의 '경야(經夜, wake)' 의식인데, 우리 국민에게는 매우 각별한 순간이었을 터다. 추기경은 역사의 고비마다 결연하게 정의의 편에 섰지만, 사적인 자리에서는 워낙 유머를 즐기시고 푸근한 모습으로 사람을 대하셨기 때문에 너그러운 노인의 이미지로 기억하는 이가 많다.

전사형 리더 vs 노현자형 리더

지도자 중에는 칼과 창으로 집단을 이끄는 권위적이고 전투적인 '전사원형(戰士原型, warrior archetype)’이 있는가 하면 지혜와 사랑으로 지도력을 발휘하는 ‘노현자원형(老賢者原型, wise old man archetype)’에 가까운 이들이 있다. 광활한 영토를 개척한 알렉산더 대왕이나 칭기즈 칸, 이라크에서 전쟁을 일으킨 부시 미국 대통령 부자가 전자에 속한다면, 간디나 김수환 추기경은 후자에 속한다.

어느 집단이든 일단 권력의 정점에 서서 외부로부터 통제를 받지 않으면, 특히 양심을 관장하는 초자아가 발달하지 못한 경우 쉽게 과격해져 남들에게 상처를 주는지도 모르고, 감사할 줄 아는 태도도 잃는다(추기경의 마지막 말씀이 감사와 사랑 아니었던가!). 사람들이 떠받들기만 하니, 자신이 전지전능한 존재라 착각하기도 한다. 김일성이 스스로를 영원한 지도자라고 칭한 것은 절대자와 자신을 동일시한 것이다. 북한 정권은 그런 집단 최면이 영원할 것이라 생각하는 것 같다. 김일성뿐 아니라 자신의 능력을 과신하는 권력자는 브레이크 없는 불도저처럼 돌진하다 많은 사람을 다치게 한다.

소수의 추종자에게만 둘러싸여 언로를 통제하고, 자신이 속한 배타적 집단(inner circle)에 안주하면 독재자로 전락하는 것은 시간문제다. 부정적인 전사형 리더는 자신과 다른 목소리를 내는 이들을 참지 못해 눈앞에서 제거해 버리고 자신의 뜻만 관철하려 한다. 권력의 꼭대기에 올라가면, 로베스피에르나 스탈린처럼 피를 부르는 숙청 과정을 주도하고 싶은 유혹에 쉽게 빠지기 때문이다.

여론 조작과 언론 통제로 자신의 뜻을 무자비하게 관철시키는 전사형 독재자들과 달리 정말로 존경받는 지도자들은 부드러운 노현자원형을 실천한다. 자신의 한계를 제대로 볼 줄 아는 리더는 아첨꾼보다는 자기와 노선이 다른 이들을 곁에 두고 쓴소리도 즐겨 받아들인다.

김수환 추기경은 회고록에서 가난하고 힘없는 자들과 진실로 함께하지 못했다고 반성한 바 있다. 마지막 순간에도 전사형 리더는 어떡하든 죽음과 대적해 싸우려 하지만, 추기경 같은 노현자형 리더는 죽음을 포용하는 존엄사를 택한다.

젊은 나이에 높은 위치에 올랐지만 억압받는 이들의 편에 서서 권력에 맞섰던 김수환 추기경에게서 한국의 지도자들은 그리 많은 것을 배우지 못한 것 같다. 비슷하게 유리관에 시신이 안치되었지만 장기 집권하며 권력을 세습시킨 김일성과 김수환 추기경의 모습은 너무나 다르다.

힘이 한쪽으로 쏠리면 길을 잘못 든다

이처럼 추진력, 안정감, 지성, 직관에다 따뜻한 영혼까지 갖춘 리더가 있다면 참 좋은 일이지만 현실에서 그런 이를 만날 가능성은 사실 그리 높지 않다. 어쩌면 참으로 성숙한 인재는 강호에 숨어 지내며 수상한 저자거리와는 거리를 둘 수도 있다. 정신의학의 눈으로 엄밀히 보면 앞장서 활발하게 활동하는 리더들이 실제로는 심각한 심리적 문제를 지닌 경우도 많다. 특히 '탁월한 능력을 갖고 있으니 남과 다른 특별 대우를 받아야 한다, 나보다 열등한 남들은 항상 우월한 내 말을 들어 나를 위해 봉사해야 한다, 내 경쟁자는 당연히 제거해야 한다'라는 자기애적 인격 장애의 진단 기준에 들어맞는 성격 장애자들도 불행하지만 적지 않다.

꼭 이렇게 심각한 성격적 문제가 없어도 조직에서 리더의 카리스마가 형성되는 순간부터 집단의 무의식에는 '퇴행' 현상이 일어나기 쉽다. 힘의 쏠림 현상 때문이다. 리더들은 아첨하는 주변 사람들에 둘러싸여 권력 콤플렉스에 사로잡힌다. 서서히 자신을 전능한 존재로 착각하는 것이다.

이런 리더의 마음에 영합해 추종자들은 안락한 자리를 보장받는 대신, 비판할 뇌가 없는 애완동물이 된다. 지도자가 자신의 문제를 다 해결해 주는 것같이 착각하고 리더를 행복하게 해 주는 데 전념한다. 이럴 때 만약 리더가 생사여탈권을 갖고 무자비하게 정적을 제거하는 것은 물론 과거의 주구(走狗)조차 냉혹하게 내치는 모습을 보인다면, 추종자들은 불안감 때문에 당연히 자기 보신부터 챙길 것이다.

이런 조직은 얼핏 조직적으로 일사불란하게 돌아가는 듯 보인다. 다른 의견을 조정하기 위한 소통의 시간 낭비(?)도 없고, 적들을 쉽게 제거할 수 있다고 생각해 무슨 일이든 불도저처럼 밀어 붙인다. 분위기 조작도 가능해 지도자가 훌륭한 최고라고 입에 발린 말을 하고, 집단 최면에 걸리면 실제 그렇다고 믿기도 한다. 그러나 시간이 흐를수록 리더의 걸음이 한쪽으로 치우쳐, 파멸의 길로 들어서게 마련이다. 그러면 추종자들은 우선 자기 신상부터 보호해야 하니, 점점 더 바른 말을 하지 않는다.

이런 상황은 꼭 저급한 조폭 조직이나 나치 독일, 무가비가 통치하는 짐바브웨나 북한같이 야만적인 공간에서만 일어나는 것이 아니다. 신자유주의를 표방한 소위 선진국이라는 미국 사회에서까지 이와 같은 조직의 부정적인 속성이 관찰된다. 로버트 맥스웰의 출판 재벌 그룹, 금융 회사 리먼브라더스의 파산뿐 아니라, 있지도 않은 대량 학살 무기를 빌미로 이라크 전쟁을 벌인 공화당의 패배는 방향을 잘못 잡은 무능하고 부도덕한 리더와 바른 말을 하지 않는 멍청한 추종자들 탓이 크다.

무관심이 부도덕한 리더를 만든다

집단 무의식의 원시성, 파괴적 본능에 주목한 융과 프로이트뿐 아니라, 플라톤처럼 우중(愚衆)을 이끌어 갈 현자를 기대한 이도 있고, 마키아벨리처럼 대중은 믿을 만한 존재가 아니니 공포감으로 다스리는 게 낫다고 주장한 이도 있다. 지도자가 아예 없는 게 좋다는 아나키스트도 많다. 하지만 예수, 부처 같은 성인은 아니더라도, 만델라나 간디처럼 용서 못 할 적들도 포용하고 못 배우고 못사는 이들에게 진심으로 겸손한 지도자도 역사에 존재했다.

그러나 많은 경우, 큰 그림으로 국가와 사회를 생각하는 대신, 정치를 사적인 이익 창출의 도구로 생각해 자기에게 잘한 이들에겐 상을 주고, 자신에게 반대한 이들은 못살게 구는 것을 옳다고 밀어붙이는 이들도 있다. 이처럼 사악한 리더를 걸러 내는 것은 각 구성원들의 책임이다. "그래 봤자…"라며 조직의 명운에 냉소를 보내고 무관심한 이가 많은 집단일수록 부도덕한 리더로 인해 몰락할 가능성이 높다.

거짓말하는 착한 사람들

한국인의 콤플렉스 5 : : 불신

의심의 악순환에
걸려들다

싸움을 하고 난 뒤 짐승의 '뇌'는, 적이 눈앞에 없어도 당분간 의심과 긴장의 끈을 놓지 못한다. 언제든 다시 닥쳐올 위험에 대한 공포와 불안이 만든 자기방어 본능이다. 재난이나 강도, 강간 등으로 상처를 입은 후 생기는 외상 후 증후군(post-traumatic stress disorder)의 발생 기제이며, 전쟁 후 냉전 논리나 정치적 음모 이론이 팽배하는 이유이기도 하다. 매카시즘부터 이언 플레밍의 007 시리즈로 시작된 각종 스파이물까지, 20세기 이후 핵심적 문화 코드는 편집증과 음모 이론이라고 볼 수도 있다. 심지어 주부들이 자주 보는 드라마에서도 배신, 거짓말, 음모, 기만 등의 복선이 없으면 시청률이 나오지 않는다고 한다.

정신의학자들은 기본적으로 사람의 마음은 온전히 악하지도 선하지도 않다고 주장한다. 프로이트도 무의식 속의 본능과 파괴적 충동이 결국 인간을 움직이는 가장 큰 에너지의 원천이라고 했다. 융은 인간의 무의식에는 종교적 심성과 윤리적 본능이 있어서 육체적 본능을 상쇄할 수 있다고 했지만, 선한 심성이 항상 악한 심성을 이기지는 못한다고 했다. 정도의 차이는 있지만 누구나 자기 마음속 깊이 악한 부분이 숨어 있다는 것을 아주 부정할 수는 없다(만약 철저히 부정한다면 그것이 오히려 심각한 정신 질환의 증거가 될 수 있다). 그러니 당연히 나와 다른 입장에 있는 사람들이 자신을 해치지 않을까 하는 의심을 가질 수 있다.

문제는, 힘센 자들이 이런 편집증과 음모 이론을 자신의 이익에 맞게 이용해 사회를 괴롭힐 수 있다는 점이다. 부시의 이라크·아프가니스탄 공격, 북한이나 쿠바의 장기 집권도 심리 조작이라는 점에서 대차가 없다는 시각도 있다.

대중 역시 권력을 가진 이들과 다르지 않다. 의식적으로 또는 무의식적으로 피해 의식을 부추겨 음모 이론을 확대 재생산할 수 있다. 편리한 인터넷과 휴대 전화, UCC 등 첨단 매체에도 불구하고 유언비어가 난무하던 중세와 차이 없이 불합리한 소통이 계속되는 것이다.

강자나 적들에게 속고 당했던 기억의 여파로 앞으로 또 그런 일이 되풀이될지 모른다는 두려움도 있다. 젊은 사람과 늙은 사람, 가진 자와 못 가진 자, 배운 자와 그렇지 못한 자, 가해자와 피해자 식으로 이분법으로 나누면 여론 조작의 술수에 휘둘릴 가능성도 많다. 지위 고하를 막론하고 판단력이 부족한 사람들은 자꾸 속기 십상이다. 몇 번 속고 나면 자신이 바보가 되었다는 점이 또 그들의 나르시시즘에 상처를 입힌다. 상처는 분노의 감정을 유발한다. 어이없이 무시당했다는 억하심정은 폭력을 낳고, 폭력은 다시 의심증을 유발시켜, 피아(彼我)는 끝없이 증오하는 악순환의 고리에 걸려든다. 작게는 이웃끼리, 또는 인터넷이나 트위터는 물론 팔레스

타인과 이스라엘, 인도네시아와 동티모르, 이라크와 쿠르드족, 중국과 티베트 등 전 세계 분쟁 지역 사람들에게 팽배한 심리이기도 하다.

한국이라는 공동체에도 의심과 망상이라는 악령이 항상 허공을 떠돈다. 한국과 미국, 정부와 국민, 여당과 야당, 진보와 보수, 좌익과 우익, 주류 신문과 인터넷 매체, 젊은 세대와 기성세대가 불신과 불만의 눈으로 서로 노려보면서 종착역 없이 위험천만하게 무한 질주하고 있다. 돈만 벌면 모든 게 용서된다고 게거품 물 때, 이런 불신의 시대를 예견했어야 했다. 한 번의 배신으로 부부 사이가 벌어질 수 있듯, 진실성과 배려 없는 욕망의 추구는 사회 구조의 기둥이 붕괴될 수 있는 치명적인 위해 요소이기 때문이다.

자폭으로 유도하는 음모론과 피해망상으로부터 벗어나려면, 상대방 욕하고 헐뜯을 시간에 보다 혹독한 자기반성부터 해야 한다. 사욕만 채우고 전체의 안녕을 해치는 이들이 있다면 권력층이건 시민 단체건 그 책임을 공평하게 물어 법과 질서도 회복시켜야 한다. 사회란 어차피 각자의 이익이 다양하게 충돌하는 거대한 가마솥이다. 재료들이 어수선하게 볶이더라도 제맛이 나도록 양과 시간을 잘 맞추는 요리사를 만나야 하는 이유이기도 하다. 요리사가 혹시라도 이상한 식재료를 넣을까 봐 의심하기 시작하고 손님과 주인장이 만날 때마다 언쟁을 일삼으면 결국 식당 문을 닫게 된다.

한국적 거짓말의 불편한 진실

사람끼리 다툼이 있을 때면, 서로 기억하는 내용이 달라 난감한 경우가 많다. 실제로 같은 사건을 두고 다르게 기억하기도 하지만, 한쪽이 거짓말을 할 때도 많다. 우선 반사회적 인격 장애자들은 실제로 죄의식 없이 거짓말을 잘한다. 끝까지 자신의 범죄 사실을 부인할 경우에는 거짓말 탐지기를 사용하거나, 범죄 사실과 유사한 비디오를 보여 준 다음 반응을 관찰하는 방법이 있다(소아 성애자들은 아동 포르노를 보면서 발기가 되지만, 정상인은 혐오 반응이 나온다). 재판을 받고 있거나 취조를 받을 때 적당히 대답하고 들쭉날쭉한 건망증을 보이며 두통 등의 신체 증상을 호소하는 간서 증후군(Ganser syndrome)도 있다.

현실에서 도피하고 싶고 명백한 이득을 얻기 위해 신체 또는 정신 증상을 거짓으로 일으키는 것을 꾀병(malingering)이라고 한다. 현실적으로 뚜렷한 이득이 없는데도 의도적으로 신체 증상이나 정신 증상을 만드는 것을 가장성 장애(facticious disorder) 또는 문하우젠(Munhausen) 증후군이라고 한다. 또 스트레스 요인이 있을 때, 무의식적으로 선택적인 기억 상실을 보이는 해리성 기억 상실(hysterical amnesia)도 있다.

뇌 손상이 있는 기질적 기억 상실인 경우엔 자신이 기억하지 못하는 부분을 감추기 위해 거짓말을 한다. 한편 술을 마셨기 때문에 기억이 나지 않는다고 흔히 둘러대는데, 필름이 끊길 정도(black out)로 취했다면 발기도 되지 않을뿐더러 집중력과 조직적 행동이 요구되는 강간이나 살해, 시체 유기 등 복잡한 일련의 행위를 해낼 수 없다.

기억의 왜곡을 이용하는 거짓말쟁이들

범죄자나 정신 질환자뿐 아니라 일반인들도 일상생활에서 기억하는 것이 서로 맞지 않아 곤혹스러웠던 경험이 있을 것이다. 부부, 부모 자식, 형제, 친구들 간 과거의 사건들이 머릿속에 다르게 입력되어 때로 서로 의심도 하고 의가 상하기도 하는데, 우리의 기억이 복잡한 모습으로 입력되어 있어서 생기는 일이다.

우선 외부의 사건들은 정신의 여과 장치를 지나 상당히 다른 모습으로 뇌세포에 저장된다. 말한 바, 행동한 바가 대본이나 영화 필름처럼 있는 그대로 입력되는 것이 아니라 대략의 골조로 기억되기 때문에 전체 맥락과 상관없이 자신이 기억하고 싶은 것만 기억한다. 감정이 실리지 않는 사건들은 아예 등록(register)이 되지 않는다. 휴대 전화, 열쇠, 지갑 등을 어디에 놓았는지 기억 못 하는 이유다.

공적인 관계에서도 기억의 왜곡이 문제를 일으킨다. 한쪽에선 앞뒤 자르고 전혀 다른 의미로 편집해서 보도한다며 펄펄 뛰고, 다른 쪽에선 또 그렇게 말해 놓고 왜 뻔한 거짓말을 하느냐고 비난하지만, 정신의학자의 눈으로 보면 양쪽 입장이 모두 맞기도 하고 틀리기도 하다. 그렇기 때문에 세련된 취조의 기술, 숙련된 정신과 의사의 상담 기법, 재판정의 명판결, 엄정한 윤리의식이 더욱 요구되겠지만, 아무리 훈련받고 공부를 해도 작심하고 거짓말하는 머리도 좋고 돈이나 권력이 막강한 이들을 당해 내지 못하는 경우가 많다.

DNA 증거나 CCTV, 비디오 등 증거가 있는데도 거짓말을 하는 이들의 강심장이 사회 전체를 전율시키기도 한다. 융 심리학자들은 우리 마음에서 악하고 거짓된 측면을 정직하게 인정하고 잘 대면해야 한다고 강조한다. 죄의식 없이 거짓말을 하는 이들은 무의식 속에 숨어 있는 악한 심성을 여과 장치 없이 그대로 행동화한다는 점에서 우리 모두의 그림자일 수 있다.

거짓말에 둔감해진 사람들

동서양을 막론하고 정치가나 경제인들의 거짓말은 단골 농담이나 풍자의 소재가 될 정도라 누구 하나를 꼭 집어서 핏대를 올리며 비난할 필요는 없다. 그러나 최근엔 누군가의 거짓말로 오염된 사건들이 여기저기서 튀어나오니 도대체 정신을 차릴 수가 없다. 임상이나 일상에서도 형제끼리, 친구끼리 폭행이나 사기사건 등으로 법적인 공방을 벌이면서 서로 거짓말한다고 우길 때는 어디까지가 진실인지 헷갈릴 때도 많다. 병적인 거짓말

환자(pathological liar)가 아니더라도 일반인들 역시 거짓말의 유혹에 빠질 수 있다는 얘기다.

해맑은 눈동자의 어린아이들도 곧잘 거짓말을 해서라도 자기가 먹고 싶은 것을 먹고, 형제간 싸움을 불사하거나 몰래 게임을 하고, 심지어 돈이나 물건을 훔치기도 한다. 어찌 보면 나듬어지지 않은 사람의 마음은 주인의 눈을 살살 피해 사고치는 개나 고양이와 별로 다르지 않다. 자기에게 불리해도 거짓말을 하지 않을 수 있는 선택은 인간의 자연스러운 본성에서 나오는 것이 아니라 후천적 학습과 훈육, 의식의 결과다.

성악설을 믿었던 중국의 순자, 강력한 권위가 없으면 인간이 야만적으로 변할 것이라고 주장했던 홉스는 물론, 성선설을 주장했던 맹자나 루소도 자연 상태로 두면 인간의 도덕심이 저절로 함양된다고 생각하지 않았다. 정신분석학에서도 초자아나 양심, 도덕심 등은 후천적으로 교육과 문화화를 통해 획득되는 것이 더 크다고 본다. 인간의 무의식에는 선과 악이 공존하기 때문이다.

죄의식 없이 거짓말하는 반사회적 인격 장애자의 뇌를 보면 전전두엽과 변연계의 일부, 그리고 감정 기능과 연관된 변연계의 편도핵과 해마체에 문제가 있다. 어린 시절 적절한 도덕 교육을 받기만 해도 이런 해부학적 변화는 막을 수 있을 것이다. 아이가 거짓말을 해도 크면 저절로 낫겠지 하면서 그대로 놔두거나 부모가 양심 불량이라 아이의 거짓말을 은근히 방조하는 경우, 거짓말을 해서라도 관심을 받고 싶어 할 만큼 아이에게 무관심한 부모나 사회가 병적인 거짓말쟁이를 키운다.

특히 요즘에는 어떤 방법을 쓰건 돈만 벌고 출세만 하면 된다고 생각하는 우리 사회의 집단 무의식이 사기와 거짓말을 은근히 방조하는 것 아닌가 하는 생각도 든다. 모호한 변명과 눈 하나 까딱 않고 말을 뒤집는 인간 군상에 너무 많이 노출된 탓에 본래는 정직한 사람들도 거짓말에 둔감해진 것 같다. 다수가 바르게 살고 있으면 범죄자와 거짓말쟁이가 우리 사회의 그림자라 하겠지만, 사회의 주류가 대체로 거짓말쟁이라면, 바르게 사는 이들이 소외감과 가치관의 혼란을 겪을 것이다. 결국 이런 사회는 현재에 대한 불만과 미래에 대한 불확실성 때문에 붕괴의 길로 들어선다.

많은 심리학자가 거짓말과 잔머리에 능한 아이들에 비해, 외부에서 감시하는 눈이 없어도 스스로 도덕적이고 올바른 선택을 하는 아이들이 학업 성취도와 자기 만족도가 높다는 실험 결과를 공통적으로 보고하고 있다. 권선징악이나 인과응보 같은 낡아 보이는 가치에 진리가 있다는 얘기가 아닐지. 바른 영혼을 가진 주인공이 우여곡절 끝에 승리하는 드라마에 열광하고 새삼스럽게 정의와 선악에 대한 관심을 갖는 것은, 그동안 잘난 거짓말쟁이들이 어지럽게 지면과 화면을 점령하는 광경에 지친 사람들의 마음을 반영하는 것 같기도 하다.

거짓말이 낳은 불신

한국의 전통 민담을 분석심리학적 관점에서 해석한 《융, 호랑이 탄 한국인과 놀다》라는 책을 내면서 난처한 일을 겪은 적이 있다. 참 고맙게도 여기저기서 책 소개를 해 주어 저자로서는 영광스러웠지만, "뉴욕에서는 처음으로 정식 분석가 과정을 마쳤다"라는 인터뷰 내용이 '한국 최초'라는 수

식어로 바뀌었기 때문이다. 스위스와 한국 등지에서 정식으로 분석심리학 수련 과정을 마친 다른 선생님들의 이력을 통째로 부정한 셈이 되었다. 마치 순식간에 경력을 부풀리는 거짓말쟁이가 된 것 같은 기분이 들었다.

공직에 있던 우리 남편이 어떤 기업과 관련이 있다며 '누구누구의 가족 15억 돈거래'라고 모 일간지의 1면 톱기사로 나간 사건도 있었다. 누구의 가족이라고 하면 핵가족화 사회에서는 바로 부인이라고 오해할 수 있기 때문에, 큰 곤혹을 치렀다. 결국 그 기사는 근거 없는 오보로 결론 났지만, 그런 잘못된 기사 때문에 나와 남편의 가족들은 돌이킬 수 없는 큰 상처를 입었다. 그러나 그런 기사를 낸 기자들이나 회사가 나와 가족에게 미안하다는 말조차 전한 적이 없다. 가수 타블로의 진상을 밝힌다는 모임을 만들어 타블로의 가족을 끝장 볼 때까지 괴롭혔던 사람들도 어쩌면 지금까지 자신들은 잘못한 게 없다고 믿고 있을지도 모른다.

내 사건과 비슷하거나 크고 작은 일들이 잠잠해질 만하면 또다시 매스미디어에 터지곤 한다. 유언비어와 또 다르게 지면이나 모니터에 보이는 기사들은 마치 매우 공신력 있는 것처럼 착각하게 만드는 측면이 있다. 그런데 실상은 그렇지 않을 수도 있다는 것을 겪다 보면, 사람들은 활자화된 글들이 진실인지 의심하게 된다. 이런 의심은 엄연한 객관적 사실도 인정하지 않고, 무언가 다른 뒷얘기가 있을 것이라는 음모론을 낳기도 한다.

물론 이런 현상이 꼭 우리나라에만 있는 것은 아니다. 유명한 로스웰 우주인 사진, 케네디 암살 사건과 연관된 CIA 관련설, 베트남 전쟁과 한국 전쟁 배후의 유대인 무기상 시나리오에서부터, 요즘은 오바마가 무슬림이고 언젠가는 지구가 멸망한다는 설까지. 사람 마음을 뒤숭숭하게 하는 이런저런 확인할 길 없는 거짓말들이 참 많다.

상담 중에도 환자들이 말하는 내용은 어디까지나 주관적인 진실일 뿐, 객관적인 진실은 아니라는 사실을 염두에 두어야 할 때가 대부분이다. 자칫 잘못하면 환자 주위의 가족이나 직장 사람들을 천하에 몹쓸 흉악한 사람들로 매도하는 잘못을 범할 수 있기 때문이다. 구로사와 아키라의 영화 〈라쇼몽羅生門〉은 사람들의 언술이 과연 어디까지 진실이고 어디부터 거짓인지에 대해 잘 형상화한 작품이다. 강간·살인이 일어난 단일한 사건에 대한 세 개의 전혀 다른 관점이 묘사되는데, 상담하는 사람이라면 꼭 참고해야 할 영화다.

원래 사람들은 자신이 듣고 싶은 것을 듣고, 보고 싶은 것만 본다. 그러면서도 자신이 인식하고 믿고 말하는 것이 절대 진리인 양 강변한다. 이렇다 보니, 같은 일도 서로 다르게 표현해 이런저런 갈등이 생긴다. 만약 우리 모두가, 자신이 듣고 보고 경험한 일이 절대적인 진실이 아닐 수도 있고, 또 내가 말하고 전하는 것 역시 그런 오류를 범한다는 사실을 항상 염두에 두면, 훨씬 더 진실하고 신중한 소통이 되지 않을까.

거의 모든 불경이 '여시아문(如是我聞)', 즉 '이렇게 나는 들었다'라는 구절로 시작한다. 이 경전에 기록된 활자가 절대적 진리가 아니라, 경전의 저자가 부처님의 말씀을 들은 대로 적은 것이라는 점을 강조한다. 성서 무오류성을 이야기하는 근본주의자들도 있지만, 성경을 제대로 연구한 사람이라면 성경에조차 앞뒤가 서로 다른 부분이 엄청나게 많다는 것을 안다. 성경이 한 사람에 의해 기록된 것이 아니기 때문이다. 성경이나 불경이 이러할진대, 인터넷에서 마구 퍼 나르는 글들이야 오죽하겠는가.

개인주의적인 서구에 비해 한국인의 거짓말은 주로 불특정 다수에 의해 더 확대 재생산된다는 특징이 있다. 그만큼 남의 인생에 관심이 많다는 뜻이다. 확인할 길 없는 그릇된 거짓말에 휘둘리지 않고 마음 편히 지낼 수 있는 해결책은 나와 상관없는 남의 일에 쓸데없는 에너지 쏟지 않고 자신의 인생을 충실하게 살아가는 것 아닐까 싶다.

그 많던 어른은 다 어디 갔을까

한국인의 콤플렉스 6 : : 세대

이념과 밥
사이에서

일제 강점기에 할아버지가 한의사이면서 말단 공무원 생활을 했기 때문에 해방된 후에는 친일파로 몰려 우리 집안이 한동안 큰 고초를 겪지 않았을까 짐작해 본 적이 있다. 집안 어른 누구도 정확하게 이야기해 주지 않았고, 이미 많은 분이 돌아가셨기 때문에 확인할 길은 없다. 그렇다고 내 집안의 어두운 부분을 동네방네 다니면서 확인할 수도 없는 일이다.

한국 전쟁 전후로는 서울대학교를 다니던 큰아버지가 좌파 운동을 했다는 혐의를 받아 한동안 탈레반처럼 동굴 생활을 했다고 한다. 돌아가신 큰아버지는 언젠가 내게 똑똑한 사람들은 다 죽고 자신 같은 비겁자만 살아남았다는 말씀을 하신 적이 있다. 친일파에 공산당이라는 의심을 받아 식구들이 몰살될 위기에 처하자 아버지는 이를 극복하기 위해 열여섯의 나이에 학도병에 자원하지 않았나 싶다. 아버지 덕에 온 집안사람이 목숨을 부지했다는 말을 듣기도 했다.

그뿐이 아니었다. 아버지는 몇 개의 일을 동시에 하며 고학으로 대학을 다니는 와중에도 부모 형제들에게 생활비를 보내셨고, 사업이 갑자기 기울어질 때까지도 부모 형제는 물론 조카들의 생계와 교육에 대한 책임을 혼자서 다 지셨다.

사업이 기운 후, 3년간 실업자로 지내셨던 아버지는 마흔 넘은 나이에 다시 혈혈단신 중동으로 가서 항만 계약을 따내 10년 가까운 세월을 사막에서 생활하셨다.

아버지가 사막에서 고생하실 때, 나는 중·고등학교와 대학교를 다녔다. 특히 유신 독재 타도를 외치다가 매 맞고 끌려가는 대학 동급생들의 모습을 보고 자못 비장한 표정으로 자본주의의 폐해와 군부 독재의 부당함에 대해 떠드는 딸의 논리를 들으시던 아버지의 복잡한 표정이 지금도 생생하다. 이념의 소용돌이 속에서 너무나 큰 곡절을 겪으셨기 때문에 아버지는 자신의 심정을 감추셔야 했을지도 모른다. 친일과 반일, 좌파와 우파, 친미와 반미의 소용돌이를 온몸으로 겪으며 가족의 생존을 위해 본인의 생명까지 버렸던 아버지 아니던가. 당신 덕에 온실 속 화초처럼 자란 딸이 일제 청산이니 노동 운동이니 독재 타도니 민주화 투쟁이니 하는 단어들을 떠들었으니, 그 말들이 얼마나 공허하게, 아니 얼마나 가슴 아프게 들렸을까 싶기도 하다.

부르주아 집안 딸이라 운동권의 핵심에는 끼이지도 못하고, 그렇다고 한가하게 상류 사회 연습이나 하는 이들과도 어울리지 못하는 딸의 치기 어린 고민은 아버지의 삶에 비하면 그저 사치스러운 것 아니었을까. 집은 가난하고 좌파 운동을 하던 형을 둔 죄로, 아버지는 학자가 되고 싶었던 본래의 꿈을 이루지 못했다. 대신 어떤 험한 일이건 마다 않고 해내서, 간장 한 단지와 베개 한 개밖에 없이 가난하게 살았던 칠형제를 부모 대신 먹이고 공부시키셨고, 당신 자식들도 아쉬움 없이 공부할 수 있게 해 주셨다. 그리고 마치 내 소임을 다 마쳤으니 이제 세상에 미련이 남지 않았다는 듯, 너무 일찍 세상을 뜨셨다.

반미와 친미, 좌파와 우파, 노동자와 사업자로 세상이 갈려 시끄러울 때면 돌아가신 아버지 생각이 난다. 이념이 뭐고 명분이 도대체 무언가. 결국 우리 가족, 우리 이웃이 행복하고 평화롭게 살 수 있으면 되지 않는가. 전쟁터건, 광산이건, 사막이건, 오지건, 망망대해건 가리지 않고 돈 벌 수 있는 곳이라면 뛰어가 묵묵히 일해 온 우리 시대의 숨은 일꾼들은 운 좋고 아부 잘해 노력 없이 성공하고 출세한 이들과는 많이 다를 것이다. 그런 이들이 당당하고 행복하게 일할 수 있는 시대를 만들어 갈 수는 없는 것인지.

이념의 덫에 빠지는 것도 따지고 보면 남들에게 보이는 가면, 즉 페르소나에 대한 집착에서 나오는 것 아닐까 싶다. 이념도 어디까지나 사람들이 잘살기 위한 하나의 방편이자 도구일 뿐이다. 이제는 어떤 이념을 갖고 와도 우리가 편하고 행복하도록 잘 녹여 낼 수 있는 지혜로움을 키워 나가야 한다.

전쟁,
아직 끝나지 않은
상처

ㄱ 씨는 돌아가신 아버지를 세상에 없는 악마라고 비난했다. ㄱ 씨의 아버지는 가족을 심하게 구타하는 것은 물론 키우는 개와 고양이도 나무에 매달고 때리곤 했었다. 면담 중에, 친일파였던 할아버지가 열 살 남짓 된 ㄱ 씨의 아버지 앞에서 동네 사람들에게 살해되었다는 얘기가 나왔다. 어린 아버지가 받았을 충격이 아버지가 어른이 되어서까지 공격 성향을 키웠을 것이라고 설명해 주자 ㄱ 씨는 그제야 아버지를 이해하겠다고 했다.

ㄴ 씨의 아버지는 이북에서 피란을 와 남한에 정착했지만, 최근까지도 그의 머릿속에서는 한국 전쟁이 끝나지 않고 있었다. 언제 다시 인민군이 쳐들어올지 모른다며 자녀들에게 피란 준비가 되었는지 수시로 점검하기도 했다. 실직과 부부 갈등 같은 스트레스를 받으면 피해망상이 도져, 북한 사람들이 곧 우리를 죽이러 온다고 굳게 믿기도 했다. 사회에 적응하지 못하고 방 안으로만 도망가는 아버지와 이 때문에 우울증에 걸린 어머니

사이에서 자란 ㄴ 씨 역시 자신감 부족으로 스스로의 잠재력을 충분히 발휘하지 못하고 있었다.

심리 분석을 통해 ㄱ 씨와 ㄴ 씨는 자신들의 부모가 일종의 외상 후 증후군 환자라는 사실과 함께 그 상처가 자식들에게 어떻게 수직 전달됐는지 이해하게 되었다. 환자인 부모를 용서하니 다른 여러 심리직 증상도 호전되었다. 부모의 문제가 개인적 잘못이 아니라 전쟁이 낳은 시대 상황이었다는 이해가 부모에 대한 분노를 치유해 준 것이다.

한국 전쟁이 일어난 지 60여 년이 지나서 이제는 잊힌 역사처럼 여겨질 때도 있다. 젊은 세대는 한국 전쟁에 대해 거의 관심이 없지만, 1960년대에 초등학교를 다닌 나는 젊었을 때 가끔씩 우리나라에 전쟁이 일어나 우왕좌왕하는 꿈을 꾸기도 했다. 무장 간첩 김신조의 살벌한 인터뷰도 아직 생생하게 기억난다. 〈무찌르자 공산당〉이라는 노래를 부르며 고무줄놀이를 했고, '간첩을 때려잡자', '나는 공산당이 싫어요' 라는 제목으로 포스터도 그리고 글짓기도 하며 성장했다.

반대로 9·11 테러 이전의 미국은 순수의 시대(The age of Innocence)라고 표현해도 틀리지 않을 정도다. 영국에 대항해 식민지로 남지 않겠다는 출발이 된 보스턴 차 사건 이후 미국은 외침을 당한 적이 없었기 때문이다. 해서 자신들의 영토를 신성불가침이라고 착각하며 살았다. 정의의 수호신, 세계의 경찰이라며 모든 분쟁 지역에 별 고민 없이 출동하기도 했다. 그러나 9·11 테러와 이라크 전쟁 이후 미국인의 자신감은 급격히 위축되었다. 세계에 대한 영향력도 급격하게 줄어들고 있다. 이는 경제적 불황뿐 아니라 심리적 패배감과도 관련 있다.

미국과 같은 몇몇 선진국과 다르게 한국은 전쟁의 상처를 딛고 기적적으로 일어난 국가다. 전쟁이나 자연재해 등의 외적인 충격이 엄청났다. 전후에는 광기와 퇴행, 갑작스러운 분노 표출에 의한 사회 분열의 후유증을 앓았다. 공포와 불안은 사람들의 폭력적 경향을 조장하기 때문이다. 이런 외상 후 신경증을 우리는 건전한 직업윤리, 교육, 가족적 응집력으로 나름대로 잘 극복해 냈다. 2차 세계 대전, 한국 전쟁, 베트남 전쟁 참전, 5·18 광주 민주화 운동 등 엄청난 고비를 어느 누구도 상상할 수 없는 속도로 넘겨 왔다.

그런 경험이 있기 때문에 앞으로 어떤 일이 벌어져도 병적인 혼란 없이 잘 넘길 수 있다고 믿고 싶다. 물론 비교적 오랫동안 평화가 계속되었던 만큼 사회적 충격이 클 수밖에 없다. 갑작스럽게 테러나 공격을 당하고 나면 피해 의식과 의심도 커진다. 연평 해전, 천안함 사건에 관해 많은 이들이 정부를 믿지 못하는 이유 중 하나이기도 하다. 특정인을 맹목적으로 추종하고 반대 세력에는 무자비한 전체주의적 태도도 활개를 친다. 적만큼 경계해야 할 것은 이와 같은 의식의 분열과 사회 통합의 붕괴다.

망상에 사로잡혀 선전 포고 없이 민간을 표적으로 삼은 비열한 북한 정권은 치료할 가치도 없는 극악한 사이코패스 집단처럼 행동했다. 카를 융은 나치나 무솔리니는 미숙한 영웅 심리에 사로잡힌 현대 서양의 그림자라 했는데, 북한 정권이 바로 선진국들의 그림자가 아닌가 싶다. 외상 후 증후군 환자를 양산하고 있는 북한이 제발 밝은 세상으로 나오길 기대해 본다.

어른이
대접받지 못하는
이유

젊은 세대들은 이제 더 이상 어른들을 존경하지 않는다. "요즘 젊은이들은 못써"라는 말은 공맹 시대에도 있었던 오랜 관용구지만, 요즘 신구 세대의 갈등은 조금 달라 보인다. 젊은 세대들이 기성세대에 비해 확실히 아는 것도 많고 자기표현도 잘하고, 여러 가지로 우월한 점이 많아서 근본적인 전복이 일어나는 듯 보인다.

변화가 느린 농경 사회에서 나이는 곧 지혜이자 경륜이었지만, 빛의 속도로 변하는 사회에서는 나이가 퇴보와 뒤처짐의 상징이 된다. 기술의 변화를 위시해 세상이 발전하는 속도를 젊은 세대만큼 빠르게 따라갈 수 없기 때문이다. 그러니 과거와 같은 연장자로서의 위엄을 기대하는 것 자체가 시대착오적이라 할 수밖에 없다.

원더걸스나 소녀시대, 슈퍼주니어처럼 이름에 아예 어리다는 것을 내세울 정도다. 이른바 아이돌, 걸 그룹 들이 대중 매체들을 접수하는 것은 그만큼 문화의 핵심 세력이 젊은이들이라는 뜻이다. 휴대 전화, 메신저,

UCC, 트위터, 페이스북 등의 이른바 소셜 네트워크를 통해 젊은이들은 자신들이 갖고 있는 지식과 정보를 공유하므로, 아날로그 방식으로 소통하는 기성세대들에 비해 광폭의 행보를 자랑한다. 변화하는 세상을 따라가지 못하는 기성세대들은 그래서 때론 자신의 나이를 속이고 부정한다. 동안 열풍의 진원은 '나이 많음'이 곧 '무능함'과 연결되는 이 시대의 심리적 특성이다.

문제는, 아는 것이 아무리 많아도 정서적인 측면이 그것을 따라가지 못하는 데 있다. 안정적인 정서, 판단력은 정보나 지식만으로 얻을 수 없다. 10대에는 성호르몬을 비롯해 각종 신경 물질이 어른과 달리 요동을 쳐서 자신의 충동을 자제하기가 쉽지 않다. 과거에는 그런 10대의 성적 충동을 학교나 가정교육으로 사회가 조절했다.

그러나 요즘은 그 고삐가 완전히 풀려 버린 느낌이다. 실제로 상담을 하다 보면 중학교 때 이미 완전한 성 경험을 한 아이들의 비율이 두 자리 수 이상이다. 부모들은 대부분 우리 아이는 순진하다고 믿지만, 실제 내막은 이와 다르다는 이야기다. 기성세대가 오히려 10대 아이들로부터 성교육을 받아야 할 정도다. 성에 관한 한, 특히 기성세대들은 젊은 세대에 대해 제대로 파악하지 못하고 있다. 당연히 10대들에게 충동을 조절하는 법도 가르쳐 줄 수 없다.

진짜 문제는 케이블이나 인터넷을 통해 아이들이 한국의 기성세대가 얼마나 윤리적으로 취약한지 너무 잘 파악하고 있다는 점이다. 과거의 기성세대라고 지금의 기성세대에 비해 엄청나게 윤리적인 삶을 살았던 것은 아니다. 그러나 그때는 적어도 '그런 척'이라도 하는 위선이 먹혀들었지만, 요즘 아이들은 너무 영악하고 기성세대의 약점에 대한 정보가 많아 기성세대를 존경할 수가 없다.

그러다 보니 기성세대가 갖고 있던 모든 프리미엄이 사라져 버렸다. 권력도, 지식도, 윤리적 힘도 갖추지 않은 채 나이만 먹은 이들을 존경해 주는 사람노 없고, 스스로도 존경하지 않는 형국이다. 그러니 어떡하든 젊게 보여야 젊은이가 득세하는 첨단 세상에서 무시당하지 않고 살 수 있지 않을까 하는 절박한 생각이 들 정도다. 어려서부터 기기에 익숙한 신세대들이 50~60대가 될 때, 일본의 프리터처럼 무능하고 무기력해질지, 아니면 새롭고 활기찬 능력 있는 기성세대로 거듭날지 자못 기대를 해본다.

PART 3

‘화(火)’ 난 사람들

분노의 시대, 화낼 줄밖에 모르는 한국인들

'툭' 치니 '욱' 하더라

무작정 소리부터 지르는 사람들

조선시대에는 조직 폭력배들을 검계라 칭했다. 요즘은 잘 쓰지 않지만, 무뢰한이라는 단어의 시작은 태조 때 도적 무리에서 조직 폭력배로 변한 무뢰배라고 할 수 있다. 이들 중에는 별감 등 대궐을 호위하는 무사 출신들도 있었다.◆

프랑스 작가 아멜리 노통브의 소설 《아담도 이브도 없는》에는 소리 지르는 한국인 운전자에게 일본인 주인공이 자기 잘못이 없음에도 '한국인이니까' 무조건 사과부터 하는 장면이 나온다. 반한 감정을 유발하기로 유명한 흑인 감독 리 타마호리의 영화들뿐 아니라 〈007 어나더데이〉나 미국의 인기 드라마 〈로스트〉에서도 한국인은 앞뒤 재지 않고 격정적으로 흥분해서 폭력을 휘두르는 캐릭터로 묘사된다.

나라마다 편견에 가까운 이미지들이 있어서, 폴란드의 멍청함, 이탈리

◆ 이수광, 《조선을 뒤흔든 살인 사건 16가지》, 다산초당, p. 223

아의 휘젓는 어머니, 그리스의 독재적인 아버지, 아일랜드의 술버릇, 영국의 경직됨, 미국의 나르시시즘, 중국의 장삿속, 일본의 위장된 친절은 종종 조롱기 많은 희극의 단골 소재가 되기도 한다. 그중에서 한국인들은 '수단 방법 가리지 않고 돈 벌어 남한테 과시하고, 자식 인생에 일일이 간섭하며, 문제가 생기면 소리 지르고 폭력을 휘두르며, 절대 양보하지 않는' 이미지로 요약되는 것 같다.

물론 한 국가의 국민성을 단정적으로 말하는 것은 매우 위험한 일이다. 일종의 인종주의적 차별과 편견으로 작용하기 때문이다. 그러나 한편으로 집단 구성원들은 서로 닮으려는 경향이 있기 때문에 근거가 전혀 없다고 할 수도 없다. 받아들이기 싫지만, 여전히 한국인의 이미지는 합리적인 면보다는 불합리하고 전근대적 온정주의, 개인적 인연에 집착하는 부정적인 쪽에 더 가깝다.

외국 언론의 한국 때리기 밑바닥에는 그간 한국인들의 격한 표현 방식, 월드컵 등에서 보여 준 강한 집단적 민족주의, 빠른 경제 성장에 따른 물신 숭배주의에 대한 거부감이 섞여 있는 것 같다. 달라이 라마의 나라 티베트는 못살아도 존경을 받지만, 과시와 허영의 나라 한국은 자동차와 전자 제품을 아무리 많이 팔아도 견제와 경멸의 대상이 될 수 있다. 만약 그렇다면 어려서부터 논리적으로 설득하는 서양식 토론 교육을 시키지도 못하고, 기대승과 이황 등의 오랜 논쟁 같은 선조들의 점잖은 소통 방식도 제대로 가르치지 못한 우리 잘못을 탓해야 한다. 전쟁과 군사 독재, 무한 경쟁 등으로 피폐해진 정서를 제대로 치료하지 못한 데에 대한 장기적인 대책도 마련해야 할 것이다.

사람 사이에는 갈등이 있게 마련이지만, 다른 의견을 흥미롭게 생각하며 서로의 차이를 받아들이는 지성(intellect)의 즐거움을 학벌이나 지위가 보장해 주지는 않는다. 집단은 동조성(conformity)을 보이게 마련인데, 그 중에서도 분노와 폭력은 매우 전염성이 강하다. 특히 떼거지로 맞설 때면, '악화는 양화를 구축한다'는 그레셤의 법칙이 연상된다. 극단적인 목소리가 양보와 타협의 목소리를 누르며 그 차이를 승화·발전시키지 못하는 것이다.

2007년을 고비로 사회적 갈등 지수가 점점 악화되어 분열이 더 심해지고 있다고 한다. 억울하면 논리와 법으로 해결해야 한다. 그러나 법을 만들어 집행하는 강자와 그 대변자들이 힘없고 돈 없고 아는 것 없는 약자의 입장을 얼마나 배려하며 함께 가려 하는지 의심스럽다. 언론, 학계 할 것 없이 온 국민이 똑같은 목소리를 냈던 나치와 일본 군국주의자들의 주군과 국가에 대한 충성도와 전의는 하늘을 찔렀지만, 그 체제는 결국 붕괴되고 말았다. 한국이 그런 길을 가지 않으려면 힘 있고 목소리 큰 사람이 아니라 이성적이고 사려 깊은 사람이 사회를 움직여야 한다고 본다. 젊은이들은 그런 사람이 되기 위해 한 발 한 발 노력하고, 기성세대는 그러지 못한 자신에 대해 깊이 반성해야 한다.

성숙한 사회는 화를 낼 때도 이성적으로 자기를 표현하고 불필요한 분노는 잘 걷어 낼 줄 아는 사회다.

웃자고 하는 소리에 죽자고 덤비다

많이 알고 이룬 사람들의 현란한 수사와 자기 자랑보다는 촌철살인의 유머 한마디가 훨씬 더 우리를 행복하게 해 줄 때가 많다. 남을 화나게 하거나 감동시키는 것보다 웃기는 일이 백배 더 어렵다. 내가 개그맨과 코미디언을 진심으로 존경하는 이유다.

웃음은 인간의 감정 표현과 행동 중 가장 복잡한 메커니즘 중 하나다. 호흡을 관장하는 오래된 뇌 구조인 해마체, 시상 하부, 편도에서부터 감정 중추인 변연피질과 지적 기능을 담당하는 전두엽, 감각과 운동을 담당하는 후두엽, 추체로 등이 교향곡처럼 함께 작용해야 한다. 의식과 무의식, 이성과 감정, 신체와 정신이 함께 참여해야만 웃음이 가능하다.

뇌세포가 스펀지처럼 변하는 뉴기니의 쿠루병은 아무 이유 없이 간헐적으로 웃어 대기 때문에 웃음병(laughing sickness)이라고도 한다. 바이러스 감염으로 단백질이 변형된 프리온(prion)이 뇌를 전체적으로 헝클어 버린 탓이다. 뉴런이 몽땅 망가져 이유 없이 웃는 뇌도 문제지만, 지나치게 경직된 환경에서 완고한 이성의 전두엽에만 의지해 살아 유머가 들어설 자리가 없는 인생도 참으로 지루하다.

심리 분석 중 유머에 반응해 파안대소할 수 있는 시점과 내면의 상처가 치유되면서 융통성 있는 인격이 회복되는 시점이 얼추 일치하기도 한다. 자신과 상대방의 어두운 부분을 부정하고 항상 엄격한 잣대만 들이대는 사람이 웃을 수 있겠는가.

아리스토텔레스는 《니코마코스 윤리학》에서 모든 것을 우습게만 보며 진지함이 부족한 인간형과 농담을 전혀 모르고 엄숙하게만 사는 인간형을 언급했다. 뭔가 잘못되어도 크게 고통스럽거나 나쁠 것 없는 것으로 만들어 버리는 것이 희극이라고도 했다. 운명의 힘 앞에 무력하면 비극이 되지만, 운명을 이겨 낼 수 있다는 자신의 우월성을 확인할 수 있으면 희극이 된다.

유머는 무언가 부조리하고 상식적으로 앞뒤가 맞지 않는 상황(inconsistency)이라 인지적으로는 어안이 벙벙해지는 마음(cognitive riddle)이었는데 반전 때문에 놀란(surprise) 후 "아, 그랬구나" 하며 비로소 긴장이 풀리는 단계로 나눌 수 있다. 그러나 약한 노예들을 때리면서 웃는 '비열한 풍자'와 강자를 대상으로 신랄하게 웃기되 폭력적이지 않은 희극의 독특한 윤리성(ethos)을 어기지 않는 '고상한 풍자'는 많이 다르다. 《걸리버 여행기》, 《돈키호테》, 《허클베리 핀》, 《동물농장》 같은 고전 소설이나 찰리 채플린의 영화 〈위대한 독재자〉, 또는 〈보랏〉 같은 최근의 신랄한 풍자 영화들은 시대와 공간이 바뀌어도 여전히 우아하면서 재미있다.

최근 돈 많은 사람들과 권력자들에 대한 조롱이 온라인, 매스컴을 가리지 않고 넘쳐난다. 강자가 약자를 우스갯거리로 삼는 것은 역겹지만, 약자가 강자를 조롱하는 풍자 앞에서는 대부분 카타르시스를 느낀다. 물론 관대한 분위기가 전제되어야 한다. 자신을 농담거리로 삼아 모욕했다며 글쟁이나 개그맨을 고소하는 재벌, 회사, 정치인 등이 있다는 사실은 역설적으로 독재 국가에 비해 우리가 훨씬 자유롭고 행복하다는 뜻일 수 있다. 그러니 자신의 의도와 상관없이 풍자의 대상이 되어 웃음을 선사하는 잘난 이들에게 일단 감사하고 볼 일이다.

하지만 개그맨의 팬클럽에는 가입해 활동할 의사가 있으나, 풍자의 대상이 되었다고 고소를 남발하는 사람들은 그리 가까이하고 싶지 않은 게 솔직한 심정이다. 과거에도 민중이 진심으로 귀애하는 대상은 탐관오리나 부자들이 아니라 가진 것 없는 광대들이었다.

이상하게 만나면 화가 나고 마음이 불편해지는 상대가 있다. 비슷한 길을 가는 라이벌인 경우도 있고, 나와 완전히 정반대 성격에, 전혀 다른 인생행로를 가는 대상일 수도 있다. 이런 감정의 뿌리를 무의식에 있는 그림자 개념으로 설명할 수 있다. 무의식 속에 숨어 있는 자기의 또 다른 측면을 보이는 특정한 대상, 즉 자기의 그림자에 대한 감정이다. '욕하면서 닮는' 이유는 이렇게 그림자와 내 무의식의 한 부분이 닮아 있기 때문이다.

이런 이해할 수 없는 마뜩잖은 감정이 꼭 개인 간에만 나타나는 것은 아니다. 지역 간 갈등, 집단끼리의 반목, 보수와 진보의 긴장 등 이해관계가 상충하는 집단 구성원끼리 과격한 감정 반응이 오가면서 상황이 극단으로 치닫기도 한다.

인접해 있거나 침략의 역사가 있는 국가끼리도 그렇다. 독일과 네덜란드, 프랑스와 영국, 한국과 일본 등이 그렇다. 운동 경기도 '숙적끼리의 대결'이라고 표현하고, 정치·경제적으로도 첨예하게 경쟁한다.

프로이트 학파나 대상관계 이론이라면 이것을 형제간 갈등 같은 가족 내 역동의 연장으로 보지만, 카를 융은 인간 무의식에 깊이 저장된 콤플렉스 이론으로 설명한다. 이때 콤플렉스는 상대에 대한 열등감뿐 아니라 자만심이나 경멸 등 다양한 감정 반응과 기억, 행동, 지각 등을 지배하는 무의식의 감정적인 패턴과 성향 등을 의미한다.

한국과 일본은 집단 무의식과 의식 상황 양쪽에서 불편한 점이 많아 콤플렉스의 대상이 될 수밖에 없었던 과거에서 완전히 자유롭지 못하다. 정신대, 원폭 피해, 징용자, 마루타 생체 실험의 과거 기억에서부터 독도 문제까지 마주 보고 냉정하게 이야기할 수 없는 예민한 문제들도 많다.

우리가 일본 콤플렉스에서 벗어나지 못하면 배울 게 많은 일본의 풍요로운 문화로부터 아무것도 배우지 못한다. 일본인 역시 과거사를 정리하지 못하고 극우적 입장만 고집하면 한국이나 다른 나라로부터 좋은 점을 받아들이지 못할 것이다.

1980년대만 해도 워낙 경제적 격차가 심해 우리에게 일본은 그저 넘지 못할 벽처럼 보였다. 당연히 국가 간의 대화 역시 완전히 동등할 수 없었다. 그러나 최근에는 일본을 뛰어넘는 기업이나 개인도 적지 않고, 일본에 부는 한류 열풍으로 한국에 대한 선망과 동경을 갖고 있는 일본인들도 많아졌다. 한국의 젊은이들 역시 식민 시대의 아픔에 발목 잡히기보다는 다양하고 독특한 일본 문화를 거부감 없이 받아들인다. 그들은 과거처럼 어느 한 문화를 상대에게 강요하거나 우월하다고 강변하지 않는다. 그만큼 상대에 대한 콤플렉스가 많이 해소되고 있다는 뜻 아닐까.

일본인은 그들의 전통 가극 '노'의 배우들처럼 웬만하면 속(혼네)을 드러내지 않고, 남에게 폐를 끼치는 것도 극도로 조심한다. 또한 받은 만큼 꼭 갚아야 된다고 믿는다. 한국인이 대체로 솔직하게 분노를 표현한다면, 다수의 일본인들은 꽁하게 있다가 결정적인 순간에 한방 날리는 경향이 있다. 진주만 공습에 미국의 정보력이 제대로 대응하지 못한 이유 중 하나다.

거대한 재난 속에서도 작은 희망만 있으면 말없이 차근차근 벽돌을 쌓으며 언젠가는 마음의 빚을 되돌려 줄 사람들이 일본인이다. 3·11 대지진을 겪은 일본에 대한 우리의 따뜻한 관심과 배려가 그동안 양국이 갖고 있었던 서로에 대한 콤플렉스를 치유해 줄 좋은 계기가 되지 않았을까 싶다.

19세기 우키요에의 대가 가츠시카 호쿠사이의 〈가나카와의 큰 파도〉라는 그림에 나오는 쓰나미는 분명 재앙이지만, 공포스럽기보다 작가의 탐미주의적 태도가 그대로 전해질 만큼 아름답다. 극우 일본의 반한 감정과 한국의 일본 콤플렉스가 어느덧 걷어질 때쯤에는 한국과 일본의 서로에 대한 콤플렉스도 가나카와의 코발트 빛 파도처럼 청량하게 변하기를 기원해 본다.

'주먹'이 가장 쉬웠어요

한국인의 콤플렉스 8 : : 폭력

죽이고 싶은 마음과
죽고 싶은 마음

국가적인 살인범들은 전범이 되거나 때에 따라서는 전쟁 영웅으로 포장되기도 하지만, 개인적으로 살인을 저지르는 사람들은 비윤리적인 괴물로 간주된다. 한데 보통 사람들의 상상과 달리 살인범도 겉으로는 성실하고 평범해 보일 때가 많다. 대개는 열등감과 가슴에 맺힌 한이 원인이 되어 충동적으로 살인을 저지르기 때문에, 평소 성격은 오히려 약하고 순한 이들도 있다. 사람들이 전율을 느끼는 이유 중 하나다.

물론 모든 인간의 내면에는 선함과 악함이 공존하지만, 건강한 자아는 파괴적 충동을 어느 정도 제어하고 조정해 남에게 해로운 일을 삼간다. 그러나 자아가 여러 가지 이유로 왜곡되어 고착되면 선악의 두 측면이 통합되지 못하고 분리(split)되어 철저하게 따로 돈다(dissociation). 조직 폭력배, 강간범, 사기꾼 등 끔찍한 악행을 저지르는 이들도 특정 상황에서는 매우 선한 사람처럼 사고하고 행동할 수 있다는 뜻이다.

단번에 사람들을 죽이는 집단 살인자(mass murderer)와 달리 연쇄 살인범(serial killer)은 보통 때는 평범한 시민으로 살다가 살인을 저지를 때는 성적 쾌감이나 도박·마약에 빠진 사람들과 비슷한 강박적 사고와 행동을 보인다고 한다. 권태로운 마음과 공허감에 빠져 있다가 살인을 도모할 때는 병적인 불안과 함께 흥분을 느끼기도 한다. 마침내 살인을 저지를 때는 자신은 무엇이든 할 수 있다는 자아 팽창감과 변태 성적인 극치감을 경험하기도 한다. 연쇄 살인범들은 범죄를 저지르고 나서도 뉘우치기보다 오히려 살인 행위를 통해 억눌러 왔던 충동이 해소되어 시원하다고 말하기도 한다.

잡히고 나서도 자기 범죄를 극적으로 과장되게 미화해 남들에게 으스대거나 타인이나 사회 탓으로 돌리는 원시적이고 파괴적인 투사라는 심리 기제를 사용한다. 사회를 탓하는 지존파와 유영철, 책을 쓰겠다는 강호순이 좋은 예다. 모방 범죄를 조장하고 자신을 합리화하는 살인자나 범죄자들의 출판은 절대 반대다. 신나치주의자들에게 교과서로 읽히는 히틀러의 《나의 투쟁》을 보자. 책을 읽고 히틀러에게 감화받았다고 주장하는 젊은이들이 적지 않고, 이들은 신나치주의자가 되어 다른 인종들에게 서슴없이 테러를 저지른다.

살인, 인간의 본능인가 사회적 산물인가

서양에서 공식적인 연쇄 살인범의 기록은 15세기 이후부터 등장하기 때문에 서양 심리학자들은 연쇄 살인범을 산업화나 자본주의가 가져온 인간 소외의 산물이라고 말한다. 실제로 미국·영국·일본·독일 등 도시화된 선진국에서 연쇄 살인 발생률이 월등히 높다.

우리나라에서는 순조 때 김수온을 두목으로 한 해적들이 한꺼번에 사람들을 14명 이상 죽인 사건이 기록되어 있다.♦ 원래 해적이 일본처럼 많지 않았는데 《고려왕조실록》에 따르면 충정왕(1350년대) 이후쯤부터 왜구가 창궐하기 시작했다고 한다. 그래서 우리나라 사람들이 설령 해적이 되어도 일본 해적인 것처럼 행세해 가왜(假倭)라는 말도 있었다고 한다.

그렇다고 우리나라 사람들에게는 그런 파괴적인 성정이 없고 일본인들에게만 있다고 단정 지을 수는 없다. 우리나라는 고려시대 이후 통일 왕조를 이루면서 중앙 집권제가 확립되었지만, 고려 말 일본은 막부 시대로서 왕실도 남북으로 갈라져 싸우는 남북조 시대에 백성들의 생활이 매우 곤궁했기 때문에 해적질로 나섰을 가능성이 높다. 현재 소말리아에 창궐하는 해적과 비슷한 양상이다.

해적은 아니지만 살인범들이 없었던 것은 아니다. 예컨대 우리 민담에는 밤마다 가족을 하나하나 죽이고 마침내 온 마을 사람마저 다 잡아먹는 여우누이, 아리따운 여성으로 변해 남자들을 잡아먹는 백 년 묵은 여우, 억울한 한 때문에 사또들을 죽게 하는 아랑 낭자가 있고, 《불설앙굴마경》에는 악귀에 사로잡혀 백 사람의 목숨을 해치는 앙굴마 이야기가 나오기도 한다. 구약 성경의 〈욥기〉에도 사탄이 욥의 친척을 차례차례 죽이고, 헨젤과 그레텔을 잡아먹으려는 마귀할멈 역시 일종의 연쇄 살인범이다. 보통 사람들도 무서운 살인범에게 쫓기거나 스스로 살인자가 되는 악몽을 꾸기도 한다. 살인과 관련된 공포나 판타지가 시공을 초월해 인간 심성에 잠재되어 있다는 뜻이다.

지하 세계 또는 지옥에 대한 묘사에는 동서고금을 막론하고 살육과 피가 등장한다. 잉카 제국뿐 아니라 그리스 등 고대 종교의 제단에는 지하의 제신에게 바치는 제물의 피가 넘쳤다고 한다. 그 때문에 인간은 호모 네칸스(Homo Necans, 살육하는 사람)라는 별명을 얻기도 했다.◆◆ 그러나 정상적인 인간은 이와 같은 무의식의 본능인 원형적 심성에 빠져 휘둘리지 않고, 정상적인 거리감을 유지하면서 자신의 파괴적 본능을 조절할 수 있다.

그렇다면 어떤 사람들이 살인자가 될까. 그 원인에 대해서는 시대와 공간에 따라 다르게 설명된다. 중세 유럽이나 아시아뿐 아니라 현재도 아프리카 일부 지역에서는 살인을 사탄이나 악귀, 억울하게 죽은 귀신과 연결시킨다. 그러나 현대 의학에서는 무의식의 갈등을 극복하지 못하고 행동화하는 연쇄 살인범들을 '남의 고통에 둔감하고 괴롭히는 데서 쾌감을 느끼는 가학적인 반사회성 인격 장애자'로 간주한다.

순간적인 충동을 이기지 못해 저지르는 살인이나 원한 혹은 치정 때문에 일어나는 보복 살인과 불특정 다수에 대한 이른바 '묻지 마 살인'은 그 원인이 다르다. 연쇄 살인범들은 대개 스스로의 힘과 지배력, 또는 우월감에 집착한다. 그리고 대부분 진정한 의미의 후회가 없는 경우가 많다. 자신의 영혼이 병들어 있다는 사실에 대한 통찰이 없는 이들의 치료는 사실상 불가능하다고 할 수 있다.

◆ 이수광, 같은 책, pp. 238~250
◆◆ 한국문화상징사전 편찬위원회, 《한국문화상징사전》, 동아출판사, p. 618

동반 자살이 아니라 동반 살인이다

연쇄 살인이 사이코패스적인 성격과 관련 있다면 동반 자살은 또 다른 심리적 특징을 보인다. 동반 자살을 하는 환자들은 자식이나 배우자를 자기 몸의 일부분이라고 오인한다. 즉 독립적인 감정과 의지를 가진 별개의 개체로 인식하지 않는 것이다. 그래서 자녀를 죽인 것에 대해 큰 후회가 없는 이들도 많다. 우리 언론이나 사회에서는 생활고에 시달려 어린 자녀를 죽이고 자살을 기도하면 생각 없이 '동반 자살'이라고 표현하는데, 이런 부모를 끔찍한 살인마로 간주하는 서구와 비교된다. 가족 구성원들이 심리적으로 분리되지 않은 채 '우리'의 영역으로 뭉뚱그려진 한국인 정서의 한 단면도 관찰된다.

20여 년 전 우울 정신병(depressive psychosis)으로 어린 자녀를 죽이고 자신은 살아남아 정신과에 입원한 주부를 치료한 적이 있다. 아이를 죽였다는 죄책감은 없고 자기 몸 아픈 것에만 지나치게 관심을 보여 다른 치료진의 마음까지 불편하게 했던 기억이 난다. 우리나라는 동반 자살에 대해 비교적 관대하지만, 이런 경우는 엄밀히 따지면 동반 자살이 아니라 '동반 살인'이라고 해야 할 것 같다.

이런 동반 살인이 꼭 가족 안에서만 일어나는 것은 아니다. 사이비 교주였던 짐 존스와 교도들이 가이아나의 인민사원에서 집단으로 죽은 사건이나, 20여 년 전 소위 '오대양 사건'도 동반 살인의 일종이다. 어린 자녀가 부모의 강압이나 세뇌 때문에 자신의 의지와 상관없이 자살에 동참하거나 살해당하는 것과 비슷한 공생적 역동(symbiotic dynamic)이 사이비

교주와 교도들 사이에서도 일어나는 것이다. 이들에게는 개별적인 자아라는 개념 없이 마치 아메바처럼 하나의 집단으로 기능한다. 또 일단 종교적 망상에 빠지면 동반 자살을 자살로 인식하지 않고 새로운 세계로 초대받아 소위 '들림(rapture)' 받고 선택되는 것이라고 착각한다. 이들의 의식 세계에는 희망 대신 절망만 가득하고, 자살을 중간에 거부하는 이를 배신자라고 인식하는 왜곡된 인지(認知) 현상도 관찰된다.

망상이나 우울 등의 병적 현상 때문에 일어나는 동반 자살만큼이나 겉으로 멀쩡해 보이는 부부나 연인들의 동반 자살도 예방하기 힘들다. 자신들만의 폐쇄적인 사고와 생활에 갇혀 있기 때문이다. 서로 모르는 젊은 청년들이 인터넷 사이트에서 만나 함께 자살을 도모하는 일도 빈발하는데, 가족과 대화가 차단된 채 온라인에서만 소통하는 21세기형 사회의 그림자다.

자살을 방조하는 웹사이트를 찾아보면 전 세계적으로 약 100만 개에 육박한다는 보고도 있다. 일본·러시아·한국처럼 자살률이 높은 국가에서 동반 자살이 더 많이 일어난다. 특히 일본의 〈자살 클럽〉이나 우리나라의 〈여고 괴담 5-동반 자살〉이라는 영화에서 보듯, 동아시아의 이른바 '동반 문화'에는 병적인 면이 많다. 뭐든 같이하고 친구들의 영향도 많이 받는 또래 압력(peer pressure)은 청소년의 공통적인 특징이긴 하지만 입시나 불평등한 기회, 물질적 성공 제일주의 등 우리 사회의 구조적이고 파괴적인 집단 동조성이 자살이라는 심리적 현상에도 영향을 미치는 것이다.

막다른 골목에서 극단적인 생각을 해도, 모르는 피안이 두려워 함부로 실행에 옮기지 못하는 경우가 많다. 그러다 누군가 같이 저승길로 나선다면 훨씬 쉬울 것이라는 착각을 할 수 있다. 그러나 죽음의 고통은 손잡고 함께 눕는다고 해서 덜해지는 것이 아니다. 자살 시도 후의 후유증은 지옥보다 더 끔찍한 경우가 대부분이다.

기왕에 다른 이들과 소통하고자 한다면, 같이 자살할 사람을 찾지 말고 자신의 고통을 객관화할 수 있도록 도와주는 사람을 찾아야 한다. 자살 예방 사이트나 교육 프로그램도 필요하지만, 전문가를 찾아 본인의 문제를 먼저 들여다본 다음 행동으로 옮겨도 늦지 않다.

내 안의 분노가 외부를 향할 때

극단적인 살인, 자살까지는 아니더라도 크고 작은 파괴적 공격성 때문에 타인뿐 아니라 본인 자신에게도 큰 상처를 주는 경우가 적지 않다. 모든 생물 중 인간이 가장 사악하다며 인간 혐오증에 빠지는 사람들도 있지만, 공격성이 인간에게만 있는 본능은 아니다. 짐승도 위협을 느끼면 어깨를 곤두세우고 이빨을 드러내며 으르렁거려 화내는 본새를 보인다. 다만 짐승들은 먹잇감 찾기, 짝짓기, 영토 구축 수준에서 아주 단순하게 자신의 분노를 체화하지만, 사람의 분노는 좀 더 복잡하고 교묘한 점이 다르다.

마크 롤랜즈의 《철학자와 늑대》를 읽어 보면, 인간과 짐승의 공격성 차이를 철학적으로 이해할 수 있다. 인간은 물리적으로만 공격하지 않고 심리적으로도 공격한다. 배신, 거짓말, 왕따 등이 그것이다. 특히 자존심에 상처를 받거나 이런저런 셈에서 손해를 볼 때, 내 불행이 불공평한 사회 시스템 때문이라고 믿을 때 등 자신의 분노가 외부의 어떤 요소와 만났을 때 외부로 향한 분노는 더 강해진다. 선입관이나 통념에 사로잡혀 피상적인 사고만 하고 후회와 반성을 할 줄 모르는 사람들의 분노 역시 통제 불가능하다. 내 욕망과 바깥이 부딪칠 때 원인을 분석하고 타협하기보다는 주먹을 앞세워 단번에 상황을 바꾸려 한다. 자기중심적 낙관론에 빠져 죄를 저질러도 괜찮을 것이라고 여기며, 교도소로 가야 폭행을 멈춘다. 빈부 차이, 폭력적 영상, 경쟁과 소외가 주 원인이지만, 가정 폭력과 아동 방치, 학교 폭력의 피해도 가해자를 만든다.

원칙 없는 익애적(溺愛的) 태도도 감정 통제를 배우지 못하게 한다. 때리거나 욕하고 남에게 폐를 끼치는 아이들을 방치하는 부모들은 결국 뼈저리게 후회한다. 의학적으로는 감정과 동기를 관장하는 안와내측전전두피질(orbitomedial-prefrontal cortex)이 분노 조절과 관련 있다고 본다. 이 부위의 발달 부전은 심각한 유전적 질환이 없는 한, 후천적인 결과다. 즉 어렸을 때 배우지 못하면 이 부위가 미분화되거나 퇴화한다는 뜻이다.

분노는 정도에 따라 남을 해치지 않는 단순한 공격성(aggression)에서부터 제어할 수 없는 격노(wrath)까지 하나의 스펙트럼 상에서 다양하게 분류할 수 있다. 무감동, 회피, 패배주의, 냉소, 모략, 험담 등의 수동 공격적 행동 역시 소극적인 분노 표현이다. 따돌림, 폭력 행동, 위협, 복수 등의 행동화도 있다. 실제로 협상 테이블에 앉거나 일거리를 맡을 때 소극적이고 부드러운 사람들보다 화 잘 내는 사람이 이기는 경우도 많다. 미운 놈 떡 하나 더 주고, 똥은 더러워서 피하기 때문이다. 그러나 분노를 표출하는 당사자들은 힘세고 카리스마가 있기 때문에 자신들의 말이 잘 먹히는 것이라고 착각한다. 화를 내면 카테콜아민, 에피네프린, 노르에피네프린

등 교감 신경 물질과 테스토스테론의 분비가 증가해, 과대망상적 상태에 빠지거나 상대방을 이겼다는 느낌을 받는다. 강간과 폭력 범죄가 병존하는 이유이기도 하다.

분노를 내면화해 우울하고 의기소침해지는 사람들에 비해 남이야 상처를 받든 말든 무조건 성질부터 부리는 사람들은 오히려 건강하게 살 수도 있다. 장수 노인의 성정이 꼭 유하지만은 않다. 반대로, 화풀이할 데 없는 고독한 사람들은 애먼 사람을 공격하기도 한다. 과거에도 그런 무뢰배들이 있었지만, 누군가 품어 주어 세상에 노출되지 않은 면도 있다. 동생 아벨을 죽이고도 용서받은 카인의 시대는 아닌지라, 혈육이라도 패악을 부리면 냉정하게 연을 끊어 버리니, 난폭한 사람들은 결국 묻지마 범죄의 가해자가 되기도 한다.

사회의 분노가 집단 따돌림을 만든다

한편, 엽기적인 범죄에 관심을 보이는 사회는 더 엽기적인 아이들을 교육해서 방출한다. 학교 폭력의 원인 중 하나다. 구성원들이 건강하고 편안하면 약하거나 다른 사람을 포용해 주지만, 병들고 살기 팍팍하면 집단을 지속하기 위해 분노를 대신 받고 괴로워하는 속죄양을 필요로 한다. 학생들끼리의 왕따뿐 아니라 지역주의, 인종주의, 인터넷의 안티 사이트들도 일종의 집단적 따돌림 현상이다. 요즘 우리 사회에서는 따돌림이 광범위해 피해자들이 매우 다양한 반면, 약자를 따돌리고 괴롭히는 가해자는 몇 가지 특징을 보인다.

첫째, 주도적이고 계획적으로 가학적인 행동을 하는 이들이 있다. 이들 중에는 지적인 지능은 높지만 감성이나 사회적 지능은 낮은 아스퍼거 증후군(Asperger syndrome)이나 반사회성 인격 장애자가 많다. 이들은 머리도 좋고 능력도 있지만, 폭력적인 행동을 하면서 자신의 능력에 우쭐하기만 할 뿐, 당하는 이의 아픔에는 전혀 관심이 없다.

둘째, 누군가를 충동적으로 따돌리거나 괴롭히는 경우다. 주로 충동 조절 장애, 과잉 행동 증후군, 우울이나 불안 등의 정신 장애 때문이다. 우울하고 불안하면 행동을 삼가는 이들도 있지만 반대로 예측할 수 없는 과격한 행동으로 자신의 마음을 표현하는 사람들이 있다.

셋째, 따돌리는 가해자들에게 은근히 동조하거나 눈을 감아 버리는 이들이다. 자신이 따돌림당하지 않는 것에 우선 안심하고, 약자 편에 서면 손해 볼 것 같아 두려운 회피형 인간들이다. 구성원으로서의 책임감이나 도덕적인 양심도 미약하다. 가해자들은 공통적으로 공감 능력과 죄의식이 부족하다. 스마트폰과 인터넷 중독자들을 검사해 보면, 소통과 공감 능력이 현저하게 떨어진다.

마지막으로, 과거에 자신들도 폭력적인 따돌림 때문에 고통받았던 이들이다. 과거의 상처를 자신보다 약한 아이들에게 풀면서 보상받으려 하거나, 따돌림당할까 봐 무서워 따돌리는 대열에 마지못해 합류한다. 가해자들은 대부분 성장 과정에 문제가 있다. 자신의 분노와 좌절감에 사로잡혀 아이들을 사랑할 줄 모르는 부모, 나와 우리 가족은 아무 문제가 없다고 부정하면서 모든 잘못을 친구, 학교, 조직 등 외부에 투사하는 부모도 가해 학생을 만든다. 부모가 우울증 등으로 무기력에 빠져 도덕관념을 제대로 배우지 못한 아이들은 따돌림에 대한 죄의식을 느끼지 못한다.

폭력적인 아이에게 심리적으로 의존하고 휘둘리는 부모도 마찬가지다. 가혹한 체벌, 일관되지 않은 상과 벌, 훈육에 대한 무관심 등은 집단 괴롭힘과 같은 폭력을 저질러도 걸리지만 않으면 괜찮다고 믿게 만든다. 폭력을 방치한 부모(negligent family)들에게 피해자들이 소송을 거는 경우도 있고, 가해 학생과 그 부모들을 엄정하게 벌주자는 여론이 높다. 어른 사회에서도 특정인을 따돌린다는 것에 분개하는 분위기다. 그만큼 우리 사회에 따돌림 때문에 상처받은 사람이 많다는 의미다.

닭장 안에서는 강한 닭이 먼저 좋은 모이를 차지하고 가장 약한 놈은 따돌림당하는 위계질서가 있다. 반대로 철새나 코끼리 등 자연에서는 군락 동물끼리 최선을 다해 서로를 보호한다. 감옥 같은 닭장, 즉 억압적이고 폐쇄적인 공간이 닭으로부터 보호와 돌봄의 본성을 앗아 간 것 아닐까. 가해자들을 벌주고 가두어 두기만 한다면, 오히려 폭력과 죄만 더 배울 가능성이 높다. 소년원과 구치소를 재소자들이 왜 학교라 칭하겠는가.

가해자들을 회색 벽 안에 가두기만 하지 말고, 농사짓고 나무도 가꾸는 등 자연 속의 노작(勞作) 교육과 장애자와 노약자에 대한 봉사 경험을 하게 한다면 교정 효과가 훨씬 클 것이다. 누군가를 사랑하고 돌보는 기쁨을 경험한 사람들은 약자를 괴롭힌 과거를 반성하고, 다시는 사악하고 치사한 행동을 하지 않을 것이다. 사랑은 폭력을 미워하고 경멸하게 만들 뿐 아니라, 그 폭력을 치유할 수도 있기 때문이다.

자녀를 때리는 부모, 부모를 학대하는 자녀

거북한 진실이지만, 살인이나 폭행 등 폭력 범죄의 가해자 중에는 부모뿐 아니라 자녀들도 많다. 가정 폭력은 지위·돈·학식과 상관없이 일어나며, 맞고 때리는 양쪽 다 폭력의 심각성을 인정하지 않는 경향도 있다. 잘못했으니 벌주는 것뿐이라며 끔찍한 폭력을 휘두르는 부모를 그대로 복제해, 어른 노릇 못 했다며 늙은 부모를 학대하는 성인 자녀들도 많다.

그런데 그런 일을 저질러 놓고 아예 죄의식조차 없는 이들도 많다. 피해자 역시 다른 폭력 사건과 달리 내 죄가 커서 맞을 만했다는 식으로 가해자인 가족을 감싸기도 한다. 또 일단 고비를 넘기면 미운 정 고운 정 하면서 다시 서로를 용서하고 살기도 한다.

가정 폭력이 불황 같은 사회적 스트레스와 반드시 비례하는 것은 아니다. 소득 수준은 낮지만 따뜻하고 예절 바른 사회가 있는 반면, 엄청난 부자가 많은데 폭력이 횡행하는 사회가 있다. 물론 전쟁이나 내란 등 폭력적인 환경에 노출된 경우 가정 폭력이 더 심각해진다는 가설도 있다. 폭력의 피해자는 마음만 잘못 먹으면 금방 가해자가 될 가능성이 높기 때문이다.

특히 가족은 격식이나 포장 없이 민얼굴을 서로 대하는 사이라 자칫 절제와 인내를 잃기 쉬우며, 기대가 큰 만큼 실망감과 배신감을 조절하기 힘들 수도 있다. 자신을 가장 아프게 하는 대상이 가족이라는 사실이 그러나 피해자의 마음을 더 병들게 한다. 가족에 대한 실망은 매일 얼굴을 맞대고 살면서 더 커질 수 있다. 또 가족끼리 깍듯하게 예의를 갖추는 것이 어려워 폭력이 재생되고 악순환된다.

가족 내에서 때리거나 부수는 시기(implosion phase) 이후에는 자기 잘못을 빌면서 사랑을 표현하는 시기(honeymoon phase), 빌미를 찾는 긴장 형성기(tension building phase)의 순서가 있는 경우가 대부분이다. 그래서 폭발하는 순간만 모면하면 된다는 착각을 하게 만들어 가정 폭력이 장기화·극단화되는 경우도 많다.

막 나가는 요즘 드라마에도 가정 폭력 장면이 자주 등장하는데, 작가들의 사이코패스적 환상만 탓할 일은 아니다. 인간 심성의 깊은 곳에 숨어 있는 악(evil)이 거름 장치 없이 극단으로 향하는 사회 전체의 변화를 먼저 읽어야 할 것 같다. '지하철 패륜녀', 'ㅇㅇ대학교 패륜남'이라는 식으로 '패륜'이라는 단어 또는 반인륜적인 사건들이 일상처럼 아무렇지 않게 노출되는 것도 문제일 것이다.

그리스 신화에는 '살부(殺父) 콤플렉스'로 유명한 오이디푸스뿐 아니라 할아버지―아버지―아들 관계인 우라노스―크로노스―제우스가 서로 죽이는 장면이 나온다. 독일 민담인 《헨젤과 그레텔》, 《백설 공주》, 한국의 《접

동새 누이》 등에 나오는 아버지와 계모는 모두 자녀 학대와 살인의 가해자다. 가정 폭력은 때와 장소에 상관없이 인간 원형 속에 잠재되어 있는 죄이자 병의 한 형태다. '매를 아끼면 자식을 망친다', '여자와 북어는 사흘에 한 번은 때려야 한다'는 아동 학대나 아내 구타와 관련된 속담은 사람의 내면에 잠재된 그와 같은 무의식의 한 반영이 아닐까 싶다.

무의식의 파괴적 본능을 다스리지 못하고 구체적으로 행동하는 것은 경계형 인격 장애자 등 성격 장애나 가정 폭력의 희생자로 성장했기 때문이다. 본능을 조절하고 사랑하는 방식은 양육자에게서 배운다. 폭력은 부모에게서 자식으로 수직 전달(vertical transmission)된다는 점을 부모가 알면, 자신이 때린 그 자녀들에게 노후에 어떤 일을 당할지 몰라 조심하지 않을까 싶다. 사실 요즘엔 무능하고 병든 배우자와 부모를 신체적·정신적으로 학대하는 이도 많다.

원망을 상대방에게 폭력으로 풀 것이 아니라 내가 간절히 원했던 것을 먼저 다른 가족에게 실천하는 것이 필요하다. 예컨대 자녀가 반항한다고 부모가 내게 했듯이 손부터 댈 게 아니라, 자신이 어렸을 때 부모에게 무엇을 간절히 원했는지 떠올려 보면 어떨까. 귀찮고 원망스러운 시부모를 학대하기 전에 늙어 병들었을 때 내 자녀가 나를 어떻게 대할지 상상해 보는 것도 필요하다.

가족이라는 조직에도 역지사지(易地思之)의 덕목은 꼭 필요하다. 가해자를 존경하는 희생자는 없다. 스스로의 우월감과 힘을 확인하기 위해 약자를 못살게 구는 우둔함은 열등감의 발로이자 혐오스러운 조롱거리에 지나지 않는다.

점점 거칠어지는
아이들,
속수무책인 어른들

몇 해 전부터 청소년들의 집단 폭행 사건에 대한 뉴스 보도가 잇달아 나오고 있다. 초등학교 고학년에서 중학교 2~3학년 아이들을 '폭탄(bomb) 세대'라 이름 붙이는 이들도 있을 정도로 아이들의 폭력화 경향은 점점 나이가 어려지고 심해지는 추세다.

이런 일이 벌어질 것이라고 이미 많은 정신과 의사들이 경고한 바 있다. 아이들의 인성은 무시하고 영유아기부터 강압적인 조기 교육을 시키고, 또 내 아이만 잘되면 된다는 생각으로 어려운 이웃을 돌보지 않고, 무한 경쟁을 최선의 덕목으로 여겨 조금 뒤처지는 아이들을 무시하고 거리로 내몰았으니, 현재의 이런 폭력 상황은 이미 예고되었던 것 아닐까.

무서운 아이들

상담 경험으로 보면, 그동안 누적된 실상이 제대로 보도되지 않다가 최근에 활발하게 이슈화된 것 같다. 2005년 미국에서 돌아와 5년 만에 국내에서 다시 상담을 시작하면서 아이들과 부모들, 그리고 교사들의 마음이 눈에 띄게 메마르고 불안해졌다는 느낌을 받았다. 물론 나를 찾아오는 이들이 다른 사람들보다 훨씬 더 심각하고 세상을 부정적으로 보지 않느냐고 할 수도 있다. 그러나 나를 찾아오는 이들은 오히려 현실 생활에서 만나는 이들보다 훨씬 더 심성이 곱고 바른 경우가 대부분이고, 그들에게 듣는 교육 현장은 너무나 심각해 근심스러운 면이 많았다.

우선 성적과 경쟁 위주, 물질 만능주의 사고가 팽배해 아이들은 더 이상 우리가 생각하는 아이들 수준이 아니라는 점이다. 유치원을 다니는 대여섯 살부터 때 자기 부모가 잘산다는 이유로 어른들을 하녀 부리듯 하고, 못사는 집 아이들을 대놓고 무시하는 경우가 적지 않다.

반대로 그 나이쯤부터 방치되고 학대받는 아이들은 폭력적으로 변해 주위 아이들을 아무 거리낌 없이 괴롭히는 경우도 늘고 있다. 학년이 올라가면 이런 심성은 점점 더 극단적으로 변해, 부모나 교사들이 더 이상 손을 대지 못하는 상황까지 벌어지곤 한다. 교사에게 침을 뱉거나 의자를 던지고 욕을 하는 경우도 다반사다. 겉으로 노출되지 않아서 그렇지 부모에게 욕을 하거나 폭력을 휘두르는 아이들도 많다. 물리적으로 폭력 성향을 보이는 아이들은 또한 잠재적 성폭력 가해자이기도 하다.

특히 초등학교 6학년에서 중학교 2학년까지가 정점을 이루는데, 교사들도 이런 아이들을 어떻게 훈육해야 할지 어려워한다. 잘못 야단치면 학부모들이 학교로 찾아와 난동을 부리거나 전화를 걸어 입에 담지 못할 욕을 하는 경우도 있다. 교사들이 야단을 치거나 체벌을 가하면 이를 휴대

전화에 담아 공개하거나 경찰에 신고해 버리기 때문에, 아예 입을 닫아 버리는 교사들도 적지 않다

분노하거나 자포자기하거나

임상에서 아이들에게 직접 듣는 한국 청소년들의 폭력 실태는 어른들이 상상하는 것보다 몇 배는 더 심각하다. 청소년기에는 도파민 분비가 증가하는 데다, 현실과 이상, 어른과 아이, 몸과 마음 등 여러 종류의 간극(gap)과 부러짐(fracture)을 경험하게 되어, 쉽게 화를 내고 분노를 행동화한다. 성숙한 어른들처럼 본능을 상징적으로, 우회적으로, 또는 승화해서 표현하는 법을 배우지 못한 탓이다.

하지만 어른들이 청소년들의 공격성에 대해 매를 댄다거나 강압적으로 누르려고만 하면, 자아가 확고하지 않은 청소년들은 소속감 상실과 애정 결핍 때문에 자신을 일원으로 받아 주는 폭력 조직, 일진 같은 집단에 맹목적인 충성을 바친다. 대부분의 조직 폭력배들의 전면에 열예닐곱 살 청소년들이 배치되어 끔찍한 범행을 저지르는 이유다. 어른들이 사랑과 관심으로 이들을 붙잡아 건강하게 자기 길을 갈 수 있도록 도와주어야 하지만, 어른들 또한 자신들 앞가림도 제대로 못하고 있으니 아이들은 도움을 청할 곳이 없다.

최근에는 이와 같은 청소년기의 특징에 더해 빈부 격차, 기회 불균등 같은 사회적 불평등과 경쟁만 강조하는 비인간적인 교육 환경이 아이들의 정신 건강을 더욱 피폐하게 만든다. 고소득층 지역에서는 도를 넘는 사교

육을 받느라 무기력, 의욕 상실, 집중력 장애, 우울증 등의 증상을 보이고, 저소득층 지역에서는 부모와 사회로부터 방치되어 지능 저하, 충동 조절 장애로 인한 폭력, 도둑질과 성폭력 등의 비행이 늘어나는 정신 질환의 양극화 현상도 관찰된다.

전자는 대학에 들어간 후 우울증, 자기 소외, 부모와의 갈등, 비도덕적인 가치관 등의 양상을 보이는 반면, 후자는 학교 폭력, 성범죄 가담, 약물 및 알코올 남용 등의 문제 행동을 보인다. 마치 조지 웰스의 SF 소설 《타임머신》처럼, 잘살지만 개념 없는 지상 인간들이 끔찍한 환경에 사는 지하의 노동 인간에게 잡아먹히는 이미지와 비슷하다. "운 좋아 부모 잘 만난 아이들 돈을 어렵게 사는 아이들이 좀 빼앗아 갈 수도 있지 않냐", "나도 다 당하며 살고 있는데, 그 아이라고 당하지 말라는 이유가 뭐냐"라고 말하는 아이들도 실제로 여러 번 만났다.

최근 더욱 그악해지는 청소년 폭력의 뒤에는 어차피 노력해 봤자 인생에 역전은 없다는 자포자기, 하기 싫은 공부를 노예 부리듯 억지로 시키는 부모나 교사에 대한 분노, 돌봐 주고 이끌어 주는 믿을 만한 어른이 없는 세상에 대한 실망감 등이 복합적으로 존재한다.

무엇이 아이들을 폭력적으로 만드는가

상황이 이렇게까지 된 근본 원인은 무엇보다 가정교육의 부재가 아닐까 싶다. 한 자녀, 두 자녀만 두고 핵가족으로 살면서 아이들은 '하고 싶은 것을 참고 남들을 위해 배려하는 소중한 경험'을 박탈당한다. 먹고 싶지만 할머니에게 먼저 드리고, 사촌들과 나누어 먹고, 내가 좀 손해 보아도 손위 항렬이니까 참는 등 사소한 일들은 아이들에게 남들과 평화롭게 사는 법을 가르친다. 그러나 철저하게 손해 보는 것을 싫어하고 남들 때문에 불편한 것을 못 참는 핵가족의 젊은 부모들 밑에서 자아 중심적인 교육만 받은 아이들에게 남을 위한 배려를 기대하기란 사실상 불가능하다.

어머니나 아버지들에게 심각한 정신적 문제가 많은 경우도 있다. 부부 갈등, 일터에서의 좌절감, 공허감 등 자기 문제를 해결하지 못한 부모 밑에서 자라 감성적 돌봄을 제대로 받지 못한 아이들이 많다. 과거 같으면 부모에게 문제가 있어도 동네나 친척집을 놀러 다니면서 긍정적인 어른 상을 지켜보고 배울 기회가 있었다. 그러나 모든 가정이 폐쇄적인 요즘에는 부모에게 심각한 심리적 문제가 있으면 아이들은 고스란히 부모들의 처리되지 못한 감정의 쓰레기통 역할을 맡게 된다.

경쟁 위주의 사회에서 부모들이 느끼는 좌절감이나 지나친 물질 지상주의도 문제다. 사회에서 성취감을 충분히 느끼지 못한 부모들이 자녀들에게 과잉 보상을 바라면서 아이들이 감당 못하는 이른바 조기 교육만 열심히 시키면, 정상적인 성격 형성에 필요한 인성 교육 기회를 놓치게 된다. 아이의 폭력성이나 충동성은 영유아 때부터 다스려야 하는데, 이미 성격 형성이 끝난 초등학교 고학년 때나 중학교 때 뒤늦게 문제의 심각성을 알게 된다. 학교에서도 가해 학생에 대한 처벌이 충분하지 않은 경우가 많다. 밖에 알려지는 것이 두려워 무조건 쉬쉬하고 오히려 피해 학생에게 불이익을 주는 경우도 많다.

폭력적인 장면을 여과 없이 내보내는 방송 매체도 문제다. 영화나 게임,

서적 등에 대해서는 끊임없이 검열을 하지만 실제로 케이블 TV를 보면 엄청나게 선정적이고 폭력적인 장면들이 많다. 화면 옆에 19란 숫자가 나오지만, 그 숫자 때문에 아이들이 자발적으로 텔레비전을 끄지는 않을 것이다.

잘못된 교육의 대물림

이런 환경이 싫어서 아이들을 외국으로 보내는 이들도 많은데, 외국에 나간 학생들이나 기러기 엄마들의 모습은 실상 한국에서와 별로 다르지 않다. 여전히 사교육에 집착하고, 한국 아이들은 똑똑하고 경쟁적이지만 가장 폭력적이고 거칠다는 평가를 듣고, 한국 부모들은 열정적이고 근면하지만 죄의식 없이 체벌을 가하고 오로지 자기 아이만 아는 이기적인 사람들이라는 말도 외국인들 사이에서 떠돈다. 문제는 교육 제도가 아니라 한국 학부모들의 심성이다.

사실 이렇게 잘못된 부모 노릇을 하는 지금의 어른들 역시 어린 시절 잘못된 교육을 받은 세대들이다. 공부는 남부럽지 않게 했으나 사회 참여가 좌절된 어머니들은 자녀들에게 자신의 감정을 모두 쏟아부으려고 한다. 자신의 분노를 자녀에게 폭력을 휘두르며 발산하는 부모들도 많다.

어른들의 세계도 아이들 못지않게 폭력적인 경우가 많다. 점잖은 메이저 신문들도 선정적이고 폭력적인 언어를 써 가면서 사람들을 적과 우리 편으로 가르고 싸움을 부추긴다. 한국 사회가 한 맺힌 사회에서 분노의 사회(anger society)로 바뀌어 가는 것이 눈에 명확하게 보일 정도다.

이처럼 아이들이 수시로 접하는 어른들의 폭력성부터 빨리 반성하고 고쳐야 할 것이다. 위아래 할 것 없이 막말에 주먹질, 성희롱, 성매매를 하는 어른들과 살다 보니, 순수했던 아이들이 차마 입에 담지 못할 쌍욕을 하며 칼을 휘두르는 강간범으로 변한 것 아니겠는가. 이 세상에 하늘에서 갑자기 뚝 떨어진 어린 흉악범이란 없다.

또한 양극화와 인간 소외 현상이 극단으로 치닫는 선진국 역시 청소년 폭력 문제가 심각한 것을 보면, 졸업 파티를 열어 주는 등의 고식적인 대책보다는 학력 이전에 도덕과 인간됨을 장기간 가르쳐 주는 제대로 된 인간적 교육 환경을 마련해 주는 것이 시급하다는 생각이 든다.

디지털 시대의
나치즘

조지 오웰의 소설 《1984년》에 묘사되는 오세아니아라는 나라에는 집과 일터 곳곳에 양방향 텔레 스크린과 마이크가 장치되어 정부가 하는 일은 무조건 잘했다고 홍보하고 한편으로는 국민들을 감시한다. 진실청(The Ministry of Truth)에서는 반대파들의 사진 등을 포함한 모든 정보를 삭제해 세상에 존재하지 않는 인간으로 만들어 버린다.

오웰은 스탈린이나 히틀러를 보고 이 소설을 썼지만, 그의 예언과 비슷한 일들이 현재 북한과 같은 독재 국가뿐 아니라 영미와 유럽 연합 국가, 그리고 우리나라에서도 벌어지고 있다고 의심하는 이들이 많다. 골목, 버스, 직장 등 어디에나 있는 CCTV는 꼭 한국만의 풍경이 아니다. 영국이나 미국 등은 아예 국토안보부(DHS)나 국가안전보장국(NSA)이 전화, 이메일, 팩스, 메시지, 심지어 DNA 정보까지 합법적으로 들춰 볼 수 있도록 법을 개정하기도 했다.

2010년 12월 20일 〈워싱턴포스트〉는 '감시하는 미국' 이라는 특집 기사

를 싣기도 했다. 우리나라의 미네르바 사건이나 미국의 위키리크스 책임
자 어산지의 재판도 그 논란의 뿌리는 국가건 개인이건 정보를 어디까지
개방하고 보호할 수 있는가 하는 문제와 통한다. 사실 인간에게는 누군가
를 몰래 숨어서 관찰하고 싶은 본능이 있다. 영어에서는 이런 마음을 피핑
톰(peeping tom)이라고 한다.

요즘에는 일반인들도 국가 못지않은 힘으로 개인 정보를 빼 가는 능력
이 있다. 휴대 전화 동영상, 몰래 카메라 등으로 윤리적으로나 법적으로
문제 되는 영상들이 유출되어 인터넷상에 떠돌면, 이른바 '신상 털기'를
통해 해당인의 모든 사생활이 낱낱이 파헤쳐진다. 이런 과정 중에 마치 중
국의 문화 혁명 때나 세계 대전 직후 독일에 협조했던 이들을 프랑스 등지
에서 망신 주던 때보다 더 무서운 언어폭력이 사이버 공간에서 자행된다.
친일파, 상습적 고액 체납자, 독재 정권에 부응했던 판사와 검사들, 소아
성애자들, 성폭력범들의 명단을 공개해서 공개적으로 망신시키자는 입장
도 심리적으로는 이런 맥락일 수 있다.

조선시대에도 '회술레'라는 공개 망신법이 있었다. 형리들이 죄인의 상
투를 잡고 북을 목에 건 다음 동네방네 북을 치고 다녀서 다시는 얼굴을
들고 다니지 못하게 했다. 일종의 사회적 살인인 셈인데, 특히 체면을 중
요시하는 유교적 전통 국가라 더 효과 있었다고 볼 수도 있다.

그러나 공개 처형이나 공개 재판은 꼭 유교 문화 국가에만 있다고 말할
수 없다. 지금도 이슬람 국가에서는 관습에 맞지 않는 행동을 하는 이들을
돌로 죽이는 등 공개적인 형벌이 존재한다. 많은 학자들이 유학은 사람과
사람 사이의 관계에 집중하기 때문에 집단주의 문화를 형성하게 했다고

주장한다.◆

그러나 율곡 이이는 〈자경문〉과 《격몽요결》에서 설령 대의를 위해 무고한 사람 하나를 죽여서 천하를 얻는다 하여도 그런 행동은 정당화될 수 없다고 하였다.◆◆ 집단의 이로움을 위해 개인을 무고하게 희생시킬 수는 없다는 뜻이다. 또 단순히 한국인들이 더 집단주의적이라 특정한 인물을 노출시켜 희생양으로 삼기를 좋아해 더 상처를 받는다고 쉽게 결론지을 수도 없다. 실제로 외국에서도 인터넷상에 신변이 노출되면서 자살하는 사건들이 심심찮게 일어난다. 따라서 한국인이 사람들의 시선에 민감하고 외국인은 둔감하다고 말하기도 어렵다.

사생활 노출에 대해서는 서구인들이 확실히 더 예민한 듯 보인다. 같은 인터넷 이용 국가라도 한국인은 미니홈피나 개인 홈페이지에 자신의 사적인 것들을 겁 없이 노출시키는 반면, 서구인들은 조금 더 신중한 편이다. 실제로 2006년 페이스북에서 '뉴스피드(news feed)'라는 형태로 리스트에 오른 이들의 신상을 일부 공개한 것에 대해 70만 명 넘는 사람이 그룹을 형성해 집단적으로 반대한 사건도 있었다.◆◆◆

분석심리학자 융은 그리스의 극작가 플라우투스(Plautus)의 말을 인용해, 집단 속에서 사람들은 언제든 서로에게 늑대로 돌변할 수 있는 존재(Homo Homini Lupus)라고 했다. 일대일로 만났을 때는 상대방이 잘못하면

◆　King, A. Y. C. & Bond, M. H. (1985), *The Confucian paradigm of man: A sociological view. In W. T. Seng & D. Wu (Eds) Chinese culture and mental health*, New York: Academic Press

◆◆　이동준(1997), 《유교의 인도주의와 한국 사상》, 한울 아카데미, p. 321

◆◆◆　Boyd, Danah. *Facebooks' Privacy Trainwreck: Exposure, Invasion, and Social Convergence*, The International Journal of Research into New Media Technologies 2008 Vol14(1) 13-20

비난하거나 화를 내는 정도에 그친다. 그러나 집단 전체가 한 명을 목표로 공격하면 그 잔인함이 도를 넘을 수 있는 것이 인간의 다듬어지지 않은 본능이다.

개인적으로도 지하철 등 공공장소에서 막말을 하거나 무례한 사람들 때문에 불쾌했던 경험이 적지 않아 지하철 ○○녀, ○○남이라는 기사에 속이 시원해지는 면도 있었다. 그렇게 창피를 줘야 우리 사회가 좀 더 쾌적해진다는 생각도 들 수 있다. 그러나 율곡이 지적한 대로 사회가 깨끗해지기 위해 한두 명 정도는 희생될 수 있다는 생각은, 지구촌이 보다 쾌적해지기 위해 유대인을 말살해야 한다는 나치즘과 엄밀한 의미에서 다르지 않다.

특히 앞뒤 따지지 않고 국가나 언론이 개인 정보를 빼내 공개하고 일반인들도 서로에게 공개 망신을 주어 졸지에 사람이 아닌 사람(un-person)을 양산한다면 세상은 그야말로 공포스러운 짐승들이 지배하는 무법천지가 될 수도 있다.

PART 4

'독(獨)' 해진 사람들

어디에서도 위안을 찾지 못하는 외로운 한국인들

외로워도 슬퍼도 나는 안 울어

한국인의 콤플렉스 9 ∷ 고독

고독과 침묵이
두려운 사람들

사람들이 모여 수다를 떨고 있다. 한 명이 화장실을 가니, 남아 있는 이들이 자리를 비운 사람에 대해 열심히 뒷담화를 한다. 또 한 사람이 나가자, 그 사람 역시 도마 위에 오른다. 이제 자신이 자리를 벗어나면 어떤 일이 벌어질지 알게 된 사람들은 자리를 뜰 수 없어 이를 악물고 끝까지 남는다.

코미디 같지만 흔하게 접하는 상황이다. 모임에서 벗어나면 남에게 욕먹거나 놀림감이 될까 봐, 남들 다 하는 것 못하면 뒤처질까 봐 이 모임 저 모임 기웃거리고, 남 하는 건 다 해 봐야 하는 이른바 네트워킹에 집착하는 한국인들이 많다. 혼자 있을 때도 끊임없이 휴대 전화를 들고 메시지를 보내고 이메일을 확인하고 블로그를 찾아다니고 트위터를 기웃거린다. 심지어 남의 편지함에 들어 있는 주소를 해킹해서 친구하자며 무차별 메시지를 보내는 이들도 있다(내 이메일에 저장된 주소들도 그렇게 여러 번 도용당해 본의 아니게 민폐를 끼친 적이 있다).

닭이나 원숭이 같은 군락 동물들은 약하고 잘 어울리지 못하는 개체를 따돌려 먹이를 먹을 때도 끼이지 못하게 해 비실거리다 결국 병들어 죽게 만든다. 인간의 유전자에는 짐승이었을 때의 기억이 내장되어 있기 때문인지, 의식과 지능을 갖춘 현대인들의 무의식 속에는 이처럼 자신도 고립되어 병든 닭 처지가 될까 두려워하는 공포가 숨어 있는 것 같다.

독립적으로 결정하지 못해 끊임없이 남에게 확인받고 인정받아야 하는 '의존성 성격 장애'를 앓고 있는 이들도 많다. 어머니와 한시도 떨어져 있지 못하는 아이의 심정을 극복하지 못한 탓이다. 심리적으로 보면, 이들의 삶의 주체는 자기 자신이 아니라 남이다. '남들이 어떻게 생각할까', '남들은 무엇을 하며 지낼까'와 같은 불안에 사로잡혀 정작 자신은 소외시키는 왜곡된 타자 지향적인 성격을 지니고 있다.

물론 히키코모리처럼 타인과의 정상적인 관계를 거부하고 고립되는 분열형 성격 장애나 공감 능력이 없는 아스퍼거 증후군도 건강한 것은 아니지만, 잠시도 혼자 있을 수 없다면 이것 또한 강하고 성숙한 자아라 할 수 없다.

따지고 보면, 인류 역사에서 문화를 발전시킨 주역은 고독하게 남겨졌기 때문에 눈물을 삼켜 가며 결핍과 고독을 극복해 간 아웃사이더들이다. '홀로됨'과 '침묵'을 즐길 줄 아는 배짱은 진짜 자기 개성을 찾는 여유를 누리게 해 주는 선물이다. 머리가 무척 좋았던 라이프니츠는 이런저런 모임과 직함들을 너무 좇는 바람에 정작 자신의 철학 연구를 소홀히 해서 이렇다 할 업적을 남기지 못했다(그의 장례식에 참석한 사람은 겨우 한 명뿐이었다). 반대로 혼자 안경을 만들면서 고독한 삶을 살았던 스피노자는 세계 지성사에 독특하고 의미 있는 궤적을 남겼다.

몰려다니면서 주류로서의 즐거운 인생을 살아가는 사람들은 특별히 아쉬울 것이 없으니 창조의 수고로움을 참아 낼 필요가 없다. 새로운 소통 수단과 명품이 등장하면 재빨리 쓸 줄 아는 능력 있는 얼리어답터와 신상남, 신상녀 들이 서로 어울리며 재미있는 인생을 사는 것도 뭐라 할 일은 아니다. 그들에게 혼자 지내면서 창조적인 시간을 가져 보라고 권하는 것 역시 무리다.

하지만 절제 없는 과잉 소통이 남에게 폐를 끼칠 가능성이 높다는 점은 고려해 주었으면 한다. 불쾌한 소음을 주변에 쏟아 내면서도 부끄러운 줄 모르는 공공시설 내의 휴대 전화 사용자들, 독창성 없는 내용을 여기저기 퍼 나르는 표절의 달인들, 유언비어의 재생산으로 평화로운 영혼을 잠식하는 이들 모두 소통이라는 이름으로 세상을 오염시킨다는 점에서는 비슷하다.

좋은 정보를 걸러 듣고, 불필요한 전달을 자제하는 것도 새로운 소셜 네트워크 시대에 절실히 필요한 덕목이다. 생각하는 존재가 자신에게 주어진 유한한 시간을 의식할 때 더 빛날 수 있듯이, 절제된 침묵으로 충실하게 영글어야 가치 있는 소통이 된다.

상실에 대처하는 우리의 자세

9·11 테러가 일어난 지 벌써 10년도 넘었지만, 당시 맨해튼에서 일했던 나는 아직도 연기 자욱한 맨해튼 남쪽으로부터 말없이 이동하던 피난 행렬을 생생하게 기억한다. 모든 다리와 터널이 폐쇄되어 다리 건너 학교에 있는 아이들을 만나러 가기까지 우왕좌왕하며 길에서 하루를 보냈다. 30분이면 갈 거리였다. 그 하루 동안 한국 전쟁 피란 시절의 전설 같은 끔찍한 이야기들이 머릿속을 계속 맴돌았다. 가족과 생이별할까 봐 손도 떨렸고, 입은 바싹바싹 말랐지만 물 마실 생각조차 들지 않았다.

개인적으로는 그런 경험을 하는 한편, 테러 이후에는 그와 관련된 환자들도 적지 않게 만났다. 중남미계인 10대 A 양은 아버지가 9·11 사건으로 실종된 후, 조울 증상을 보이다 자살 충동을 일으켜 어머니의 손에 이끌려 나를 찾아왔다. 이라크 전쟁으로 아들을 잃은 B 부인 역시 1년 이상 먹고 자는 기초적인 일들이 불가능했다. 그러나 미국이라는 큰 나라는 그 이후 숱한 생명을 희생시키면서도 아무 일 없는 것처럼 돌아가 오히려 군인들의 마음을 상하게 하는 면도 있다.

꼭 사회적 이슈가 되는 큰 사건이 아니더라도 갑작스러운 사고로 가족을 잃을 경우에는 오랫동안 그 영향을 받는다. 화재로 한꺼번에 남편과 아이를 잃은 C 부인은 초기 면담 때 거의 정신이 나간 사람처럼 말을 잇지 못했다. 더없이 자상했던 남편이 자살한 후 나를 찾아온 D 씨는 남편을 따라 죽고 싶다는 심정을 토로해, 상담 중에 많이 긴장하기도 했다. 교통사고로 아내를 잃고 혼자 살아남은 후 나를 찾아온 E 씨도 정상적인 감정이 되살아나기까지 상당한 시간이 걸렸다.

이렇게 갑자기 가족을 잃거나 사회적 재난이 닥친 경우, 인종이나 문화에 상관없이 비슷한 반응을 보인다. 큰 충격으로 인한 혼란, 상실감과 우울감, 운명에 대한 분노 등으로 한동안 정상적인 생활이 불가능하다.

그러나 사랑하는 사람을 잃은 후 이와 같은 애도 반응(mourning process)을 보이는 것은 병이 아니다. 중요한 누군가가 죽었는데도 자신의 슬픔을 표현하지 않고 생활한다면 오히려 더 위험하니 주의를 기울일 필요가 있다. 사랑하는 이가 떠난 것을 인정하지 못하는 부정 단계이거나 슬픈 감정을 신경증적으로 억압하는 것이기 때문이다. 우리 외할머니도 전쟁 중에 두 아들을 잃은 후, 꽤 오랫동안 모르는 사람들이 자식에 대해 물어 오면 마치 아직 살아 있는 것처럼 이야기하셨다고 한다.

이치에 맞지 않는 죄책감도 호소한다. 주로 '만약'으로 시작하는 생각들이다. 남편 출근을 조금만 늦췄더라면, 아들이 군대에 가는 것을 반대했더라면, 그 직장에 나가지 못하게 했더라면 하는 식으로 사고 나기 전의 시점으로 돌아가 불행을 미리 막지 못한 자신을 탓한다. 사고 수습, 장례 절차, 남은 빚, 가족 부양 등 과도한 스트레스로 몸도 마음도 지쳐 이렇게 구차스럽게 목숨을 부지하느니 차라리 다 끝내고 싶다는 생각이 들 수도 있다. 면역력이 떨어져 실제로 병을 얻기도 한다. 우리 외숙모는 막내아들을 군대에서 잃고 얼마 안 돼 시름시름 앓다가 돌아가셨다.

간혹 주변의 시선이나 잘못된 간섭이 독이 되기도 한다. 남은 가족에게 책임을 묻거나, 팔자가 어떠니, 행실이 어째서 그런 일이 생겼다느니 하며 말도 안 되는 말로 그러잖아도 아픈 이들에게 상처를 보태는 심보 흉한 이들도 있다.

선진국에서는 비슷하게 애도 기간을 보내는 이들이 그룹을 지어 서로 위로하거나 적극적으로 전문가의 도움을 받기도 한다. 우리나라는 대가족이라는 완충 공간은 사라졌는데 사회적 안전망이 제대로 구축되지 않아 힘든 일이 있을 때 주변에서 적절하게 도움을 받기가 어려운 것 같다.

이럴 때 '죽음'에 대해 오히려 더 깊이 분석하고 공부해 보는 것도 슬픔을 이기는 한 방법이다.

가까운 이들 중 누군가 갑자기 세상을 떠나는 경우, 망자와 어떤 식으로 이별했는지, 어떤 관계를 가지고 있었는지, 충분한 애도 기간은 거쳤는지 등 상담 시 고려해야 할 조건들이 많다. 예컨대 갑자기 사고나 질병으로 죽는 경우에는 헤어짐을 차근차근 준비하지 못하기 때문에 오랫동안 병상에 있던 사람들에 비해 더 힘들고 애도 반응 기간이 길다. 임종을 일정 기간 함께 준비하면서 자리보전 시중도 들고, 고통스러운 시술로 괴로워하는 모습을 오래 지켜보면 나름대로 이별을 준비하는 데 도움이 되기도 한다.

　그러나 준비 시간을 갖지 못한 채 어이없이 망자를 떠나보내고 나면 여러 가지 감정 반응들이 격하게 밀려올 수 있다. 그동안 자신이 잘못했던 것에 대한 후회, 예고된 죽음을 알아차리지 못한 무심함에 대한 자책, 모두를 뒤로한 채 홀로 세상을 떠난 이에 대한 원망, 그런 과격한 죽음을 택할 수밖에 없었던 여러 가지 상황에 대한 분노 등 심리적 갈등이 복잡하다. 특히 사채업자, 정적(政敵), 교통사고 가해자, 살인자 등 사랑하는 이를 죽음으로 몰고 간 이들이 있다면 그에 대한 원한으로 복수를 구체적으로 계획하기도 한다.

　그와 반대로 정말 지긋지긋하게 속만 썩이고 주위 사람을 괴롭혀 차라리 죽었으면 하고 남몰래 소망했을 경우, 상대의 죽음이 마치 자신의 저주 때문인 양 당황스러움과 죄의식에 빠질 수도 있다. 또한 자신에게 든든한 지주이자 발판이었던 사람들이 전쟁이나 재난으로 한꺼번에 사라진다면 이제부터 과연 혼자 이 험한 세상을 어찌 살아낼 수 있을지 망연자실하게 된다. 죽음을 앞둔 사람과 뜨거운 사랑에 빠져 있었던 경우라면 그 빛이 환한 만큼 그림자도 깊어 살아 있는 시체나 다름없게 된다.

　임상에서는 이런 경우 슬픔을 충분히 표현하도록 권한다. 서양 사람은 장례식에서조차 눈물을 보이지 않고 절제된 모습을 유지하는데, 그럴듯해 보이기는 하지만 울며불며 슬픔을 남김없이 표현하는 한국인에 비해 정신적으로 꼭 건강한 것만은 아니다. 감정을 온몸으로 토해 내면(ventila-tion), 마음의 앙금과 독이 제거되는 경우도 많기 때문이다. 다 함께 장단에 맞추어 곡을 하도록 했던 유교의 장례 전통도 현대인에게는 부자연스러워 보이지만 '잘 조절된 방출(controlled release)'이라는 효과가 있다.

어떤 방식으로 세상을 떠났건, 화해할 방법이 없는 망자들과, 그런 일은 막지 못한 자신과 사회에 대한 원망과 분노를 그대로 품고 산다든가, 반대로 그 죽음을 미리 막지 못한 것을 자책하는 데 시간을 낭비하는 것 모두 떠난 이와 남은 이의 삶과 죽음을 무의미하게 만들 뿐이다. 고인에 대한 평가와 호불호(好不好), 죽음을 맞은 방식에 대한 논란을 떠나 진심으로 명복을 빌어 주는 것이 살아남은 사람들에게도 도움이 된다.

죽음의 의미를 깊이 이해하지 못하는 사람한테는 신화 속의 죽음 이미지에 대해 이야기해 주면 도움이 될 때도 있다. 예컨대 플루타르코스의 기록에 따르면, 이집트 사자(死者)의 신 오시리스(Osiris)는 사악한 형제 신 세트(Seth)와 싸워 온몸이 14조각으로 찢어져 죽지만 슬픔에 잠긴 부인 이시스(Isis)가 시체를 다시 맞추어 살리고, 남근은 새로운 정기를 받아 지하 세계의 신이 되고, 아들 호루스는 세트를 물리쳐 왕이 되었다.

우리나라에서도 바리공주가 지하 세계로 가는 신화, 도깨비나 귀신이 등장하는 민담과 전설, 무가 속의 저승 세계 등에 대한 이야기를 환자들에게 해 주면서 환자가 처한 상황에 대한 연상을 전개하게끔 도와줄 때도 많다. 분석심리학자들은 죽음에 대한 종교적 해석 논쟁보다는 죽음과 재생의 모티브 속에 공통적으로 숨어 있는 심리적 역동에 주목한다.

죽어서도 가족과 떨어지지 않고 돌본다는 개념은 사실 여부를 떠나 살아 있는 사람들에게 힘을 준다. '살아 있음'과 '죽음'이 별개가 아니라는 생각이 어쩌면 한국인이 죽음을 바라보는 전통적인 사생관 아니었을까 싶다.

노인이 한국 사회에서 사는 법

아흔은 넘어야 장수한다는 소리를 듣는 세상이 되긴 했지만, 수명 연장과 노년의 삶의 질이 꼭 비례하지는 않는다. 이런저런 질병은 물론, 치매뿐 아니라 새로운 변화에 대한 습득과 순발력, 기억력, 정보 분석력 등 인지 행동 기능이 전반적으로 감퇴하기 때문이다. 물론 인생을 깊이 볼 줄 아는 지혜와 직관력은 심화 발전할 수 있지만, 대부분의 노인은 나이를 먹을수록 작은 일에 더 서운해하고, 변화하는 테크놀로지 사회에서 무력감과 공포를 느낀다고 한다.

연장자를 더 배려했던 장유유서(長幼有序)가 사람이 지켜야 할 오륜의 한 덕목이었던 조선시대만 해도 나이 자랑하는 동물들이 등장하는 민담이 있을 정도로 나이는 일종의 권력이자 특혜였다. 하지만 농경 사회와 달리, 빠른 속도로 변하는 첨단 기술 사회에서 젊은이들에게 노인의 '낡은' 지혜는 그다지 쓸모가 없는 것처럼 보일지도 모른다.

생산과 소비의 주체가 젊은 세대로 옮겨 가면서 경제력을 잃은 노인의 설 자리도 함께 줄어들고 있다. 상점의 점원들도 돈 좀 쓸 것 같은 젊은이에게는 깍듯하지만, 수더분하게 차린 노인 고객은 무시하기 일쑤다. 젊어보이는 외모에 집착하는 이들을 흉볼 수만은 없는 이유다.

굼뜬 노인 손님을 귀찮아하는 택시 · 버스 기사들과 욕설을 내뱉고 남을 밀치고도 미안해할 줄 모르는 사람들 때문에 집 밖을 나서기 무섭다는 병약한 노인들도 많다. 노인의 소외감은 생각 않고 봉사 활동 · 종교 단체, 취미 동호회도 'OO세 이하 모집'을 무심히 내건다. 바쁜 젊은이보다는 시간 많은 노인이 더 열심히 참여하고 힘을 보탤 수 있는 모임에서도 노인을 은근히 배제하는 분위기가 적지 않다. 노인 학대 발생 건수가 증가하고, 절대 빈곤도 노년층이 많다니, 확실히 대한민국이 노인이 살기 좋은 나라는 아닌 것 같다.

노약자석에서 다툼이 자주 생기는 것도, 시끄러웠던 패륜남 · 패륜녀 사건도, 정치적 이슈에서 세대 간 갈등이 과격하게 변하는 것도 모두 따지고 보면 노인들의 상대적 박탈감이나 억울함과 관련 있을 것이다. 젊은이들 역시 노인에 대한 거부감, 귀찮음, 이에 따른 죄의식이 섞인 복잡한 양가 감정으로 노인을 멀리하려는 경향이 있다.

노인들 중에는 전쟁과 기아를 딛고 기적을 일궈 낸 이들이 적지 않다. 이제는 더 이상 생산적이지 못하다는 이유로 우리 사회가 빚지고 있는 노인들을 짐스럽게 취급하고 무시한다면, 지난 세월이 당연히 허탈하고 분할 것이다. 최근에는 정신과 의사들도 이구동성으로 학대받거나 앞으로 그렇게 될까 봐 걱정하는 노인들을 많이 만난다고 말한다.

노인들에게 휘둘릴까 봐 불안해하지 않고, 젊음이 갖는 여유로 고독한 노인들을 넉넉하게 품을 줄 아는 성숙한 젊은이들을 기대한다면 무리일까. 과격하게 내닫는 불안한 정치, 요동치는 경제로 사회가 중심을 잃고 어지러운 것도 혹시 노년의 곰삭은 지혜와 청년의 풋풋한 정열이 조화롭게 어울리지 못한 탓은 아닌지.

치매 노인이 주인공인 영화 〈시〉에는 핏줄에 대한 실망, 고단하고 외롭고 허무한 노년이 아름답게 그려진다. 사람에 대한 책임을 나이 들었지만 시에 대한 사랑으로 승화시키는 가난하고 평범한 할머니의 모습이 아픈 감동으로 와 닿는 것은 그만큼 고독한 노인들이 많기 때문이다. 그리고 고독한 노인들의 모습이 어쩌면 요즘 젊은이들의 미래일지도 모른다.

가까이 있어도 너무 먼 당신

한국인의 콤플렉스 10 : : 가족

모두가
피하는 축제

차례상 준비와 고부·동서·시누이올케 사이의 갈등으로 입이 나온 여자들. 그 여자들 눈치 보랴, 운전하랴, 돈 걱정하느라 파김치가 된다는 남자들. 이런 이유로 명절이 되면 우울증이 악화되거나 부부 갈등이 심해지는 이들이 많다. 이제는 아이들조차 설빔과 설음식을 설레며 기다리지 않는다. 구세대의 명절과 관련된 낭만과 추억을 가질 수 없다는 얘기다.

우선은 차례상 준비를 포함해 모든 가사 노동에 대한 여성들의 태도도 과거와 다르다. 봉건시대의 남존여비 사상을 그대로 신봉하는 여성들은 명절에 가문을 위해 부엌일하는 것을 불평등하게 생각하지 않았다. 그러나 평등사상을 배운 여성들에게 가사 노동은 불평등한 노동일 뿐이다.◆ 번듯하고, 직함도 우아한 일이 아니면 차라리 하지 않겠다는 젊은 여성들

◆ 한경애, 〈먹거리 문화-부엌에서 식탁까지〉, 일상문화연구회 엮음 (1996), 《한국인의 일상문화: 자기 성찰의 사회학》, 한울, p. 260

이 별로 사랑하지도 않는 시댁 식구들과 남편의 죽은 조상들의 입을 즐겁게 하기 위한 제사 음식 준비를 좋은 마음으로 하겠는가.

노동 그 자체가 힘들다기보다 가사 노동의 불평등한 분배 문제 때문이다. 물론 점점 개선되고 있기는 하지만 아직까지 친척들이 모이는 명절에는 여성이 집안일을 더 많이 한다. 부모들이 보지 않는 상황에서는 철저하게 자유롭고 평등한 관계였던 젊은 부부가 집안일은 당연히 여성의 몫이라고 생각하는 기성세대의 요구에 순응하기는 쉽지 않다.

한편 시부모의 눈에는 자기만 아는 것처럼 보이고 별것도 아닌 집안일에 생색내는 며느리들이 당연히 밉상이다. 딸 가진 부모들은 자신의 딸이 불평등하게 사는 것을 원하지 않고, 아들 가진 부모들은 예전에 비해 대우받지 못하는 아들이 안쓰럽다. 그러나 성 감별 낙태로 인해 젊은 여성의 숫자가 압도적으로 적은 데다 유흥업소에 종사하는 여성들, 해외로 나간 젊은 여성들이 많아 한국 남성들이 장가가는 것도, 결혼 생활을 유지하는 것도 점점 어려워지는 추세다. 그러니 당연히 명절이라 하더라도 불평등한 가사 노동을 하지 않겠다고 주장하는 젊은 부인들의 생각을 묵살하기가 이제는 쉽지 않다. 여자들이 이혼하겠다고 요구하는 경우가 늘어나고 있으니.

주로 시어머니들이 음식 준비를 하고, 젊은 며느리는 얼굴만 내밀고 앉기 무섭게 자리를 뜨거나 아예 제사를 생략하는 경우도 있다. 이렇게 달라진 명절 풍속은 전통 가부장제 가정 문화 해체의 한 징후이기도 하다. 젊은 세대는 하루빨리 자신들만의 영역을 쌓아 부모 세대로부터 벗어나고 싶고, 기성세대는 자식들을 품 안에서 조종하고 싶어 하는 마음이 꼭 21

세기 한국인에게서만 보이는 것은 아니다. 한국의 제사뿐 아니라 서양에서는 추수 감사절, 크리스마스 때 가족들끼리 오랜만에 모였다가 서로 부딪치고 상처받는 경우가 적지 않다. 부모로부터 벗어나려는 태도는 부모로부터 독립하지 못하고 부모에게 부담만 주는 '영원한 아이(eternal child)'가 되는 것을 방지해 주고, 그런 자식을 견제하는 부모들의 통제는 염치도, 위아래도 모르는 후레자식이 되는 것을 예방해 주는 든든한 지렛대 역할을 한다. 추구하는 방향이 이처럼 다른 부모자식이 어쩔 수 없이 한자리에 모이는 명절은 구심력과 원심력의 팽팽한 대결의 장이기도 하다.

그러나 정말로 전통적 명절 풍습이 달갑지 않은 사람들은 이른바 1인 가정, 즉 고독족이다. 언제부턴가 결혼하지 않은 젊은이들 중에 설날이나 추석이 다가오면 슬그머니 자리를 피하는 이들이 늘어나는 추세다. 왜 결혼하지 않느냐, 아이는 언제 낳느냐는 등의 질문이 귀찮기 때문이다. 최근에는 그런 젊은이들의 마음을 읽고 아예 그런 사적인 문제에 대해서는 건드리지 않는 세련된 구세대들도 점점 늘어나고 있다.

신세대가 아니더라도 명절이 되면 마음이 불편해 친척들이 모이는 자리를 피하고 싶은 기성세대도 적지 않다. 이혼이나 실직, 사업 실패 등 이런저런 복잡한 상황으로 명절 때 친지들 만나기를 꺼리는 사람들도 있다. 또 오랜만의 긴 휴가에 친척들을 만나기보다는 장기 여행을 떠나는 이들도 적지 않다. 이런 여러 가지 이유로, 전통적인 축제의 장이었던 명절의 입지가 점점 줄어드는 것 같다. 집단주의적 사회가 개인주의적 사회로 변모하면서 앓는 하나의 징후인 셈이다.

부계 사회에서
모계 사회로

"장모님 때문에 못 살겠어요. 수시로 찾아와 간섭하고, 모든 일이 처갓집 중심으로 돌아갑니다."

"전셋집 하나 마련 못 했다고 장인 장모까지 합세해 우리 집안을 무시해요."

"돈 못 버는 남편이 꼴 보기 싫대요. 아이들 때문에 이혼할 수도 없고…"

상담할 때 심심찮게 듣는 얘기다. 박현욱의 소설 《아내가 결혼했다》에 등장하는 아내의 중혼이라는 설정이 황당하다고 한다면, 트렌드를 잘 모르는 사람이다. 양다리를 걸치고 있는 여자의 둘째 남편 노릇을 하거나, 헤어지자는 아내에게 매달리는 남편들도 적지 않다. 전통적인 결혼 제도를 거부하는 여성은 많아지는데 자기를 돌봐 줄 아내가 필요한 남자들은 넘쳐나니, 수요 공급의 원칙에 따라 결혼 생활에서 갑을 관계가 역전된 셈이다.

물론 여전히 저임금을 받고 열악한 환경에서 일하는 여성들과, 학대받으며 사는 아내와 딸들도 많다. 여성 취업률이 다른 선진국에 비해 낮은데도 불구하고 한국 여성들이 남성들에 비해 상대적으로 행복한 이유는 무엇일까? 요즘의 분위기를 한국이 신모계 사회로 넘어가는 증거라며 가부장제에 대항한 페미니즘의 승리라고 해석하는 이들도 있다.

따지고 보면 조선시대 초기만 해도 한국이 확실한 부계 사회였다고 볼 수만은 없었다. 양반이었던 율곡 이이가 어린 시절 외가에서 산 것이 이상한 일이 아니었고, 딸들도 섭섭지 않게 재산을 상속받았다. 왜란과 호란을 겪으면서 남자의 숫자가 줄어들고, 지나치게 보수적인 예학에 치우치다 보니 극단적인 남아 선호 사상이 자리 잡은 것이다. 혹시 심리적으로 유약한 아들들을 보호하기 위해 시어머니들이 가부장제라는 무기로 며느리들을 억압한 것은 아닐까.

하지만 이제 모든 것이 젊은 사람들 위주로 돌아가고 있으니 돈 없고 힘 없는 시부모는 젊은 며느리 앞에서 꼼짝없이 항복할 수밖에 없다. 부모의 영향력이 약해진 상황에서 남편들은 마치 예전의 며느리들처럼 설움을 참고 살아가기도 한다. 대부분의 여성이 자기를 보다 안락하게 만들어 준다는 보장이 없다면 결혼하지 않겠다고 선언하고 있으니, 그나마 아내가 있는 것을 다행이라고 여기는지도 모르겠다.

이것은 꼭 한국만의 상황이 아니라 세계적인 변화 같다. 육체노동으로 남성이 우월한 경제적 가치를 가졌던 전근대 사회에 비해 부드러운 여성적 정신노동의 가치가 훨씬 더 인정받는 게 포스트모던 사회 아닌가.

가부장제를 보상해 주고 포장해 주었던 낭만적인 사랑과 결혼에 목숨 거는 여성들도 점점 줄어들고 있다. 아리스토파네스는 자기의 잃어버린

반쪽을 찾는 것이 사랑이라고 했지만, 버나드 쇼는 광적이고 일시적인 망상으로 결혼하는 것뿐이라고 했다. 쇼펜하우어는 한술 더 떠 자기 닮은 아이를 낳기 위해 결혼하는 것이라고 했으니, 요즘 우리나라에 나타난다면 여성들에게 몰매 맞지 않을까 싶다.

쓸데없이 영혼의 짝이니 뭐니 하며 찾아 헤매거나, 모성애로 휘둘리다 고생하지 말라고 세뇌하는 어머니나 언니 멘토들이 많기 때문에 손해 보면서 결혼 생활을 계속할 필요가 없다고 판단하는 여성들도 많다. 반대로 남성들은 오롯이 자기 능력으로 아내를 붙잡아 둬야 하므로 힘에 부친다. 시부모들도 이혼당할까 봐 두려운 아들을 위해, 자신들의 기득권을 내려 놓는다. 은퇴 후에는 상황이 더 나빠진다. 아내가 떠나갈까 이삿짐을 붙들고 있었더니, 짐까지 버리고 가더라는 우스갯소리도 나온다. 이제 남성들이 이른바 정상적인 결혼 생활을 유지하기 위해 훨씬 더 노력해야 할 날이 온 것 같기도 하다.

우리는왜 휴가지에서도 얼굴을 붉히나

고통과 좌절을 겪으면 잠시만이라도 다른 사람들의 관심과 시선에서 멀어지기 위해 어딘가로 떠나 버리고 싶은 것이 보통 사람들의 마음이다. 떠날 형편이 못 되면 모든 연락을 끊고 '잠수'를 타고 싶은 마음이 들 수도 있다. 연애·입시·사업 등에 실패한 사람들, 호사가들의 입방아에 지친 정치인·연예인·운동선수 들이 홀연 외국으로 떠나 버리는 심정도 비슷한 맥락이다.

최인훈의 소설 《광장》의 주인공 이명준 같은 이들이야 치열하게 역사를 살아내 그럴 자격이 있는지 모르겠지만, 혹여 고통스러운 현실을 외면하고 주어진 책임에서 도피하는 것이라면 '떠남'의 목적이 의심스러울 수 있다. 부모님을 떠나 먼 곳에서 오래 머물지 말라고 말한 공자의 가르침을 문자 그대로 해석해 가족이 있는 내 나라를 떠나는 것은 일종의 배신이자 방기로 보는 시각도 있다(부모를 잃은 후, 공자도 천하를 주유하다 세상을 마쳤다).

긍정적으로 보면 '떠남'은 낯선 세계에서 지금까지와 다른 새로운 '나'

를 만들고 경험한다는 면에서 인생의 큰 도약일 수 있다. 고향에 머물지 않고 새로운 세계로 길을 떠나는 행동은 자신의 미숙함과 이별하고 진정한 독립적 인간이 되는 일종의 영웅적 여정(heroic journey)이다. 익숙한 편안함을 박차고 낯설고 험한 곳에서 갖은 고생을 하는 어려운 과정을 견뎌내며 인격의 성숙을 경험할 수 있기 때문이다. 홀로 광야에서 사탄과 마주하며 대중과 함께할 날을 준비했던 예수나 오랜 고행을 통해 깨달음을 얻은 부처의 체험이 그중에서 가장 높은 수준의 변모일 것이다.

중요한 것은 공간이 아니라 마음이다

반대로 타향에서 자신에게 약이 되는 고생은 거부한 채 부모나 남이 두둑하게 채워 준 돈을 원 없이 쓰며 한가하게 즐기고 오는 '팔자 좋은 떠남'이라면 퇴행적 의존의 연장에 불과할 뿐이다. 친구 따라 강남 가고, 망둥이 따라 뛰는 꼴뚜기처럼 생각 없이 일단 나가고 보자는 식이라면 당연히 별다른 성과도 없고 배울 바도 없을 것이다.

비싼 돈만 잔뜩 쓰고 빈손으로 올 바에야 차라리 아니 떠남만 못하다. 영어라도 배우라며 생각 없이 아이들을 무리하게 유학 보냈던 부모들이 결과가 오히려 너무 나빠 정신과 의사들과 상담하는 경우도 부쩍 늘었다. 준비 없이 무작정 타인의 압력에 의해 길을 떠나면 얻는 것보다 잃는 것이 훨씬 많다. 또 내용보다 겉멋만 찾고 실속은 없는 여행도 마찬가지다.

아이들뿐 아니라 어른들도 자기가 어떤 것을 느끼고 생각할지보다 남들에게 어떻게 말하고 보일까 골몰하는 여행은 참 여행이 아니라는 생각이 든다. 한동안 정치인이나 경제인도 문제가 생기면 일본이라는 뒷마당에 머물면서 '도쿄 구상'이니 '교토 구상'이니 하는 말들을 흘리곤 했는데, 요즘엔 미국이나 유럽이 그 자리를 대신하는 것 같다. 선거에서 지면 짐 싸서 미국이나 영국 등으로 객원 연구원(visiting scholar)이라는 비자를 받고 떠나는데, 꼭 거길 가야 무슨 연구가 되는 것인지 의문이 든다. 실제로 미국에 있을 때 외국에 머무는 정치인이나 유명인들 대부분이 연구와는 담을 쌓고 한국 사람들 만나 노는 일에만 몰두하며 지내는 것을 본 적이 많기 때문이다.

가시적인 업적을 내놓지 않는다 해도 일단 고향을 떠나갔다 오는 것 자체만으로도 물론 의미가 있을 수 있다. 자기 땅에서는 보지 못하던 것을 다시 보게 돼 눈이 열리는 면이 분명 있기 때문이다. 고향을 떠나갔다 완전히 다른 모습으로 돌아오는 사람들을 미국에서는 영화로 리메이크된 1950년대 인기 시리즈물 주인공 이름을 따 '매버릭(Maverick)'이라고 표현한다.

우리나라의 매버릭들은 과연 어떻게 변모해서 돌아오는가? 떠날 때나 돌아올 때나 차이 없이 여전히 주위에 손 벌리는 애어른이나 주변에 분란과 소음만 일으키는 이도 있고, 새로운 모습으로 환골탈태해 많은 사람에게 영감과 희망을 주는 사람도 있을 것이다.

당나라 유학길에 나선 원효가 모르고 해골에 든 물을 마신 다음 날, '모든 것이 마음에 달렸음(一切唯心造)'을 깨닫고 발길을 돌렸다는 일화와는 영 다르게, 길은 떠났으되 여전히 의존과 집착에서 벗어나지 못한다면 굳이 요란스럽게 떠났다 돌아올 필요도 없다. 문제는 자유로운 마음이지 내가 자리한 구체적 공간이 아닐 것이다.

휴가 뒤에 더 지치는 이유

세계적인 의학자 프로이트도 개업하고 한동안 휴가다운 휴가 없이 진료에만 매진해야 했다. 딸린 식구가 많아 경제적으로 힘들었던 탓이다. 몇 년 만에 처음으로 이탈리아 여행을 갔다 온 후에야 충분히 재충전되어 역사에 남는 저작에 몰두했다. 괴테도 오랜 공직 생활을 정리하고 이탈리아 여행을 떠나며 타성에 젖었던 여자관계도 정리하고 본격적으로 창조적인 작업에 매진한다. 이렇게 휴가로 인생의 큰 전환을 경험하는 위대한 인물을 들자면 한이 없지만 평범한 우리에게는 휴가가 오히려 자신을 고갈시키는 경우가 많다.

기왕이면 막히지 않는 길로 북적거리지 않고 훌륭한 대접을 받으면서 비용 저렴한 휴가 여행을 누리면 편안하겠지만, 아이들 스케줄, 회사 일정 등 날짜 잡는 것이 쉽지 않다. 그래서 어쩔 수 없이 전쟁하듯 여름 여행을 치른 후 오히려 몸과 마음이 더 지치는 이들도 있다. 평소에는 잠깐씩 얼굴을 마주했던 가족이 24시간 함께 지내다 보니, 그간 쌓였던 갈등이 폭발할 수도 있다. 길 막혀 차에 갇히고 날씨 나빠 방에 머물면 싸워도 피할 곳이 없어 난감하다.

특히 완벽주의와 강박적 성격을 가진 이들은 계획대로 일정이 진행되지 않으면 불안과 분노가 올라와 누군가를 꼭 비난해서 다른 사람들까지 불편하게 한다. 피해 의식이 강한 사람들은 바가지요금, 교통 체증들을 빌미로 낯선 이들과 얼굴을 붉히며 싸운다. 자기애적 성향이 강한 이들은 피서지에서 대접이 좀 소홀하면 불같이 화를 내 가족 모두를 부끄럽게 한다. 알코올 문제가 있는 사람들은 휴가지에서 술 때문에 진짜 큰 사고를 치는 경우도 허다하다. 날은 덥고 길은 막히고 음식은 형편없는데 평소 사이가 좋지 않은 가족들이 싸우지 않는다면 그게 더 이상하다. 이런저런 갈등과 불편한 상황을 견디지 못하는 사람들은 아예 가족 휴가를 거부하기도 한다.

만족스러운 가족 휴가를 위해 필요한 것

그렇다면 어떻게 해야 기왕에 떠나는 휴가를 통해 그동안 서먹했던 가족 간 거리를 좁히고 사이를 다시 돈독하게 만들 수 있을까. 무엇보다 완벽한 경로와 피서지에 대한 환상을 버리고 소박하더라도 가족의 의견을 규합해 서로 타협하고 자족하는 태도를 배울 필요가 있다.

만약 모두가 동의하는 공통분모가 없다면 싫다는 사람을 끌고 다니며 서로 감정을 소진시키기보다는 차라리 각자 입맛대로 휴가를 보내는 것도 방법이다. 대신 하루 정도 조용한 시내에서 같이 식사하고 콘서트나 영화를 보는 등 안락하고 평화롭게 보내는 것도 나쁘지 않다. 꼭 호화롭고 시끄러운 곳에서 남 보란 듯 요란하게 피서해야 한다는 생각도 고정 관념 아닐까.

일생 동안 최고의 휴가가 언제였는지 물으면, 나는 서슴없이 의대 시절 방학을 꼽는다. 부모 형제와 떨어져 살면서 적성에 맞지 않는 공부에 지쳤기 때문에 방학이면 하루 종일 혼자 책을 두세 권씩 읽으며 지냈다. 일주일에 한 번쯤 책방 나들이를 몇 번 하다 보면 여름이 지나가고 다시 힘든 의학 공부에 돌아갈 에너지를 얻었다. 그동안 친구들을 거의 만나지 않았지만, 전혀 후회스럽지 않았다.

여름휴가에서 싸우고 돌아와 상담실을 찾아 뒤풀이를 해야 하는 이들이 많다. 일도 스트레스지만 노는 것도 큰 스트레스다. 여행을 통해 나와 상대방에 대해 좀 더 잘 알고 가까워지고 싶다면, 가능한 한 스케줄을 간단하게 짜고, 겸손하게 상대방의 의견과 취향을 경청하고 의견을 개진하는 태도를 갖는 것이 필요하다. 어찌 보면 휴가 역시 낭만적인 꿈이 아니라 고달픈 또 하나의 현실 아닐까 싶다. 마음이 자유로우면 한 평짜리 방도 무릉도원이지만, 마음이 괴로우면 광활한 평원도 답답할 뿐이다.

제발 나 좀 사랑해 주세요

한국인의 콤플렉스 11 : : 중독

엄마의 젖을 빨듯 술잔에 탐닉하다

TV에서 흡연 장면은 많이 사라졌지만, 술 마시는 모습은 여전히 자주 등장한다. 하루도 안 빠지고 접하는 술 광고도 그렇지만, 알코올 중독자들의 주정을 마치 고뇌의 정상적인 표현으로 간주하는 문화가 더 문제다. 술을 핑계대면 뭐든 관대하게 넘어가는 사회에는 알코올 중독자가 많다. 특히 연말이 되면 술 때문에 성범죄나 폭행을 저지르는 사람도 있다.

술자리가 오히려 더 죽을 맛인 경우도 있다. 바이어나 상사의 비위를 맞추어야 하는 술 상무는 억지로 마시다 건강을 망치기도 한다. 좌중을 주도하고 멋진 건배사를 해야 한다는 강박 관념 때문에 스트레스를 받거나 구설수에 오르기도 한다.

술 때문에 급성 간염, 췌장염을 앓으면서 각종 대사 질환이 악화되거나 뇌졸중 등 후유증도 겪는다. 의학적 관점에서는 그와 같은 후유증을 겪고 있다면 일단 알코올 중독이라고 본다. 문화적 차이에 따라 사교적인 술꾼과 알코올 중독자의 구별이 헷갈릴 때가 있다. 당나라 시인 이백, 미국의 그랜트 대통령, 스탈린, 에드거 앨런 포, 스티븐 킹 등은 알려진 알코올 중독자다. 멋진 남성의 대명사로 사랑받았던 배우 험프리 보가트가 분한 〈카사블랑카〉의 주인공도 정신과 의사의 눈으로 보면 심각한 문제가 있는 사람이다. 오랫동안 마음에 품고 있는 애인이 왔을 때조차 술에 취해 헛소리를 해서 애인을 놓칠 정도였으니, 거의 알코올 중독이다.

중고생부터 어른까지, 술에 의존하는 한국인

좋게 말해 예술가적 기질이 있거나 마음결이 섬세한 이들이 술에 약하다고 할지 모르지만, 알코올에 대한 집착은 어머니의 젖을 빨듯 술잔에 탐닉하는 퇴행적 모습일 수 있다. 대인 관계에서 상처받고 일에서 좌절감을 느껴 술에 의존하는 경우, 중독자가 되지 않도록 각별히 주의해야 한다. 집단 암시의 부정적 효과를 고려한다면, 일과 사랑에 실패한 후 술잔을 기울이는 장면이 드라마나 영화에 관습적으로 등장하는 것도 금해야 한다.

알코올 중독도 몇 가지 유형으로 나눌 수 있다. 알파 유형은 고통스러운 일만 있으면 술로 도망가려는 심리적 의존을 보이지만 다행히 주량 조절이 가능한 상태이고, 베타 유형은 신체적인 의존은 심각하지 않지만 신체와 사회적으로 여러 합병증을 보이는 상태다. 감마 유형은 내성 때문에 웬만큼 술을 마셔도 취하지 않고 술을 끊으면 금단 증세를 보이는 상태이고, 델타 유형은 금단 증상과 합병증은 있으나 세포가 어느 정도 적응되어 겉으로는 조절하는 것처럼 보이는 상태다. 물론 큰 병에 걸리는 것은 시간문제다. 입실론 유형은 간헐적으로 술을 마시지만 한번 시작하면 완전히 기절할 때까지 간다. 아마 많은 한국인이 이 중 하나에는 속할 것이다.

요즘에는 중·고등학생들조차 수능주, 백일주, 언약주 하는 식의 이름을 붙여 가며 엄청나게 술을 마신다. 일찍부터 술을 배우면 그만큼 중독에 빠질 가능성이 높고, 신체적·사회적 합병증도 심각하다. 자기 조절이 되지 않는 취한 상태에서 강간, 강도, 폭력, 상해 등 문제를 일으키는 경우도 점점 늘고 있다. 그만큼 학생들에게 어른 이상의 과부하가 걸리고 있다는 뜻일 수도 있고, 기성세대들의 술 문화가 건강하지 못하다는 증거일 수도 있다.

요즘엔 막걸리의 인기가 다소 주춤한 듯 보이지만 2~3년 전만 해도 열풍이라고 할 정도로 인기를 누렸다. 남의 나라 술에만 과도한 헌사를 보내는 문화 사대주의자에 비해 전통주에 깊은 애정을 보이는 사람이 늘어난다는 점은 반가운 일이다. 막걸리는 한두 잔 마시면 금방 배부르니 독주보다는 중독에 빠질 확률이 적지 않을까 짐작해 본다.

상투적인 얘기지만 술은 조금 마시면 묘약이지만 지나치면 독이다. 그리스 신화의 주신(酒神) 디오니소스에게 휘둘려 자기 자식을 찢어 죽인 여신 마에나드(Maenads)나, 디오니소스에게 넘어가 탐욕으로 딸과 가족을 모두 잃은 미다스(Midas)의 비극이 현실화될 수도 있다는 뜻이다.

마음속 상처부터 대면해야 한다

이규보는 《동국이상국집》 〈동명왕편〉에서 천제의 아들 해모수가 해신 하백의 딸 유화를 유혹하고, 하백과 해모수가 화해하고 유화와 해모수가 합방하는 장면에서 핵심적인 매개체 역할을 하는 술에 대해 기록한 바 있다. 천제의 아들인 해모수는 술에서 깬 다음, 가죽 수레를 찢고 다시 하늘로 올라갈 수 있었다.

중국 지린 성 지안(集安) 지역의 고구려 고분 각저총에는 술잔을 마주하고 앉은 귀족과 귀부인들의 모습이 그려져 있다. 김건종(1781~1841)의 〈호리건곤도壺裏乾坤圖〉에도 유학자, 승려, 도사가 술잔을 나누며 즐거워하는 장면이 묘사되고 가톨릭의 미사에도 포도주는 중요한 상징이다. 술이 저승과 종교의 자리까지 넘나든다는 뜻이다.

술은 긴장을 풀고 창조성을 진작시키는 면도 있다. 니체식으로 이야기하면 디오니소스적인 술의 혼(spirit)이 아폴론적인 이성(logos)을 이기는 형상이다. 너무 경직되고 빈틈없는 것보다는 약간 풀어지고 퇴행할 수 있는 술자리가 사실은 더 재미있고 편안할 수도 있다. 엄마 젖을 빨듯이 술잔을 빠는 것이다. 특히 스트레스를 많이 받는 직업을 갖고 있거나 알맹이 없는 공허한 대인 관계에 지친 이들에게 술은 살아가는 재미를 줄 수도 있다. 술이 사람과 사람 사이, 의식과 무의식의 경계를 허무는 촉매제 역할을 하기 때문에 틀에 박혀 답답한 사람들에게는 일종의 해방구 역할을 하기도 한다.

그러나 일탈을 통한 흥분을 맛보게 하는 모든 것, 즉 섹스, 술, 마약, 도박은 모두 치명적인 습관성이라는 함정을 내포한다. 절망감, 권태, 허무감, 냉소 등이 버무려져 결국 파국으로 치달을 수 있다. 임범이 쓴 《술꾼의 품격》이라는 책은 "혼돈의 힘으로 허무를 누른다"라는 문장으로 시작한다.

술에 의지한다면 그만큼 현재의 삶이 허무하고 불만족스럽다는 뜻이다.

　세상의 모든 삶이 다르듯이 술 마시는 이유 또한 다 다를 것이다. 특히 '내'가 '술'을 마시는 것이 아니라 '술'이 '나'를 마신다면, 손상된 자아뿐 아니라 각자의 무의식 깊은 곳까지 돌보고 수술해야 할 위중한 상태다. 그러나 알코올 중독 치료의 획일적인 매뉴얼은 없다. 상처받은 개인의 마음을 차근차근 회복시켜 주어야 한다.

　알코올 중독자들은 대부분 가정이나 주변 환경도 깊이 병들어 있는 데다 외부적 스트레스 요인도 매우 크기 때문에 개인의 노력만으로는 별 효과 없는 경우가 많다. 따지고 보면 비만, 자살, 암 등에 비해 술에 의한 사회적 손실이 월등히 크지만, 심각한 술꾼과 괴상한 술자리를 너무 자주 접하기 때문에 그 심각성을 모르고 이 사회가 점점 더 병을 키우는 것 같다. 비겁하게 술로 회피하려 하지 말고, 마음 깊이 숨어 있는 공허감·우울·좌절·애정 결핍과 정면으로 대면해서, 진짜 자신을 찾는 여정을 포기하지 않는 이들이 많은 사회를 희망한다.

점점 더 강한 자극을 찾는 사람들

청소년들은 각성제, 수면제, 본드, 신나, 감기약 등의 약물 남용에 빠지는 반면, 성인들은 대마초, 필로폰, 코카인, 아나볼릭 스테로이드 등의 약물을 주로 선택한다. 그중 필로폰(methamphetamine)은 아이스/크랭크/글라스(미국), 야바(태국), 샤부(일본), 빈트(러시아), P(뉴질랜드) 등의 별칭이 많아 필로폰인 줄 모르고 손대기도 한다. 과잉 행동 증후군이나 식욕 억제제로 쓰이는 덱스암페타민(dexamphetamine)과 효과가 비슷한 점도 있어서 머리 좋아지고 살 빠지는 약이라고 유혹하는 이들도 있다.

위험성이 알려졌는데도 약물 남용에 빠지는 이유는 멋있게 보여서, 주변 친구들이 하니까, 호기심으로, 사는 게 지겨워서 등 다양하다. 기회가 박탈된 소수 집단은 좌절감 때문에, 돈이 많은 유명인이나 부유층 출신 젊은이들은 내가 뭐든 할 수 있다는 것을 과시하기 위해 약물에 손을 대기도 한다. 대마초나 담배, 감기약 정도는 그다지 해롭지 않다고 시작했다가 점점 강한 자극을 찾는 것이 문제다. 주변에서 약물을 일단 시작하면 헤어 나올 수 없다고 아무리 말해 줘도 "나는 의지가 있고 조절 능력이 있으니까 마음만 먹으면 얼마든지 그만둘 수 있다"고 주장한다. 부정(denial)이라는 방어 기제다. 그러나 일단 신체적 의존이 생기면 아무리 의지가 강해도 의학적 도움 없이는 그만둘 수 없다.

자신의 삶이 외부의 힘에 좌우된다고 믿는 이들이 자포자기하는 마음으로 약물에 손대기도 한다. 잘난 부모에게 억압당하고 인생이 휘둘리는 이들, 또 남들의 평가에 인생이 엇갈리는 연예인들은 능력보다 주위 사람들에 의해 자기 인생이 결정된다고 생각하기 쉽다. 통제점(locus of control)이 마음의 내부가 아니라 외부에 존재하기 때문에 생기는 무력감이다. 이런 무력감을 부정하고 과잉 보상 하기 위해 약으로 도망가기도 한다. 부모 덕으로 사는 상류층 자녀들이나 연예인들이 도박, 조울증, 자살, 약물 중독, 음주와 사고들에 시달리는 맥락과 통한다.

약물 중독의 무서움을 몰랐던 2차 세계 대전 때는 히틀러와 가미카제 특공대들이 필로폰을 사용했다는 설도 있다. 프로이트는 기분이 좋아진다며 코카인을 복용했고(암 투병의 고통을 잊기 위한 것이기도 했다) 환자들에게 권하기도 했다. 1960~1970년 히피 시대에는 환각 작용이 있고 정신병을 유발하는 무서운 약물인 LSD를 복용하는 이들도 많았다. 공연이나 연기 도중 엄청나게 집중해서 에너지를 쏟아야 하는 연예인들로서는 약이라도 먹고 최대한 멋진 모습을 보이고 싶을 수 있다. 조명이 꺼지는 순간의 허무감과 피로가 때론 약물이나 술, 섹스 같은 것으로 도망가고 싶은 생각이 들게 하기도 한다.

영화나 드라마에서 코카인이나 대마초를 하는 부자들을 멋있게 묘사하는 것도 문제다. 남들은 구경도 하지 못하는 약물에 손댈 수 있는 것을 특권층의 징표로 오해할 수도 있기 때문이다.

연예인이나 유명인들은 정신과 치료를 받기가 쉽지 않다. 구설에 오르는 것도 두렵고 불규칙한 스케줄로 상담 약속을 잡기도 어렵다. 막상 시간이 있을 때는 치료받을 돈이 없는 경우도 많다. 다른 정신 질환을 갖고 있을 때는 특히 의존성 약물에 손댈 확률이 높아지는데, 그렇게 되면 치료가 힘들고 시간이 더 오래 걸린다.

불법 약물의 남용은 범죄지만, 다른 정신 질환이 있을 때는 교정 시설에서 사고가 일어나거나 신체 질환이 악화될 수 있으니 주의해야 한다. 처벌보다 치료가 급한 이유다. 필로폰, 코카인, 마약 등을 장복하면 인체의 다른 장기가 파괴되어 치매, 파킨슨씨병, 기질성 정신병, 심각한 심장 질환 등 후유증을 앓고 건강을 다시 찾기 힘든 경우도 많다. 현재 우리나라에는 약물이나 알코올 중독 환자들을 위한 시설이 있지만, 인식 부족과 운영 체계 부실로 활성화되지 못해 많이 아쉽다.

한국인들에게 사실 더 문제 되는 중독은 약물보다 도박, 게임, 인터넷 중독이다. 제대로 놀고 쉴 여유를 주지 않는 사회인 까닭에 손쉽게 즐길 수 있는 고스톱, 인터넷 게임 등이라도 하면서 복잡했던 일과를 마무리하려는 이들도 많다. 취미 생활도 어느 정도는 투자해야 보다 알찬 시간을 보낼 수 있는데, 그럴 여유가 없다는 얘기다. 또 한탕주의, 경쟁, 물질 지상주의에 빠져 취미 생활마저 여기에 오염된 도박으로 변질되는 것이다.

인터넷 중독은 특히 정서적으로 고립되어 있고 감정의 교류와 소통이 부족한 사회와 마지막 대화의 장처럼 여겨 내려놓지 못하는 이들이 많다. 즉 일과 공부 같은 단조로운 일상에 빠져 얄팍하고 손쉬운 자극에 몰두해 자기 소외를 더 심화시키는 것이다.

　나쁜 중독을 권하는 사회가 치유되려면 보다 좋은 자극을 적절하게 창출해 내야 한다. 그러나 좋은 자극은 겉으로는 화려하거나 멋져 보이지 않는다. '자선 중독'을 실천하는 정혜영 · 션 부부나 가수 김장훈은 정말 좋은 자극과 중독이 무엇인지 아는 사람들이다.

감정은 빠지고 섹스만 남은 하드코어 사회

드라마 〈선덕여왕〉의 미실은 아름다움을 무기로 미인계를 써서 권력을 장악하는 것으로 묘사된다. 실제로 점을 치며 제사를 관장하고 환자도 고치는 원시 샤먼, 즉 여사제가 아니었을까 추측해 본다. 미실이 많은 남자와 관계를 맺은 것도 성 개방에 의한 방종이 아니라 제례와 관계있었을 수 있다. 화랑의 전 단계인 원화들이 무당 역할과 성스러운 매춘부 역할을 했을 것이라고 주장하는 이들도 있다.

원시인들은 성관계 이후 새 생명이 탄생하는 자연의 신비에 대해 대단한 경외감을 가지고 있어, 성행위 자체를 신성한 의식이라고 생각하기도 했다. 그 흔적으로, 고대의 매춘은 근대 이후의 상품화된 매춘과 많이 달랐다. 페네키아의 아슈타르, 바빌론의 이슈타르 여신의 신전에 살던 성스러운 매춘부(sacred prostitute)는 신과의 신성한 결혼(hierosgamos)을 위한 일종의 신의 말씀을 전하는 중개자였다. 구약에는 매춘부를 혐오하고 무시하는 언급이 여러 번 나오지만, 다말이나 라합같이 신탁을 전하는 매춘

부도 등장한다. 그리스에도 기생이나 게이샤처럼 예술에 종사하며 나름 대로 존경받는 헤타에라라는 매춘 계층이 있어 미의 여신 아프로디테의 보호를 받는다고 믿었다.

중국 관세음보살 전설의 한 아형(subtype)에는 관세음보살이 외딴 어촌 마을에 매춘부의 모습으로 나타나, 자신과 성관계를 하기 전 불경을 외워 오라고 주문하는 내용이 나온다. 온 마을의 어부가 여인의 아름다움에 홀려 불교에 귀의하고, 보살의 현신과 자리한 뒤 성욕도 없어져 불성을 되찾는다.

아즈텍 문명의 틀라졸테오틀(Tlazolteotl)이라는 여신은 정화(purification), 매춘, 혼외정사, 더러움, 질병 들을 관장하며, 성병은 여신의 징벌이라고 믿었다. 인도의 데바다시(Devadasi), 네팔의 듀키(Deuki)는 신전을 지키는 여사제였는데, 현대에는 그 본래의 뜻이 변질되어 사춘기 이전의 어린 여성들을 여신으로 삼고 경배하다 초경이 시작되면 내쫓아 싸구려 매춘부로 생활하게 되었다. 고대의 매춘과 현대 매춘의 다른 점일까?

하드코어 포르노보다 더 포르노 같은

불과 십수 년 전만 해도, 납치와 인신매매로 끌려가 비참하게 매매춘에 종사했는데, 최근에는 자발적으로 매춘 행위를 하면서 돈을 버는 이들도 증가하고 있다. 상담을 하다 보면, 장난처럼 원조 교제를 시작해 나중엔 본격적으로 성매매에 종사하는 겁도 죄의식도 없는 이들이 적지 않다. 술 마시고 놀면서 쉽고 편하게 돈 버는 것이 뭐 어떠냐며 오히려 당당하다. 교제하면 돈을 주겠다는 말에 수십 명의 젊은 여대생이 자발적으로 옷을 벗었다는 가짜 재미교포 사건에, 사실이 아니길 바라지만 제자에게 자신의 성매매 비용까지 지불하게 한 교수 소식도 들린다. 일본이나 미국에서 원정 성매매를 하는 한국 여성들의 소식은 이제 더 이상 뉴스도 아니다.

나라가 시원찮으면, 여성과 아이들이 수출되어 몸과 마음이 농락당하는 일이 무수히 반복되어 왔다. 예컨대 19세기에서 20세기 초까지 세계 각국에 퍼져 나간 게이샤들이 보내온 돈으로 일본이 발전했다고 주장하는 이도 있다. 한국에도 1970~1980년대까지 매춘에 종사하며 자신의 동생들을 공부시킨 성스러운 매춘부가 있었지만, 21세기의 매춘은 욕망의 배출과 물신 숭배가 결합된 흉물스러운 괴물 쪽에 좀 더 가깝다.

주목받은 저예산 영화 〈고갈〉, 〈대학로에서 매춘하다가 토막 살해당한 여고생 아직 대학로에 있다〉, 〈나쁜 남자〉 등에는 모두 매춘을 다루지만 성(性)과 성(聖)의 상징 코드를 연결시키는 직관의 힘이 담겨 있다. 아무 설명이나 감정 없이 섹스를 주고받는 요즘 세상이 어쩌면 하드코어 포르노보다 더 포르노 같다는 생각도 든다.

실제로 상담을 하다 보면, 이른바 하룻밤 잠자기(one-night stand)를 즐기는 잘나고 똑똑한 젊은이들이 적지 않다. 일종의 21세기 트렌드라면 좀 쓸쓸하다. 유교가 세상의 모든 성을 억압하던 시대에 대한 일종의 반동일 수도 있고, 구미 자본주의적 자유주의의 영향일 수도 있다. 의사 입장에서 개인이 어떤 성생활을 하건 그에 관한 윤리적 판단을 할 수는 없다. 다만 조울증, 섹스 중독증 등의 이유로, 본인에게 해가 되는 성생활을 계속하는 이들에게는 위험성을 인식하도록 확실하게 주의를 주어야 한다. '홧김에

서방질한다'라는 말대로 부부 갈등이나 변심한 애인에 대한 욱하는 마음
에 원하지 않는 위험한 성생활을 하는 것도 경계해야 한다.

어쩌면 21세기 한국인의 성생활이 자유롭고 개방적인 것도 보다 성숙한
성 문화를 이루기 위한 일종의 중간 과정이 아닐까 싶다. 진정으로 사랑하
고, 그에 대한 책임을 지고, 영혼과 신체가 통합되는 사랑이 가능한 성 문
화가 실현되는 데는 테크놀로지의 발달보다 훨씬 더 시간이 걸릴지도 모
르겠다.

아이들이 성에 탐닉하는 이유

청소년들의 성 문화도 예전과 비교할 수 없을 만큼 달라졌다. 부모들은 설
마설마 하겠지만, 깜짝 놀랄 만큼 어린 나이에 많은 청소년이 성 경험을
한다는 얘기는 이미 의사들 사이에 잘 알려져 있다. 낙태계를 하는 아이
들, 에이즈 등 성병 걱정을 하는 아이들, 문란한 성관계가 소문나 왕따를
당하는 아이들도 있다. 비만, 환경 호르몬 등으로 인한 성 조숙증, 선정성
을 경쟁하는 매스컴, 아이들의 학업 스트레스, 도덕관념 없이 욕망에만 충
실한 시대적 특징이 원인으로 거론된다. 모두 맞는 말이다. 그러나 태어나
면서 시작되는 아이들의 정서적 갈증과 불안이 그들로 하여금 좀 더 빨리
성관계에 탐닉하게 만드는 사회적 맥락도 함께 보아야 할 것 같다.

무엇보다 요즘 부모들은 머리만 좋게 만들려 고민하지 자녀들을 따뜻하
게 안아 주고 행복한 상호 관계를 맺는 데는 소홀하다. 자기 일이나 사회
생활도 바쁘거니와, 산후 조리원부터 대학 입시까지 정보를 찾는다며 전

화통과 모니터만 붙들고 앉아 있다. 부모들은 바쁘고 자녀들은 외롭다는 얘기다. 방치된 영·유아들이 적절한 신체적 자극이 없으면 잘 먹지도, 크지도 않거니와 이상한 행동들을 보인다는 것은 이미 정신 의학에서 고전이 된 이론이다.

외부로부터 사랑의 손길이 없으면 아이들은 자기 몸을 학대하거나 일찍 감치 자위를 하는 등 종류를 가리지 않고 자극에 탐닉한다. 타인과의 건강한 교류가 부족하니 자기 색정적(auto-erotic) 또는 자기 파괴적(self-destructive) 행동에 빠지는 것이다.

동성애나 이성 교제 연령도 빨라진다. 어려서 느낀 몸에 대한 결핍이 나중에 성 중독(sex addict)으로 나타나는 경우도 있다. 무상 보육을 한다고 0세에서 2세 아이들마저 무조건 환경이 좋지 않은 탁아소에 맡기는 것을 의사들이 걱정하는 이유다.

아이를 안고 업어 키우는 후진국에 비해 일찍부터 아이를 유모차와 요람에 가두어 놓는 선진국 아이들이 정서적으로 더 불안하다는 보고도 많다. 껴안아 주고 눈 맞추며 이야기하는 부모와 아이들의 상호 작용은 그 어떤 비싼 유모차와 스마트폰과 킨들북도 대신해 줄 수 없다. 사실 각종 디지털 기계는 아이뿐 아니라 어른들의 신체 접촉과 공감 능력도 방해한다. 셰리 터클이 《외로워지는 사람들》에서 지적했듯이 페이스북과 카카오톡과 스카이프는 사람 사이의 거리를 더 멀게 하면서도 마치 그렇지 않은 것처럼 착각하게 만들어 인간의 정신 건강에 필요한 신체 접촉을 방해하고, 그 반동으로 성 중독이 되기도 한다.

성적 만족까지 줄 수 있는 사람 크기의 인형에 음성 인식 서비스인 시리,

인공 지능까지 장착하면 앞으로 기계적 성행위가 혹시 가능할지 모르겠다. 그러나 그 어떤 기계가 적절하게 울어 주고, 같이 웃어 주는 사랑과 공감의 기능까지 갖출 수 있겠는가. 기계에 장착한 감정 반응은 입력된 코드만 달라도 헝클어지고 혼란스러워질 것이다. 좋은 교육은 비싼 교육이라는 생각을 가진 부모 밑에서, 사랑보다는 물건에 둘러싸여 자라 감성이 메마른 아이들의 성적 탐닉은 부족한 사랑을 채우기 위한 절박한 몸짓이다.

성의 억압이 모든 신경증의 원인이라고 말한 프로이트를 잘못 배운 이들은 성의 해방이 곧 인간의 해방인 양 주장한다. 그러나 억압과 금기가 거의 사라진 지금, 어른뿐 아니라 아이들마저 문란한 성으로 오히려 더 복잡하고 괴롭다. 청소년들의 깜짝 놀랄 조숙증에 혀를 찰 것이 아니라, 나 좋으면 뭐든 한다고 생각하는 허영기 많은 어른들의 비정함과 무심함을 반성할 일이다. 아이들의 문란한 성을 비난하고 꾸중만 할 게 아니라 아프고 외로운 아이들의 마음을 먼저 살피고 보듬어 주어야 한다.

불안하니까 사람이다

한국인의 콤플렉스 12 : : 약한 자아

왜
이단과 종말론에
빠지는가?

인생이 곤두박질치듯 무너질 때 사람들은 자포자기, 근거 없는 낙관론, 우왕좌왕, 책임 회피 등의 증상을 보인다. 극단적으로는 '내가 망하면 이 세상도 망할 것이다(또는 망해야 한다)'라는 자아 범람의 망상(paranoia of ego-inflation)에 빠지기도 한다. '묻지 마 살인'이나 종말론이나, 나와 외부를 구별 못 하는 자아 경계(ego boundary)가 허물어졌다는 점에서는 유사하다.

노스트라다무스의 예언이다, 마야 달력에 의한 예측이다, 요한계시록의 예언이다 하면서 해일, 지진, 경제 혼란, 핵 확산 등이 세상이 곧 망할 징조라고 믿는 이들도 많다. 〈2012년〉이라는 영화도 나올 정도로 2012년에 세상이 망할 것이라고 믿는 이들도 있었다. 역사를 되돌아보면 이런 자연재해가 없었던 적은 없는데, 고통스러운 사회적 정황을 자연 현상에 투사해 무심한 변화에서 부정적인 의미를 찾는 것이다.

종말론에 빠져 혼자 망상 환자가 되면 그나마 다행인데, 미륵보살이라

자처했던 궁예, 청나라의 백련교와 의화단, 미국의 연쇄 살인마 찰스 맨슨과 짐 존스, 일본의 옴 진리교, 러시아의 동굴 속에 은거하던 최후의 심판(doomsday)교, 우리나라의 오대양 사건처럼 끔찍하고 잔인한 말로를 보여주거나, 최근 우리나라의 JMS나 인도의 오쇼 라즈니시처럼 성폭력 등 각종 범죄를 저지르는 경우도 적지 않다.

이런 컬트 집단일수록 편견을 갖고 있는 주류 종교 단체나 정권으로부터 박해를 받고 있다고 주장한다. 예컨대 실제로 이단이라고 여겨졌던 가톨릭의 초기 교부(敎父)들 중 후세에 평가가 달라진 경우도 있다는 점을 들이대면 병적인 종교 집단의 망상에 빠진 그들에게 논리적으로 설명하고 설득시키기란 쉽지 않다.

신도 중에는 경제적으로나 신체적으로 매우 고통스러운 상황이어서 더 이상 잃을 것이 없으니 어떤 행동을 할지 예측하기 힘든 이들도 많다. 교주들은 쉬운 단어와 논리를 반복적으로 말해 사람들을 세뇌시키기 때문에 집회에 자주 참석하면 마치 최면술에 걸린 것처럼 교주의 생각에 동화된다. 교주들은 뛰어난 화술과 용모, 따뜻한 마음 씀씀이와 강력한 카리스마까지 갖추고 있어 마음 붙일 곳 없는 이들은 자신의 잃어버린 정체성과 고향을 찾은 기분에 빠지고, 마침내 기존 사회와 완전히 단절된다.

정통 회교도들은 인도의 테러와 관련되었다는 라슈카르 에 타이이바(Lashkar-e-Tayyiba)나 9·11 테러를 일으킨 지하드 역시 일종의 이단적 컬트로 여긴다. 히틀러, 무솔리니, 김일성 역시 일종의 교주들이라는 평을 받기도 한다. 즉각적인 고용과 경제 회생이라는 허언으로 사람들을 솔깃하게 하며 제3제국을 운운했던 히틀러나 국가의 장밋빛 미래, 민족에 대한 종교적인 고취의 달인이었던 김일성 같은 독재자의 자아 팽창도 일종의 컬트다. 우리나라의 이른바 신앙촌, 다미 선교회 등의 이단뿐 아니라, 통일교나 순복음교회 등 일부 기독교도 중에는 오로지 자신들의 방식으로 믿어야만 구원받아 하늘로 올라간다고 생각하는 이들도 많다.

시절이 흉흉할수록 다방면에서 이런 교주가 등장할 가능성이 높다. 저개발 국가에서 권력자들뿐 아니라 미망에 빠진 사이비 종교 추종자들이 사회적 혼란을 일으키는 경우도 있다.

한국은 경제적으로는 선진국에 다가섰지만, 무의식 속에는 여전히 저개발 국가의 추억과 습관이 남아 있다. 누군가 교주가 되어 광기 어린 질주를 하면 우리 사회는 소설 《눈먼 자들의 도시》와 같은 혼란과 폭력적 상황에 빠질 수도 있으니 항상 경계해야 할 일이다.

무속과 점술에
의지하는 사람들

한국은 사람은 많고 땅은 좁아 경쟁이 심하다. 그러나 그만큼 좋은 환경을 가졌기 때문에 많은 인구가 행복하게 산다는 뜻일 수도 있다. 사막, 동토, 습지 등 척박한 환경에서 살아야 하는 국가의 사람들에게는 사계절 모두 아름답고 숲, 강, 논밭이 모두 아름다운 한국이 천국처럼 보일 정도다.

그래서인지 예부터 한국인은 현세, 즉 지금 사는 현실에 대한 사랑이 깊다. 굳이 젖과 꿀이 흐르는 천국에서 사는 것을 상상할 필요가 없었다는 얘기다. 힘든 이승 대신 편안한 피안을 지향하는 기독교나 불교가 한국에 정착한 뒤, 이승에서 잘 먹고 잘살자는 지극히 현실적인 종교로 변한 이유도 거기에 있을 것이다. 절이나 교회에 가는 다수의 평범한 신도들은 깨달음과 절대자에 대한 사랑이라는 추상적 목표보다는 자신과 가족들의 부귀공명을 얻기 위해 기도한다. '개똥밭에 굴러도 이승이 좋다'는 속담은 종교에 상관없이 한국인들의 마음을 잘 대변해 주는 것 같다.

이런 현상은 한국인의 심성 저류에 흐르는 샤머니즘적 전통과 무관하지 않다. 특히 한국의 샤머니즘은 자연과 인간 세계의 일치, 이승과 저승 세계의 동등한 연속성, 개인의 삶과 집단의 삶의 동일체적 유대감 등을 특징으로 한다. 자연을 정복의 대상으로 삼는 기독교적 세계관, 세속의 삶은 불성을 회복하는 데 방해가 된다는 불교적 종교관, 귀신을 배제하고 합리적인 태도로 죽음을 바라보는 유교, 집단에서 벗어나는 개인의 성스러움을 지향하는 정통 도교나 힌두교 등과도 많이 다르다. 신라시대의 불교 박해나 조선시대의 천주교 박해 같은 어려운 고비들을 극복해, 외국의 불자나 선교사들에게 수동적으로 선교된 것이 아니라 새로운 종교를 능동적이고 적극적으로 받아들인 것도 특이한 현상이다.

한국인의 전통적인 샤머니즘적 세계관은 불교, 유교, 도교, 기독교 등의 외래 종교를 수용하는 과정에서 알게 모르게 한국적으로 변형시킨 면도 있다. 심지어 마르크시즘조차 김일성이라는 큰 무당을 숭배하는 샤머니즘적 종교로 변질시킬 정도니까. 이러한 습합(褶合, syncretism) 현상이 교조적으로 종교를 믿는 이들 눈에는 미신이고 왜곡으로 비칠 수도 있다.

21세기에도 무속이 흥행하는 이유

자신의 사리사욕을 위해 무당 아닌 무당 노릇을 하는 사이비 종교 지도자들에 비하면, 일반인들의 샤머니즘적 세시풍속은 오히려 정겹다. 정월이 되면 《토정비결》 책을 앞에 놓고 가족의 새해 신수를 찾아 읽고, 대보름날에는 잣에 불을 붙여 그해의 운을 맞히거나 돼지꿈·용꿈 같은 길몽을 꾸라는 축원도 서로 나누는 전통이 우리 정신을 혼란스럽게 하면 얼마나 하겠는가. 그저 재미일 뿐이다.

원래 중국에서 기원한 《주역》은 점쟁이들이 자주 찾지만 사실은 심오한 철학이 담긴 매우 가치 있는 책이다. 육효(六爻)를 뽑아 음과 양의 조합으로 만들어진 64괘 중 하나를 찾아 주어진 상황에 대해 생각해 보는 것이다. 이런 과정을 지나치게 구체화시키는 이들도 있다. 점괘에 따라 어느 방향으로 이사를 가는 것이 좋다, 며느리를 내쫓고 새 며느리를 봐야 한다, 사업의 종류를 바꿔야 한다는 식의 구체적인 주문을 하는 점쟁이들도 있긴 하다.

그러나 《주역》을 제대로 읽으면 그런 구체적인 지침을 주는 책이 아니라는 것을 알 수 있다. 기본적으로 승승장구하면서 일이 잘 풀릴 때는 보다 겸손하게 처세하고, 또 뭔가 안 좋은 일이 일어나더라도 좌절하지 말고 좋은 때를 기다리며 재충전하라는 것이 기본 철학이기 때문이다.

태어난 연월일시를 기초로 하는 사주(四柱)도 해석하기에 따라 굉장히 다른 말을 한다. 예컨대 정관(正官)이 있는 사주를 관직에 오를 사주라 하고, 도화살이 있으면 바람기가 있다고 말하는 점쟁이들이 많다. 그러나 정관을 다른 사람들에 대한 관심과 파워에 대한 욕구로 말하고, 도화를 예술가적 기질로 말하는 이른바 현대식 역리인들도 있다.

서양에는 생일의 별자리로 점을 치는 점성술과 상징적 그림을 이용한 타로 점을 치는 사람들이 많았다. 그러나 타로의 본고장인 유럽이나 미국에서보다 오히려 2000년대 이후에는 한국에서 더 인기가 많은 것 같다. 타로 전문가들이 강남역 부근, 종로, 명동, 홍대나 신촌 등 젊은이들이 모이는 곳에 천막을 치고 저렴한 돈으로 상담을 해 주고 있다. 이른바 사주 카페, 신점 카페 등도 젊은이들이 자주 가는 곳 중 하나다.

재미있는 것은 과학 기술에 가장 많이 노출되고 빨리 받아들이는 젊은 세대들에게 기성세대 못지않은 샤머니즘에 대한 호기심이 있다는 점이다.

얼핏 생각하기엔 무식하고 돈 없는 이들이 점을 더 좋아할 것 같지만 실제로는 오히려 지위가 높고 경제력도 있는 이들이 무속에 더 의지하는 듯하다. 가진 게 많으면 점칠 것도 많은 모양이다. 사실인지 모르지만 선거 때가 되면 무속인 집 문턱이 닳는다는 말들을 한다. 일간지와 잡지들마저 무속인들의 예언에 지면을 크게 할애한다. 내로라하는 기업가들 중에는 점쟁이들을 일종의 컨설턴트처럼 데리고 다니면서 크고 작은 결정을 할 때 그들의 말을 따르는 이들도 있다. 물론 그 예언들이 맞을 때도 있겠지만, 그들의 말을 따르다가 돈을 횡령당하기도 하고 엉뚱한 투자를 해 큰 낭패를 보는 경우도 많다. 또한 무속인의 협박에 크고 작은 돈을 갈취당하는 이들도 적지 않다.

융 심리학과 점술의 공통적 메시지

원시시대는 점과 의술을 하는 무당(shaman)이 부족의 리더였고, 고려 이전까지만 해도 무속의 축제 전통에 대한 억압이 심하지 않았다. 연등회나 팔관회라는 불교 행사 중에는 무당이 천신, 용신, 산신, 하천신 등에게 제물을 바치기도 했다. 조선시대에는 유교가 국교로 되면서 무당들을 내쫓기 시작했다. 또한 이런저런 잡신을 섬기며 망령스러운 행동을 하는 것을 경계했다. 그러나 엄격한 유교적 체제가 공고했던 조선시대조차 아녀자들의 무속에 대해서는 눈감아 주었다. 무포세라는 제도를 만들어 공식적으로 무당들에게 세금을 내게 했으니, 한편으로는 국가의 인정을 받았다고 할 수도 있다.

융 심리학으로 보면 무속인은 네 개의 성격 유형, 즉 사고형, 감각형, 감정형, 직관형 중 특히 직관력이 강한 쪽이라고 할 수 있다. 쉽게 말해 '척 보면 안다'고 생각하는 사람들이다. 실상 오랜 기간 많은 사람을 상대하다 보면, 말씨·옷매무새·목소리·장신구·눈빛 등으로 상대방의 과거를 맞히는 경우도 있다. 정신과 의사들 중에도 오랫동안 환자와 보호자들을 상대하다 보면 들어오는 순간 환자의 병명과 살아온 과정이 대충 느껴진다는 이들이 적지 않다.

무속인들도 마치 정신과 의사들처럼 상담을 오래 하면 비슷한 경험이 쌓일 수 있다. 게다가 그 말이 어떤 영향을 주는지와 상관없이 일단 가려운 데를 콕콕 긁어 주어 속을 시원하게 해 주는 카타르시스 효과를 느끼게 하는 무속인들도 없지 않다. 예컨대 며느리가 찾아가면 시어머니와 시댁 식구들과 남편이 떨어져야 남편이 건강하고 사업도 잘된다고 말한다. 반대로 시어머니가 찾아가면, 며느리 때문에 아들 일이 잘 풀리지 않는다고 말한다. 시어머니와 며느리에 대한 이야기를 할 때 찾아온 이들의 표정, 목소리, 손짓의 변화만 관찰해도 그들이 어떤 감정을 갖고 있는지 어렵지 않게 파악할 수 있다.

독심술도 사실은 이런 관찰력과 대화의 기술인 경우가 많다. 때문에 무속인들이 자신의 사욕을 위해 찾아온 손님들에게 겁을 주어 돈을 뜯기도 한다. 이쯤 되면 무속은 민속이나 종교가 아닌 일종의 사기극이 된다. 이른바 큰무당들 중에는 굿을 하거나 점을 쳐 주긴 하지만, 비교적 마음을 비우는 이들도 있다. 비교적 투명하게 행동하기 때문에 무속을 믿지 않는 사람들의 눈으로 보아도 절대로 추악해 보이지 않는다.

융은 무속인들이나 관심을 가질 법한 초자연적인 현상들에 대한 글도 거리낌 없이 썼다. 그중에서도 유명한 동시성 이론(synchronicity)은 종종 오해를 받기도 한다. 융은 동시성 이론을 이야기하면서 서로 상관없어 보이는 일들이 우연히 같이 일어나는데, 나중에 보니 그것이 서로 의미 있게 연관되더라 하는 경험들에 주목한다.

예를 들면, 치료자가 어떤 개인적인 문제로 고민하고 있는데, 자신과 비슷한 문제를 갖고 있는 환자들이 자꾸 찾아올 때가 있다. 얼핏 우연이라고 넘길 수도 있고, 자신이 특정 사안에 대해 고민하고 있으니까 그런 문제가 더 부각된다고 볼 수도 있다. 그러나 원인이 어떻든 간에 일단 특정한 갈등 사항을 풀어 나가야 하는 수행 과제가 바로 그 시간에 주어졌다고 파악하면 더 솔직하고 직접적으로 문제를 대면하는 데 도움이 되기도 한다.

점을 치는 마음이나 행동도 그렇다. 점복을 구체적으로 믿고 우왕좌왕하는 것은 문제지만, 미래를 상상해 보고 지금 상황을 어떤 방식으로 풀어 나갈지 고민하는 미래 지향적 사고방식 자체가 모두 나쁜 것은 아니다.

모든 종교는 통한다

꼭 특정 종교를 믿지 않더라도 불안한 미래를 한정된 자기의 이성과 개인적 능력에만 기댈 것이 아니라 유일신이나 도(道), 우주의 원리와 조응하면서 보다 의식을 확장시켜 보려는 의도로 여긴다면, 그것 또한 종교성일 수 있다.

종교성(religiosity)을 유일신을 믿는 기독교적 서양 종교관으로 국한하면 사실상 불교, 유교나 샤머니즘은 종교가 아니라고 생각할 수 있다. 그러나 좀 더 넓게 보면, 무속도 일종의 종교다. 죽음과 삶의 근본에 대해 생각하고, 초자연적인 사건들에 대한 관심을 보이면서, 굿이라는 일종의 의식도 전통이 되어 내려왔기 때문이다.

종교적 태도와 종교적 활동 영역으로 나눠 생각해 볼 수 있다. 종교적 태도는 세속에서 느끼는 자신의 한계를 극복하는 피안의 영역을 지향하는 마음을 말한다. 기독교의 영성 훈련이나 기도, 불교의 독경이나 참선은 종교적 태도를 갈고닦는 훌륭한 방식이다. 종교적 활동은 교회와 절을 열심히 다니거나 종교 단체의 이름으로 자선 활동을 하는 것을 말한다. 그러나 너무 세속적인 활동에만 에너지를 쓰면, 진정한 종교심을 잃어버린 채 종교가 계산적이고 현실적인 도구로 변질될 수도 있다.

한국 사회는 종교 간 갈등이 비교적 적은 편이다. 오래된 사찰이나 성당에 방화를 하는 광신도들도 있지만, 대부분의 종교인은 타 종교에 관대한 편이다. 따지고 보면 샤머니즘과 원불교, 증산교, 천도교 등을 제외하고는 불교, 유교, 기독교, 이슬람교 모두 외래 종교다. 한국의 문화와 전통은 외래 종교를 받아들이면서 보다 성숙하고 풍요로워졌다. 이웃을 사랑하고 자비심을 갖자는 점에서는 거의 모든 종교가 유사하다니 받아들이지 못할 것도 없다.

　　분석심리학자들은 관세음보살, 마리아, 예수, 마호메트, 부처 등 종교적 인물상에서 신성성을 지향하는 우리 마음의 공통적인 종교적 원형에 주목해 왔다. 마음을 열면 성경에서 불경이, 불경에서 성경이 읽히고, 절에 가건 교회에 가건 탐욕과 비루함이 가득한 인류를 사랑하셨던 부처님과 예수님의 고결한 가르침에 저절로 고개가 숙여질 것이다. '예수쟁이'니, '머리를 민 자'들이니 하는 비속한 언사로 타 종교를 헐뜯고 분열을 조장한다면, 그야말로 악귀나 사탄의 유혹에 넘어가는 것이다.

마음이 불안할수록 무의식에 귀 기울여라

인간이 짐승과 다른 점은 시간이라는 개념을 갖고 죽음을 포함한 미래를 상상하고 추론하며 계획하는 것이다. 현재가 힘들 때 보다 나은 미래를 기다리면 현재를 견디는 힘이 생긴다. 특히 현실이 고통스러울 때 자연스럽게 종교에 귀의해 저승에 대해 생각하는 것도 이런 까닭이다. 종교는 죽음과 탄생 등 인간의 의식이 닿지 않는 부분에 대한 설명을 한다. 과학과 이성의 힘으로 참과 거짓을 따질 수도 있겠지만, 정신과 의사의 입장에서는 주관적으로 각자에게 이런 종교심이 어떤 영향을 주는지 먼저 생각해 보게 된다. 만약 종교가 이성으로는 이해하지 못하는 불행과 고통에 과연 어떤 의미가 있는지 깊이 생각하게 하고 자신의 좌절을 견디게 한다면, 긍정적으로 작용한 것이다.

　　그러나 단정적인 점괘에 따라 일종의 최면 상태가 되어 불행 앞에서 자포자기하거나 미래에 대한 비현실적인 망상에 빠진다면, 이는 종교가 부정적으로 작용한 것이다. 타락한 선무당들의 굿을 연상시키는 일부 이단적이고 괴상한 안수 기도, 부흥회, 천도제 등이 아주 사라진 것이 아니고, 종교라는 이름으로 타인을 비방하거나 해코지하는 안타까운 경우도 적지 않다. 이런 종교인들은 종교인이 아니라 사기꾼이나 선동가일 뿐이다.

무속인의 무책임한 예언들, 빙의니 퇴마사니 하면서 사이비 치료를 하는 모습을 여과 없이 보여 주는 케이블 방송 때문에 정신이 피폐해져 정신과 의사를 찾아오는 이들도 있다. 정권이 바뀔 때마다 무속인들의 예언을 크게 싣는 신문, 잡지도 이런 태도와 크게 차이가 없다.

무속에 기대는 대신 《주역》이라도 제대로 읽었다면, 세상에는 운 좋은 일도 운 나쁜 일도 없다는 결론을 내릴 것이다. 《주역》의 핵심 철학은 지금 승승장구하며 잘나간다 할지라도 그만큼 떨어질 가능성이 많다는 점을 잊지 말라는 것이고, 지금 바닥에서 헤매고 있다면 앞으로 올라갈 일만 남은 것이니 희망을 놓지 말라는 것이다. 성공했다고 자만하지도 말고 운이 좋지 않다고 함부로 자포자기하지도 말라는 얘기다. 마음이 불안하고 허랑해질수록 자신의 무의식이 보내는 메시지를 잘 들어 보라는 분석심리학의 메시지와 《주역》의 기본 철학은 이렇게 일맥상통하는 점이 많다.

귀신,
마음속 불안이
튀어나오다

분석심리학자 폰 프란츠와 아닐라 야페는 죽기 직전의 환자들로부터 다양한 꿈을 모으는 작업을 했다. 그런데 흥미롭게도 일정한 패턴이 있다는 것을 발견했다. 새집으로 이사 가거나, 다리를 건너 다른 쪽 세상으로 옮겨 가거나, 창문 안에 있는 초는 꺼지고 바깥의 초는 켜지는 등 어딘가 다른 세상으로 건너간다는 모티브가 반복되었다. 이미 돌아가신 분들을 만나 손을 잡고 그들이 인도하는 어딘가로 여행을 떠나는 주제, 새로운 여행을 시작하느라 옷을 갈아입는 주제 등도 등장했다.

뇌 손상으로 의식이 나빠지면서 일종의 환각을 경험하는 섬망(delirium) 상태와 비슷한 임사 체험(near death experience) 중에 죽은 사람을 만났다는 이들도 있다. 실제로 뇌의 변연계와 두정부 등 어느 부위를 자극하면 환청과 환시가 일어나기 때문에, 귀신과의 만남을 뇌의 병이라 단순하게 말할 수도 있을 것이다.

그러나 예수님을 제외하고는 그 누구도 오랫동안 죽었다 부활한 적이 없었으니 과연 죽은 다음에는 어떤 세계가 열리고, 귀신이 우리 주변을 맴도는지 여부를 구체적이고 과학적인 방법으로 확인할 방법은 없다. 다만 확실한 것은, 귀신과 사후 세계에 대한 관심은 인류가 죽음을 의식한 이후 시공간에 상관없이 공통적으로 존재하는 마음의 원형과 연결되어 있다는 것이다.

귀신의 모습도 시공간을 초월해 공통적인 면이 많다. 머리가 길고, 얼굴이 하얗고, 눈·코·입이 확실하지 않으며, 때론 피를 흘리고, 뿔이 있으며, 하늘과 물을 마음대로 날아다니는 이미지다. 이는 의식의 틀에 갇혀 정제되고 다듬어진 자아상의 대극에 있는 모습이다. 혼란스럽고, 자유스럽고, 때론 아프고, 때론 답답하리만큼 자기표현을 못해 현실에 살아 있는 존재들과 소통하기 위해 애쓴다.

무당은 우리나라에만 있는 것이 아니다. 모잠비크에는 내전으로 죽은 군인 귀신인 감바(gamba)와 대화하는 무당들이 있고, 마다가스카르 근처 마요트(Mayotte) 섬에는 인구의 4분의 1이 영매가 되어 황홀경(trance)을 경험했다고 한다. 로아(Loa)라는 신을 믿는 아이티의 부두(Vodoo)교, 인도네시아 발리의 산항(Sanhyang) 의식 등 지구 상에는 귀신과 대화하는 무당이나 일반인이 무수히 많다.

곳곳에 존재하는 우리 전통 귀신

우리나라는 20세기 초반까지 땅의 신인 터주에게 뒤뜰이나 장독 놓아둔 곳에서 제사를 지냈다. 뾰족한 짚 모양으로 터주 귀신을 형상화한 터주가

리도 집집마다 있었다. 어떤 지역에서 자기 자리를 공고히 한 채 텃세를 부리는 사람을 '터줏대감'이라 일컫는 것도 이런 풍속에서 기원한다. 또 마당에 있는 땅의 신 지신(地神) 또는 땅의 어머니 지모(地母)에게는 음력 초하루와 열닷새에 술과 떡으로 고사를 지냈다. 땅의 신을 어머니로 본 것은 우리나라뿐이 아니다. 그리스 신화의 데메테르(Demeter), 힌두교의 프라크리티(Prakriti)도 땅이자 어머니의 신이었다.

한편 부뚜막에는 조왕신(竈王神), 우물에는 용신(龍神), 화장실에는 측신(廁神) 또는 부칠각시가 있다고 믿었다. 조왕의 조(竈)는 부엌이라는 뜻인데, 거북 등껍데기같이 생긴 솥이 흙으로 만든 구멍, 즉 아궁이에 놓인 모습을 형상화한 것이다. 용신은 문자 그대로 모든 물을 다스리는 존재는 용이라고 생각했기 때문에, 작지만 우물 속에도 용신이 있다고 믿었다. 심지어 화장실에도 귀신이 있다고 생각해, 어린아이들은 깜깜한 밤에 화장실에 가려면 어른들을 조르기도 했다.

또한 돈을 관장하는 족제비 형상의 재복신(財福神)도 있었고, 성주라는 가옥신, 즉 집의 신도 따로 있었다. 성주에게는 조상들의 위패를 놓고 제사 지내면서 대들보에 명태, 쌀 봉지를 묶어 두기도 했다. 〈성주풀이〉 또는 〈성주본가〉라는 무가에 등장하는 신이다. 한국의 신화에서 성주는 천하궁을 만들었던 대목수였고, 성주의 부인은 누에 치는 일을 했다고 구전에 전한다. 문에도 신이 있어서 문신(門神)인 수문장을 위해 종이를 늘어뜨렸고, 안방에는 자손을 수호하는 제석신과 칠성신에게 제사 지내는 밥상을 마련해 놓기도 했다. ◆

20세기 초반 선교사들과 과학주의자들이 이를 미신이라 몰아붙였고,

또 일일이 전통을 지키고 만들어 나가는 일 자체가 번거롭고 무의미하다고 여겨서 그런지, 현재는 거의 사라지고 없는 풍속이다. 김동리의 소설 〈무녀도〉에는 어머니에게 마귀가 붙었다고 믿는 아들과 이른바 예수 귀신이 붙은 아들을 죽인 후, 물속 용신에게 바친다며 자살하는 무당 어머니가 등장해 한국의 상황을 상징적으로 보여 준다.

귀신, 자기 마음이 외부로 투사된 존재

수많은 신, 이른바 만신을 믿는 과거의 샤머니즘은 분명 사라진 것 같은데, 다른 방식으로 각종 신을 믿거나 섬기는 이들은 여전히 존재한다. 예컨대, 기독교나 불교, 유교도 샤머니즘적 방식으로 믿는 사람들이 많다. 하느님이나 부처님을 믿고 섬기면 즉시 복을 받아 부자가 된다는 기복 신앙이나 죽은 다음에 초상을 잘 치르고 좋은 땅에 묻으면 자손대대로 부귀영화를 누린다는 식으로 유교를 믿는 것이다. 고통을 참고 참 자기를 깨달아 절대자의 존재와 좀 더 닮아 가라는 본래 고등 종교의 정신과는 많이 다르다. 목사나 스님 같은 종교 지도자들 중에 마치 무당처럼 귀신과 대화하고, 귀신의 넋을 위로해 주고, 심지어 치병 행위까지 거침없이 하겠다는 무당 비슷한 이들도 있다. 이는 한국의 샤머니즘이 고등 종교에 영향을 주어 완전히 다른 형태의 무속 문화를 만든 것이라 할 수 있다. 개화기에서 현대로 넘어오는 한국의 풍속이 담긴 최명희의 대하소설 《혼불》에는 초상

◆ 조흥윤의 《무: 한국무의 역사와 현상》(민족사, 1997), 아키바 다카시의 《춤추는 무당과 춤추지 않는 무당》(한울, 2000), 김태곤의 《무속과 영의 세계》(한울, 2009)를 참조하라.

을 치른 초가지붕으로 혼령이 빠져나가는 장면이 나온다. 사람이 죽으면 혼에서 불이 나온다고 믿는 것인데, 요즘에는 귀신이 사진에 찍혔다, 비디오에 등장한다고 믿는 이들이 많다. 형태만 달라졌을 뿐 귀신이 가시화되었다는 점에서는 유사하다.

물론 정신적으로 문제가 있는 사람 중에 귀신과 대화하는 이들이 적지 않지만, 일반인들이 혼령을 만났다고 해서 꼭 비정상이라고 단정 지을 수는 없다. 귀신의 존재는 일종의 자기 암시적 상태에서 남들이 보면 같이 보이기도 하고, 자신의 마음이 외부로 투사되어 구체화되기도 한다. 특히 아직 꿈과 현실을 잘 구별하지 못하고, 자신의 생각과 현실을 확실하게 분리하지 못하는 어린아이들은 여러 가지 방식으로 귀신을 보기도 한다. 심리적으로 보면, 귀신이나 도깨비는 어머니나 아버지의 무서운 모습이 투영된 것일 수 있다. 실제로 무섭고 일관적이지 못한 부모님 밑에서 건강하지 않은 양육 방식으로 자라는 어린아이들의 경우 귀신이나 도깨비가 등장하는 악몽을 많이 꾼다.

과학 기술 시대에도 귀신이 사라지지 않는 이유

요즘 할리우드 등 서양 문화의 영향 때문인지, 젊은이들은 한국의 전통 귀신에 대해서는 별로 관심이 없고 서양 귀신을 기념하는 핼러윈에만 요란하게 파티를 한다. 그리스도교 축제인 밸런타인데이가 초콜릿 파는 날로 변질된 것과 비슷하다.

본래 핼러윈데이란 켈트족의 민속 축제인 삼하인(Samhain)과 기독교의 여러 성인을 기념하는 것이 합쳐진 것이다. 고대 아일랜드 등에서 10월 31일은 죽은 조상들을 추모하고 풍요로운 소출을 기원하는 새해 전야제였다. 미국의 아일랜드 이민자들이 대기근 동안 음식을 구걸했던 것을 기념하기 위해 아이들이 사탕을 받아 오는 이른바 '잘 대해 주지 않으면 마술을 걸겠어요(trick or treat)'라는 풍속도 더해졌다.

우리에게도 제사를 지내고 나면 거지 귀신, 즉 걸신을 위해 소량의 음식을 바깥에 던지거나 내놓는 풍속이 있었다. 서양의 모방이 아닌, 우리 것이 녹아 있는 창조적 '한류'를 기대하는 마음 때문인지 상술 섞인 얼치기 외래 풍속이 반갑지만은 않다. 또 한편으로 한국의 전통 귀신은 미신이라고 몰아붙여 다 없애 버리고, 서양의 전통 귀신은 신기하고 세련된 것으로 여겨 모방하는 요즘 분위기 역시 자존심 상하는 일이다.

한편으로, 귀신에 대한 관심이 많다는 것은 그만큼 현실에서 사람들이 너무 물질에만 관심을 두기 때문이라는 설명도 가능하다. 즉 보이지 않는 고귀한 정신이 담긴 머리와 뜨거운 피가 흐르는 가슴에는 무관심한 채, 손발이 편안하고 외모가 멋지고 외관이 화려한 것에만 모든 에너지를 쏟다 보니 존재의 중심에 있는 영혼에 대해서는 무심해진 상황의 보상 작용으로 귀신과 점복에 매달리는 것이다.

건강한 영혼에 대해 무관심하다 보면, 우리의 혼이 깊은 무의식 속으로 가라앉아 그냥 소멸해 버리는 것처럼 보인다. 그러나 무의식 속에 숨어 있어 우리가 돌보지 못해 숨죽이고 있던 영혼은 질병이나 사고 또는 정신적인 큰 스트레스 상태에서 불쑥 귀신의 형태로 튀어나올 수 있다. 즉 상처받은 영혼이 귀신의 모습으로 변해 우리의 의식을 위협하는 것이다.◆ 엄청난 기술 발전을 누리고 사는 요즘에도 비몽사몽간에 죽은 사람을 만나 대화를 나누거나 길가, 지하 작업실, 골방 등에서 귀신을 봤다는 이른바 괴담들이 적지 않은 이유다. 예전에는 옛날이야기 형태로 각종 무서운 이야기들이 전해졌다면, 요즘에는 인터넷이나 SNS를 통해 각종 기담들이 확대 재생산되고 있다. 단순히 귀신의 존재 여부에 대한 관심에서 그치지 말고, 왜 하필이면 우리가 귀신을 만나게 되는지 짚어 볼 필요가 있다.

특히 모든 사람의 의식과 무의식에는 죽은 뒤에도 자신의 자아가 소멸되지 않고, 새로운 세상으로 여행할 수 있으면 좋겠다는 소망이 있다. 우리가 아무리 죽음과 저세상에 대해 무심한 척하며, "신은 없다, 죽으면 다 끝이다"라고 호기롭게 말하지만, 실제로 죽음에 대한 공포가 없고, '왜 세상에 태어나고 죽어야 하는지' 알고 싶지 않는 사람이 어디 있겠는가. 또한 죽은 다음에 자신의 존재가 영원히 소멸된다는 점에 한 번이라도 공포를 느끼지 않은 사람이 몇 명이나 되겠는가. 귀신과의 만남은 단순히 흥밋거리 이야기를 만들어 내기 위한 에피소드가 아니라, 우리가 소홀히 했던 영혼이라는 존재가 우리에게 무언가 중요한 메시지를 보내는 것은 아닌지 물어야 옳은 일이다.

공포물, 귀신과의 또 다른 만남

죽음에 대한 공포 극복이 힘든 만큼, 사람들은 그 극복을 이야기로 풀어

◆ 이부영의 《한국 민담의 심층분석》(집문당, 1995)과 《한국의 샤머니즘과 분석심리학》(한길사, 2012)을 참조하라.

나가려 한다. 이야기는 감정을 한 단계 승화시킨다. 상징의 힘이다.

공포는 분명 유쾌하거나 행복한 감정이 아닌데, 사람들이 공포물에 열광하는 것도 이런 마음의 역동 때문이다. 공포물을 보는 취향을 어린 시절의 억압된 공포를 재체험하는 일종의 카타르시스라고만 볼 수는 없을 것 같다. 기계적으로 괴물을 처치하는 단순한 역할 게임(role playing game), 번지 점프할 때의 짜릿한 모습, 맹수 앞에서의 본능적 공포보다는 좀 더 복잡한 플롯이 있기 때문이다.

우선 공포물은 대부분 철없는 젊은이들의 섹스, 마약이나 술 파티, 또는 앞으로 닥칠 위험은 모르고 생각 없이 지내는 순진한 사람들의 모습으로 시작한다. 부모나 교사 또는 조직에 대한 불만, 강자와 약자 간의 갈등이 조금 섞일 때도 있다. 다만 앞으로 닥칠 끔찍한 상황을 알지 못하니, 지능이나 돈 버는 능력과는 상관없이 순수한 상태로 묘사된다.

공포를 유발하는 캐릭터들도 몇 가지로 대별할 수 있다. 뱀파이어나 구미호처럼 성적 매력으로 가득하지만 상대의 원기를 빨아먹는 유형, 좀비나 흉측한 외모를 갖고 피해자의 몸을 무차별적으로 훼손하는 유형이 있다. 외계인이나 안개 속의 괴물처럼 공포를 유발하는 가해자가 누군지 도대체 알 수 없는 경우도 있다. 마치 고전 영화 〈로즈마리의 아이〉에서처럼 이웃집의 친근한 부부나, 교사 또는 코치가 공포 유발자이기도 하다.

극심한 공포 상황을 견디면서 이들의 정체가 밝혀지고 완전히 제거되면, 그동안 철없고 약한, 또는 이유 없이 반항적인 주인공들이 대개 성숙하고 강한 인물로 변신한다. 이렇게 줄거리를 요약해 보면 공포물도 무서운 용을 물리치는 기사들의 성장담과 비슷한 일종의 영웅 신화임을 알 수 있다. 오래된 민담이나 신화에 비슷한 얘기들은 많다. 손 없는 처녀, 룸펠슈틸츠킨(Rumpelstiltskin), 지네장터, 천년 묵은 여우, 청도깨비 이야기들은 동화로 읽히지만 사실 끔찍한 호러 영화 그 자체다. 중국의 오래된 책 《산해경》에 등장하는 기굉국의 괴물들이나 오비디우스의 《변신 이야기》에 나오는 메두사, 메디아, 미노타우로스 같은 주인공들 역시 현대물에서 변형되어 재생산된다. 융이 지적한 대로 현대인의 공포심은 원시인들의 근원적인(primordial) 공포와 원형적으로 맞닿아 있다.

나이가 들면 대개는 공포물을 좋아하지 않는다. 이미 삶에서 공포물보다 더한 좌절, 끔찍한 사고와 죽음들을 경험한 탓에 피와 죽음을 보는 것 자체가 싫을 수도 있다. 더 이상 영웅으로 재탄생할 기력도, 필요나 가능성도 없다는 피로감 때문일 수도 있다. 세계적인 불황, 갈수록 벌어지는 빈부 격차에 따른 소외감, 원전 사고나 기름 유출로 인한 환경 오염 같은 진짜 무서운 상황 앞에 속수무책으로 당하는 터라 또 다른 공포심에 노출될 만한 기력이 없다.

1960년대에는 플롯이 아주 단순한 〈월하의 공동묘지〉 같은 공포물이 유행하기도 했지만, 요즘에는 웬만큼 플롯이 세련되지 않으면 사람들이 무서워하지도 않는다. 어쩌면 귀신보다 더 공포스러운 삶의 상황들에 너무 많이 노출된 탓도 있을 것이다.

한국인이 점점 위기에 약해지는 이유

바닷가에 배가 난파되거나 숲 속에서 길을 잃었을 때, 사막이나 추운 산에 홀로 남겨졌을 때 사람들이 죽는 이유는 저체온증이나 탈수 같은 신체 증상 때문이 아니라 공포와 불안으로 삶에 대한 희망을 놓아 버리기 때문이라고 한다. 호랑이 굴에 들어가도 정신만 똑바로 차리면 살 수 있지만, 추레한 살쾡이를 잘못 보고 심장마비로 죽을 수도 있다.

투자를 잘못해 공포와 절망으로 자살했다는 흉흉한 뉴스들이 어느덧 익숙할 만큼 세상이 고단해졌다. 어렵게 모은 돈을 주식이나 펀드 · 부동산으로 날리고 불확실한 미래에 대한 불안 장애가 생기거나, 남에게 투자를 유도했다 실패한 죄책감으로 우울증이 와서 자살 충동을 느끼는 환자들의 상담도 확실히 늘고 있다.

경기가 좋을 때는 쇼핑이나 약물 중독, 외도나 도박으로 인한 가정 파탄, 앞뒤 가리지 않는 사교육과 조기 유학으로 엇나가는 아이들이 큰 이슈가 되고 경기가 나쁘면 실패를 못 견디고 좌절하는 상담이 늘어난다. 현실적 불안감과 걱정 때문에 시도 때도 없이 찾아오는 공황 발작으로 심혈관계 이상을 의심하고 내과나 신경과를 찾거나, 정신 증상은 부정하고 갈등을 다양한 신체 증상으로 표현하는 가면 우울증(masked depression)을 앓는 환자도 가끔 만날 수 있다.

모든 짐승은 위험이 닥치면 재빨리 도망칠 수 있게 심박동과 호흡 횟수가 빨라지며 말초 혈관으로 가는 혈액량은 줄고 머리와 심장으로 피가 몰린다. 전형적인 공황 장애의 형성 기전이다. 또한 생명에 위협이 오는데 음식을 먹거나 잠을 잘 여유가 없으니 소화 기관이나 신경 호르몬 체계도 제대로 작동하지 않아 정신 신체 질환(psycho-somatic disorder), 즉 스트레스와 감정적 원인으로 인한 신체 증상과 불면 등 다양한 심리적 증상도 찾아온다.

정치적·경제적 위기에 닥치면 공포와 불안을 느끼는 것이 당연하다. 불안과 우울감 등의 증상이 오지 않으면, 원시적 수준의 방어 기전인 부정 상태에 빠져 절박한 위험을 외면하는 것은 아닌지 오히려 의심해 봐야 한다.

다만 경험에 입각해 미래를 계획할 줄 모르는 동물과 달리 인간에게는 '시간'이라는 개념이 존재하기 때문에 어떤 고통도 언젠가 끝날 것임을 안다는 점이 다르다. 홍수로 세상이 떠내려갈 것 같아도 언젠가는 날이 개고, 가뭄 끝에는 단비가 내린다는 것을 예측하고 내일을 준비한다는 뜻이다. 흥청망청할 때는 고지식하고 답답한 회의적 시각이, 불황기에는 현실에 근거한 밝고 긍정적인 태도가 꼭 필요하다. 분석심리학에서 말하는 대극의 합일과 불교나 유교에서 강조하는 중용의 도(道)와도 통하는 덕목이다.

수천 년의 전란과 기아에도 생존에 성공한 기억들이 우리 유전자에는 깊이 내장되어 있음에도 불구하고 OECD 국가 중 최고의 자살률을 기록하고 있다. 모두 겪는 난리는 난리가 아니라는 옛말이 있을 정도로 그간의 진짜 난리는 잘 극복해 왔지만, 최근의 어려움들은 오히려 디디고 일어서지 못하는 느낌도 든다. 왜 그럴까?

어려움을 참지 못하는 사람들

교육에서 그 원인을 찾는 사람도 있다. 과거의 부모들은 자녀에게 무엇을 하라고 강요하기보다는 생존하는 법을 배울 수 있게 기회를 주었다. "자기 먹을 것은 타고난다"라는 옛말을 뒤집으면 '자기 먹을 것은 자기가 해결해야 한다' 라는 뜻이 숨어 있다. 일부 양반집 자녀를 제외하고는 농사를 짓건, 배를 타건, 보부상이 되건, 나무꾼이 되건 10대 초반이면 벌써 어른들 못지않은 일꾼이 되었다. 그런 전통의 흔적으로 서양식 자본주의가 도입된 후 20세기 중반까지도 10대 자녀가 공장에서, 공사판에서, 또는 장사를 해서 전체 가족을 먹여 살리는 경우가 비일비재했다.

그러나 이젠 부동산이나 주식 투자, 사업 등으로 돈을 많이 번 부모들이 자녀들의 장례식까지 책임진다는 우스갯말도 있을 정도로 과잉보호하는 경향이 있다. 어려운 일이 있으면 쪼르르 달려가 해결해 줄 부모가 있으니, 강인한 생활력을 갖출 필요가 없는 것이다.

학교도 마찬가지다. 일제 강점기, 특히 2차 세계 대전 중에 중·고등학교를 다닌 이들은 학교에서 공부한 시간보다 노동에 동원된 시간이 더 많았다고 기억한다. 70~80명이 춥고 더운 이른바 콩나물 교실에서 배를 곯으며 공부하는 동안, 학생들은 배움의 질은 떨어졌을지 모르지만 인내하는 삶의 태도를 배울 수 있었다. 또 워낙 경제가 어려웠기 때문에 학교에서건 집에서건 허드렛일은 대부분 학생들이 해야 했다. 자기도 모르게 노동하는 습관을 배운 것이다.

요즘엔 과거에 비해 학교의 환경과 교육 내용이 엄청나게 좋아졌지만, 실제로 학생들에게 직업윤리를 가르쳐 주지는 못하고 있다. 선진국들의 경우엔 인문계 학교라도 목공, 원예, 자동차 운전과 정비, 재봉 등을 많이 가르치는 편이다. 또 핀란드, 스위스 같은 강소국들은 특히 전문학교의 교육 수준과 취업률이 탁월하다. 한국에서처럼 책을 앞에 놓고 이론적으로 배우는 것이 아니라 사회가 어린 학생들에게 직접 몸을 쓰며 일하는 태도를 가르쳐 주는 것이다. 한국에서는 땀을 흘리며 힘들게 노동하는 법을 집에서도 학교에서도 가르치지 않으니, 당연히 어려운 일이 있으면 참지 못하는 것이다.

나 말고 다른 사람은 모두 호강한다는 착각도 한국인들이 점점 위기에 약해지는 이유가 될 것이다. 텔레비전, 잡지, 인터넷 등에서 자주 뜨는 부자들의 일상과 사는 모습을 보면, 사람들은 '나만 빼고 다른 사람은 다 편하고 안락하게 살고 있구나' 하는 의구심을 갖게 된다. 요즘 젊은 사람들 표현을 빌리면 '삼신할머니 랜덤', 즉 삼신할머니가 어떤 여성의 자궁에 자신을 착상시켰느냐에 따라 평생 팔자가 좌우된다는 발상도 하면서, 모든 것을 부모 잘못 만난 탓으로 돌리며 '위화감'의 노예가 되기도 한다.

'곰 같은 한국인'이 필요한 때

이런 식의 사고는 재산이나 교육의 세습이 점점 고착화되어 없는 사람들이 희망을 잃는 사회적 현상의 부작용일 수 있다. 사람들은 희망이 없으면 참고 견디는 힘을 지니지 못한다. 이럴 때 필요한 심상이 단군신화 속 웅녀가 아닐까 싶다.

이상하게도 단군신화의 여주인공 웅녀의 이미지는 단군신화를 제외하고는 고대 유물에 거의 등장하지 않는다. 신화 속 불가사리의 몸통이 곰과 조금 비슷한 정도다. 웅녀의 존재가 곰을 숭배하는 토템 신앙의 흔적이라면 고구려·백제의 고분이나 가야의 암각화에서라도 흔적을 찾을 수 있을 법한데 곰의 탈을 쓴 샤먼의 모습도 우리 유물에는 거의 등장하지 않는다. 다만 북방 아시아 족 가운데 곰을 토템 동물로 숭배하는 현상은 시베리아에 널리 퍼진 고 아시아 족 또는 퉁구스 족, 야쿠트 족, 핀 족과 같은 신 시베리아 족에서 보인다. 시베리아나 홋카이도 지역의 아이누 족이나 캐나다의 인디언 종족 중에도 곰을 숭배하는 부족이 있다.◆ 우리나라의 '곰' 이미지는 그중에서도 '인내'와 '뚝심'을 내포한다. 참고 견디는 만큼 좋은 결과가 있다는 메시지를 수천 년 동안 듣고 살았다는 점에는 이의를 달 수 없을 것이다.

물론 단군신화에 곰과 호랑이가 등장한다고 해서 꼭 우리 조상의 토템 숭배가 그 두 동물에만 국한된다고 할 수는 없을 것이다. 《삼국사기》에 따

◆ 한국문화상징사전 편찬위원회, 《한국문화상징사전》, 동아출판사, p. 190

르면 금와에게 버려진 주몽을 새들이 보호했다 하고, 《삼국유사》의 석탈해 신화에는 까치가 등장한다. 김알지 신화에 등장하는 닭들을 지상과 천상을 잇는 영매로 생각할 수도 있다. 호랑이는 재앙을 쫓는 영물이고 까치는 좋은 소식을 알리는 길조라고 생각해 민간에서 작호도, 호작도라고 불리는 까치와 호랑이를 많이 그린 사실◆을 보면, 호랑이나 닭, 까치와 같은 심성이 우리에게 있을 수도 있다.

실제로 마늘과 쑥만 먹는 힘든 입문식을 견디지 못해 조상이 되지 못한 호랑이는 수렵도, 백호도와 각종 민화에 등장하는 단골 소재다. 혹자는 이를 곰 토템 국가인 맥국이 삼족오를 숭배하는 고구려에 종속되었기 때문이라 하고, 어떤 이는 단군신화 속 '곰'이 실제 곰을 나타내는 것이 아니라 가미·개마·검·고마 등의 단어와 함께 신을 상징하는 것이라고 주장한다. 어떤 민속학자들은 호랑이를 토템으로 숭배하는 부족이 곰을 숭배하는 토템에게 밀렸기 때문에 그런 신화가 만들어졌다고 주장하기도 한다. 만약 곰이 정말 신을 뜻한다면, 마치 야훼라는 단어를 오랫동안 책에 함부로 쓸 수 없었듯이 곰을 그림에 가두어 둘 수 없었을 법도 하다. 신화적 탐색은 그러나 이 책의 목적이 아니니 여기서 그치기로 하자.

융 심리학자들은 곰의 동면이 끝나면 다시 깨어나는 데다 검은 털에 느릿느릿 걷는 모습이 대지의 재생과 부활에 딱 들어맞는 상징이라고 말한다. 위기 상황일수록 '뭔가 보여 주겠다'는 식의 조급함은 오히려 일을 그르칠 수 있다. 그저 곰처럼 추운 겨울을 견디는 인내와 장고가 지금 시점에

◆ 박영수, 《유물 속의 동물 상징 이야기》, 내일아침, p. 293

서는 더 필요한 것 같다.

무엇이든 단시간에 해치워 외국인이 '빨리빨리'라는 말부터 배운다지만, 한국인의 고태적 심성에는 사실 곰 같은 여유와 해학, 그리고 웅숭깊은 인내가 담겨 있었다. 불과 수십 년 된 건물도 재개발이라는 명목으로 부수어 버리고, 넘쳐나는 가전제품의 폐기물로 골치를 썩고 있지만, 원래는 천 년도 넘게 견디는 건축과 도자기 · 인쇄 기술을 자랑하며, 영원을 지향하는 건강하게 느린 민족이었다. 거짓말에 능하고 줄 잘 서는 잔꾀로 재빨리 출세하고 돈도 쉽게 모으는 잘난 이들이 요즘에나 넘쳐나지, 본래 우리 민족이 모두 잔꾀에 능했던 것은 아니란 얘기다. 곰같이 미련하게 자기 길을 가는 진짜 한국인이 더 많이 나오길 바란다.

PART 5

'복(福)' 받을 사람들

그럼에도 불구하고, 한국인이 행복할 수 있는가?

시작은 누구에게나 어렵다

뭔가 새로운 것을 시작할 때 좀처럼 시동이 걸리지 않아 힘든 사람들이 있다. 어렵사리 자리에 앉아도 서랍과 수첩 정리, 메시지 확인, 계획 짜기 등에 시간을 다 보내고 허탈해하기도 한다.

새로운 일을 시작하는 시점 자체도 큰 스트레스 요인이다. 3~4월이 되면 정신과 환자들의 외래 방문이나 입원이 급격하게 증가한다. 환절기라는 생리적 요인도 있지만, 새로운 과정을 하나하나 경험해 가는 것에 정신적 에너지가 많이 요구되기 때문이다.

신학기가 되면 배가 아프다, 머리가 아프다며 등교를 거부하는 아이들도 늘어난다. 신입 사원들도 입사하는 첫 해에 그만두고 싶다는 유혹을 가장 많이 받는다. 회사에 대한 실망도 있지만, '시작' 자체가 주는 스트레스를 감당하지 못하기 때문이다.

위계질서와 집단주의가 강한 한국에서는 특히 처음에 잘못했다가는 두고두고 미운 털이 박힐까 봐 내부의 권력 관계를 파악하느라 에너지가 과도하게 필요하다. 정당하게 실력을 쌓아 가기보다 줄을 잘 서야 출세하고 인정도 받는다는 생각이 팽배해 남의 눈치 살피느라 진빠지는 이들도 있다. 세계에서 가장 오랜 시간 노동하는 우리나라의 생산성이 낮은 이유이기도 하다.

시작에 약한 사람들을 자세히 보면 우선 강박적이고 완벽주의적인 경향을 자주 보인다. 새로움에 대한 불안이 무의식에 잠재해 있어 모든 것이 확실하지 않으면 시작을 못 하는 것이다. 높은 자의식 때문에 남들에게 실수나 어리숙한 모습을 드러내지 않으려다 보니 시작이 힘든 이들도 있다. 자신에 대한 기대치가 높아서 처음의 실수를 스스로 용납하지 않아 그만큼 좌절하기도 한다. 승부에 집착해 불필요한 힘이 들어가면 게임을 망친다. 자존감이 지나치게 저하되어 낯선 이들에게 나쁘게 평가될까 봐 시작하기도 전에 아예 포기하는 경우도 있다.

누구든 '첫 걸음마'는 힘들게 마련이다. "시작이 반이다"라는 말에 공감하는 이가 많다는 것은 그만큼 누구에게나 시작이 어렵다는 뜻이다. 전장에서 상처받지 않고 어떻게 백전노장이 되겠는가. 말이 많은 사람일수록 돌아서면 남의 일을 쉽게 잊어버린다는 집단의 속성을 환기하면서, 남의 평가에 일희일비하지 말라고 주문하고 싶다.

특히 크게 주목받을 일은 아직 담당하지 않는 새내기라는 자신의 상황을 맘껏 활용해 '무명씨'로서의 자유를 즐기고 주변을 잘 관찰해 정보와 실익을 챙기는 것도 좋겠다. 능력보다 지나치게 목표를 높게 잡아 허덕대지 말고 실현 가능한 작은 목표부터 실천하는 습관도 중요하다. 벽돌 하나하나를 차근차근 단단하게 쌓지 않고 어떻게 크고 튼튼한 집이 완성되겠는가. 계획했던 것보다 결과가 나빠도 포기하지 말고, 50퍼센트 정도만 달성해도 성공이라 여기고 계속 나아가는 태도도 필요하다.

낯선 상황일수록 만나는 모든 이가 내 스승이라고 생각하자. 물론 스승 중에는 제자를 골탕 먹이는 이가 꼭 있지만, 맷집은 맞을수록 더 단단해진다. 누군가 내 행동을 지적할 때 자존심부터 세우지 말고 그들로부터 배울 점을 적극적으로 알아내는 것이 결국 내게 이익이다. 겸손한 태도로 자기 말을 경청해 주는 이를 적으로 삼는 사람은 없다.

익숙했던 과거와 낯선 현재를 비교하거나 비현실적인 장밋빛 미래만 막연히 꿈꾸는 것도 현실 적응에 방해가 된다. '예전에는 좋았는데'와 같은 퇴영적 향수나 '앞으로는 다 좋아질 거야'와 같은 몽상 대신 '지금, 이 자리, 내게 주어진 일'에 집중하고 몰입하는 것은 단순한 생존 전략을 넘어 자기실현을 위한 중요한 수행 과제 중 하나다.

우리 사회 역시 변화하려면 힘들게 시작의 과정을 견뎌야 한다. 순진한 낙관주의나 고집스러운 복고가 아니라 아주 작은 변화도 소중하게 생각하고 실천하면, 한 땀 한 땀이 모여 큰 변화를 가져올 수 있다. 개인이 변하면 사회도 변한다는 뜻이다. 반대로 사회 탓만 하고 시작하지 않으면 다 함께 망할 수 있다.

잘 노는 것도
치유다

인류가 계속되는 한, 어느 문화에서건 사람들에게는 울음과 웃음, 좌절과 환희, 슬픔과 기쁨이 모두 필요하다. 사람의 감정은 본래 양극단이 하나로 연결되어 있다. 즉 고독함을 느껴 보지 않은 사람은 어울림의 기쁨을 누릴 수 없고, 실패한 경험이 없으면 성공의 짜릿함도 모른다. 그러나 감정의 양극이 너무 심하게 요동치거나 한쪽으로 흐르면 걷잡을 수 없어, 얼이 빠지고 마음에 상처를 받을 수 있다. 이럴 때마다 정신과 의사를 만나 치료를 받을 수도 있지만, 예술이나 축제를 통해 상처받은 혼을 어루만져 줄 수도 있다.

한국과 관련된 고대 문헌에는 영고나 무천 등 우리 고유의 축제에 대한 언급이 많이 나온다. 가무를 매우 좋아한다는 기록도 있다. 조선시대의 악보나 악기들을 보면, 당시 어떤 나라보다 음악이 훨씬 더 발달되었다는 생각도 든다.

노래방도 많고, 모이면 노래를 하거나 춤을 추는 분위기도 재미있다. 우리의 심성에 흐르는 놀이 문화 유전자의 힘이다. 한류 열풍을 단순히 몇 명의 아이돌 스타에 기대 이끌어 나갈 것이 아니라, 우리 전통이 갖고 있는 여러 장점을 깊이 연구하고 적용하면 그야말로 세계 문화의 중심 역할을 할 수도 있을 것이다.

지금 한국은 마치 메디치가 시대의 이탈리아나 20세기 초반의 뉴욕처럼 커다란 문화의 용광로가 들끓는 것 같다. 21세기 한국의 문화, 종교, 예술 등 여러 영역이 동양과 서양, 봉건과 탈현대를 동시다발적으로 만나면서 무언가를 계속 만들어 나가는 역할을 하고 있는 것이다. 어쩌면 우리는 우리 문화에 대해 지금보다 훨씬 더 큰 자부심과 자신감을 가져도 좋을 것 같다.

축제가 된 오디션 프로그램

최근 인기 있는 각종 오디션 프로그램들도 그런 상승 분위기와 관련시켜 생각해 볼 수 있다. 물론 그 와중에 연예인이 되고 싶어 하는 참가자들을 속여 돈을 갈취하는 사람이 나오기도 하고, 마치 모든 사람에게 인생 역전의 기회가 주어진 듯 착각하게 만드는 면도 있지만, 더 이상 아무 꿈도 가질 수 없는 일반인에게 실낱같은 희망을 주는 기능은 분명 하는 것 같다.

비록 성공한 유명인이 되지는 못해도, 반복되는 노동의 일상을 잊고 무대에 올라 스포트라이트를 받아 보는 경험 자체가 활력소가 될 수도 있다. 짧은 순간이지만, 자신을 오롯이 던지고 표현함으로써 지치고 권태로운 일상이 훨씬 견디기 수월해질 수도 있다. 하루 일과가 끝나면 술이나 마시고 취해서 자는 대신 뭔가 예술적 감흥을 즐길 수 있으니, 인생이 훨씬 아름답다.

솔직히 고백하면, 고아원에서 탈출해 거리에서 껌팔이하고 막노동하던 한 젊은이가 오디션 프로그램에 등장해 아름다운 목소리를 들려줄 때 나도 많이 울었다. 훌륭한 젊은이를 거리에 오랫동안 방치한 나 자신이 부끄러웠고, 그럼에도 불구하고 맑은 노랫소리를 들려준 최성봉이라는 사람에게 감사와 존경을 보내고 싶기도 했다. 다른 출연자들도 어려운 현실을 원망만 하지 않고, 열심히 노력해서 자기를 표현하려는 모습들이 참 아름다웠다.

상담자 중에도 가끔 오디션에 참가했었다는 이들이 있다. 무대에 서는 것 자체가 좋았고, 또 비슷한 취미를 갖고 있는 사람과 만나서 즐거웠다고 말한다. 경쟁에 단련된 요새 젊은이답다. 열심히 일하는 시간과 예술적 흥취를 즐길 수 있는 디오니소스적 시간의 균형을 유지하는 것도 삶의 지혜 아닌가.

그 어떤 사회도 불평등과 낙오가 없는 완벽한 유토피아는 될 수 없을 것이다. 다만 상대적으로 기회가 박탈되었다는 서운함 속에 사는 이들에게 희망을 주는 길은 최소한 열려 있어야 한다고 믿는다. 참가자와 시청자가 함께 만들어 나간다는 오디션 프로그램의 형식에 사람들이 열광한다는 점은 의미심장하다. 사람들이 그만큼 공동체의 일원이라는 소속감과 무언가 결정할 수 있다는 기분을 평소에 느끼지 못한다는 얘기도 된다. 노래나 춤뿐 아니라 자신의 다양한 재능을 뽐내고 나누는 자체가 일종의 치유적 축제다.

음악과 춤에서 희망을 보다

음악을 들으면서 뇌신경이 회복되는 현상을 신경학적으로 설명할 수도 있다. 좋은 노래를 들으면 '소름이 돋는다(music chill/goose bump)'는 표현을 흔히 쓴다. 좋은 음악은 뇌로 가는 혈류를 증가시키고, 이 과정에서 말초 신경의 피부가 수축되어 생기는 현상이다. 멜로디는 측두엽을, 가사는 전두엽을, 박자는 두정엽과 소뇌를 주로 자극한다. 불쾌한 소음은 통증을 인지하는 부위인 색대(cingulate gyrus)를 자극한다. 갓난아기들도 불쾌한 소음과 마음을 편하게 해 주는 음악을 구별할 수 있다. 아이들이 반복적으로 자장가를 들으면 편안하게 잠드는 이유다. 음악을 가르치면 주의력과 추상적 사고가 증진되며, 수학과 음악 교육은 상호 보충적으로 작용한다. 음악이 뉴런의 형성과 적응력을 키워 주기 때문이다.

기성세대들은 음악을 들으며 공부하는 아이들을 걱정하지만, 집중이 어려운 경우엔 음악이 책상과 친하게 하는 도구가 될 수도 있다. 음악은 다양한 자극 중에서 어떤 부분을 걸러내 꼭 필요한 곳에 집중시키는 뇌의 기능을 도와주므로 창조성 증진에도 도움이 된다. 아이들에게만 음악이 도움 되는 것은 아니다. 말기 치매 환자들의 경우, 언어를 잊어버려도 음악에 반응하고 노래를 할 수 있다. 전두엽이 소실되어도 변연계와 해마 부위가 끝까지 살아 음악을 기억하기 때문이다. 캘리포니아에 사는 백 살 노인 제인 라이먼은 아직도 피아노 레슨을 해 준다. 예순네 살에 자격증을 따서 시작한 그 일로, 할머니의 얼굴은 생기가 넘친다. 갈등이 있을 때 말 대신 노래로 표현하면 대부분의 싸움은 부드럽게 해결될 것 같기도 하다.

물론 누구에게는 흥겨운 음악과 떠들썩한 축제가 다른 사람에게는 소음이 되는 경우도 적지 않다. 음치만 음악이 괴로운 것이 아니다. 어릴 때 익숙하게 듣던 음악은 무의식에 깊이 자리 잡아 나이가 들어서도 긍정적인 반응을 일으키지만, 특정 음악과 관련해 나쁜 이미지가 떠오른다면 음악은 고문이 되기도 한다. 예컨대 삼청교육대에서 강제로 체조를 시키며 틀어 준 음악은 시간이 흐른 후에도 불쾌감을 불러일으킬 것이다. 트로트를 좋아하는 사람에게 이탈리아 아리아를 강요하는 것은 오만이고 그 반대도 마찬가지다. 분석심리학자 융은 바그너의 오페라에 대해 깊이 있는 언급을 한 반면, 프로이트는 음악 자체를 싫어해 가족들이 집에서 음악 소리를 절대 내지 못했다고 한다. 융은 비합리성을 중요시한 데 반해 프로이트는 리비도 이론에 의한 과학주의에 경도된 것과도 관계있을 것이다.

나도 그렇지만 음악으로 스트레스를 해소하는 이들이 많다. 음악은 건조한 생활과 버석거리는 마음에 물기를 돌게 해 준다. 춤추고 노래하는 순간은 어쩌면 인류가 가장 솔직하고 아름답게 자연과 조응하는 순간일 수 있다. 드보르자크의 〈고요한 숲〉은 나무와 꽃과 새가 드는 진짜 숲의 소리를 꿈꾸며 만들어졌을 것이다. 싸구려 음악과 악다구니하는 소음으로 가득한 도시에서는 꿈꾸지 못하는 도원경의 음악을 나도 한번 꿈꿔 본다.

젊은이들의 아름다운 노래들, 한류로 자리매김된 한국인들의 음악과 춤은 이런저런 한계와 단점에도 불구하고 우리에게 희망을 준다. 빌보드 차트에 올라가고 조회 수가 높아서, 혹은 그들의 토크쇼에 나와서가 아니다. 살상 무기나 사이비 종교를 수출하는 것이 아니라 영혼을 아름답게 하는 '보이지 않는 무엇'을 인류와 나눈 것이기 때문이다.

만일 어느 나라가 한국을 공격한다면 한류에 매료된 외국인들이 그들 편에 서겠는가. 그게 예술의 힘이다. 한국 사회가 참 많이 아프지만, 노래하고 춤추는 젊은이들에게서 아름다운 희망을 봐도 좋을 것이다.

'남들처럼'의 덫에서 벗어나라

체면이나 남의 시선을 중요하게 생각하는 사람들에게 '남들처럼'이라는 말은 일종의 덫으로 작용할 때가 많다. 남의 떡이 더 커 보이고 이웃집 잔디가 더 좋아 보이게 마련이라, 자신이 가지지 못한 것에 대한 불만으로 끝없이 불안해질 수 있기 때문이다. 남에 대한 질투와 선망뿐 아니라, 대세에 속하지 않으면 불이익을 당하거나 본인이 못나 보이지 않나 하는 두려움도 깊다. 정작 원하는 삶은 따로 있는데 남을 의식하면서 가짜 삶을 살면 하루하루가 버겁고 무거워진다.

심리 분석을 하면서 '남들처럼'이라는 허상을 버리고 참된 자신의 모습을 찾도록 도와주려 해도 거부하는 이들이 적지 않다. "남들에게 뒤처지면 어떡하느냐", "남들에게 무시당하면 어쩔 것이냐" 등 '남들처럼'에 대한 집착이 완고하기 때문이다.

물론 엉뚱한 고집을 부리느라, 세상 돌아가는 것을 너무 몰라 끔찍하게 가난해지거나 몰락하는 경우도 있을 수 있다. 그러나 그것이 자신의 주관

과 철학에 따른 선택이라면 부끄러울 것도, 꿀릴 것도 없다. 사실 남 따라
간다고 안락한 삶이 보장되는 것도 아니다. 상투 꼭지를 잡기 때문이다. 주
식 투자, 부동산, 자격증, 유학 열풍 등 선발 주자가 좋은 몫을 다 빼먹은 뒤
들어가서 후회하는 경우도 많다. 특히 창의력을 발휘해야 하는 학자나 예
술가들은 대세를 좇아가다 보면 스스로 아류가 될 뿐 아니라, 쪽박을 차기
도 한다. 누군가를 모방하다 보면 싸구려 이상은 될 수가 없기 때문이다.

대부분의 사람이 자기에게는 특출한 창조적 재능이 있는 것 같지도 않
고, 시대를 앞서는 지혜도 없다고 생각해 다른 길을 과감하게 택하지 못한
다. 주류에서 벗어날 용기가 없는 것이다. 때론 남다른 재능으로 특별히
성공한 것 같은 사람에 대한 질투심으로 그들을 평가절하하기도 한다. 독
특한 삶의 가치를 깎아내려야 상투적 일상을 사는 자신이 덜 한심해 보이
기 때문일까.

그러나 창조적 재능이 반드시 성공을 보장해 주는 것은 아니고, 성공한
사람들이 반드시 굉장히 창조적인 것도 아니다. 오히려 반대인 경우가 더
많다. 당나라의 시인 이백이나 송나라의 시인 소동파는 관직을 박탈당하
고 이른바 '루저'가 되어 귀양 갔을 때 오히려 더 위대한 시를 썼다. 사마
천의 《사기》나 공자의 《논어》도 그들이 관직에 머물렀으면 세상에 나오지
못했을 것이다. 19세기 미국의 위대한 작가 헨리 소로나 에드거 앨런 포
는 실용주의적인 미국 문단에서 인정받지 못하는 아웃사이더였다. 고갱,
고흐, 이중섭, 박수근 같은 화가들도 살아 있을 때는 인정받지 못했다.

우리나라에도 공업고등학교를 중퇴했지만 군수가 된 정갑철 화천 군수
나, 학벌과 상관없이 성공한 김기덕 감독, 통영의 전혁림 화백 같은 비주

류들의 성공이 더 많아져야 한다. '창의성 교육'의 시작은 다른 목소리와 생활관을 가진 아이들도 사회에서 자리 잡을 수 있게 해 주는 데 있다고 생각한다. 남과 다른 이들이 황량한 벌판에서 창조적 에너지를 소진시키지 않도록 좋은 토양을 제공하는 것이 성숙한 집단이 할 일이다. 어느 개그맨 말마따나 '일등만 기억하는 더러운 세상'이 아니라 다양한 시각을 적극 환영하는 따뜻하고 신나는 나라의 창조적 에너지는 비록 작고 초라해도 훨씬 아름답고 빛날 수 있다.

복고도 모방도 창조의 한 부분이다

하루가 다르게 쏟아지는 새로운 것을 한국만큼 빠르게 받아들이고 소화하는 나라가 없다. 복고(retro)니, 키치(kitsch)니, 혼성 모방(pastiche)이니 하는 말들도 많이 쓴다. 복고가 과거를 재해석한 것이라면, 키치는 자신이 B급 아류임을 아예 공표해 버린다. 혼성 모방은 포스트모더니즘의 핵심 기법 중 하나라고 해서, 때로는 표절을 합리화하기도 한다. 복고나 키치는 대개 직접적으로 감성을 건드려 때로 조야해 보이지만, 그 예술적 가치를 인정받을 때도 있다. 혼성 모방 기법을 쓴 책이라고 스스로 말하거나, 주변에서 모방이라고 지적하는 베스트셀러 창작집(?)들도 적지 않다.

물론 아도르노 이전의 고전 미학 관점에서만 보면 둘 다 아주 아름답거나 도덕적이지는 않다. 피카소도 과거의 명화들을 교묘히 모방했다고 공격받은 적이 있다. 잡스는 삼성이 카피캣(copycat)이라 했지만 스티브 잡스가 튜링 등 IT 천재들의 아이디어에 기대지 않고 어떻게 컴퓨터와 스마트폰을 만들었겠는가. 1990년대를 추억하는 드라마 〈응답하라 1997〉이나 영화 〈건축학개론〉이 복고라면, 영화 〈광해, 왕이 된 남자〉는 〈데이브〉와 유사한 면이 있다. 많은 아이돌 가수들의 뮤직비디오에서는 오래된 고전의 흔적이 보인다.

사회 현상을 진화론으로 해석하는 도킨스는 《이기적 유전자》에서 아이디어와 문화 현상이 퍼지는 것을 밈(meme)이라고 칭했다. 예컨대 〈아리랑〉이나 〈강남스타일〉 같은 중독성 있는 노래뿐 아니라 의식주의 모든 산물은 모방되고 과거는 끊임없이 재현된다. 집단 지성의 시대이므로 이런 현상은 더 증폭될 것이다. 스타크래프트, 애니팡, 트위터의 유행도 집단적 모방 때문에 가능하다.

그래서 '저작권'이 자본을 선점한 선진국들의 배타적 태도가 급조한 개념이라는 과격한 의견도 있다. 과거 일본이나 한국이 모방의 천국이 아니었고, 현재 중국이 짝퉁 왕국이 아니라도 돈을 벌 수 있었을까. 문명이 시작하는 시점만 보면, 미국은 서유럽의, 서유럽은 로마의, 로마는 그리스의, 그리스는 이집트의 복고적 아류였다. 그리스도의 이미지에는 이집트의 태양신, 헤르메스, 아폴론, 제우스가 섞여 있고, 마리아와 관세음보살의 이미지 역시 서로 겹친다.

공자님 말씀대로 온고이지신, 즉 하늘 아래 새로운 것은 없다. 포스트모더니즘도 어떤 작가든 홀로 창작하는 것은 아니라고 했다. 따라 하고 싶으면 누군가를 흠모한 헌정(오마주)이라고 솔직하게 밝히면 된다. 예컨대 나는 수십 년 된 옷과 머플러를 복고 패션이라며 자랑스럽게 입고 다닌다. 사람들이 촌스럽다며 뭐라 해도 상관없다. 내가 좋으면 그뿐이다.

특별하지 않아도 괜찮아

문제는 복고와 키치가 싸구려 감상과 억압으로 오염된 파괴적 퇴행 현상을 보일 때다. 김정일은 김일성의, 김일성은 스탈린의, 스탈린은 레닌의, 크메르 루주는 아우슈비츠의 사악한 복제품이다. 특히 문명이 쇠락할 때는 키치적 복제와 감동 없는 상투성만 횡행한다. 아직 우리나라가 그럴 만큼 성숙하지 못해, 복제와 복고에 안주해 창조성이 사위어 버린다면 큰 비극이다. 문화건 정치건 진부함의 함정에 빠지지 말고, 독창적인 미래를 준비해야 지구촌에서 생존할 수 있다.

자신의 창조적 능력이 거의 고갈되어 간다고 느끼면 사람들은 대개 자리나 돈을 탐한다. 공허한 마음을 외적인 조건들로 감추고 싶은 무의식적인 자기방어다. 기성세대들이 회사건 대학이건 사회건, 이른바 파벌과 정치 싸움에 죽을힘을 다하는 것도 결국 자신들이 창조적 천재가 아니라 이류 또는 아류에 불과하다는 절망감 때문일 수 있다. 젊은이들이 어려운 여건에서도 권력욕에서 상대적으로 자유로운 것은 그래도 자신의 삶은 조금 다를 것이라는 희망을 놓지 않기 때문일 것이다. 중년 이후 자신의 삶이 특별하지도 않고 창조적이지도 않다는 생각이 들 때 사람들은 곧잘 우울증에 빠지거나 질투심에 사로잡힌다. 영화 〈아마데우스〉에서 모차르트를 부러워하는 살리에리의 모습이다.

이런 아류 콤플렉스 또는 모방 콤플렉스를 극복하는 가장 좋은 길은 어떤 직업에 종사하건, 세상 사람들의 눈으로 자기 인생을 평가하지 않는 것이다. 세상에는 아인슈타인이나 피카소같이 세속적으로 출세해 잘 알려진 천재들도 있지만 튜링이나 고흐, 이중섭, 최한기처럼 살아 있을 당시에는 인정받지 못하거나 누리지 못한 천재들이 더 많다. 죽고 난 후 이름이 알려진들, 어차피 살아 있을 때 인정받지 못했다는 점에서는 그들이 오히려 범인들보다 더 불행했을 수도 있다. 그리고 이른바 창조적 광기에 사로잡힌 사람들 중에는 작업 도중에 건강한 자아가 붕괴되는 경험을 하기도 한다. 횔덜린이나 니체, 나혜석 같은 사람들이다. 행복한 삶을 지향하면, 오히려 자신의 천재적 재능이 인생의 덫이 될 수도 있는 것이다.

마라톤을 할 때건 공부를 할 때건, 많은 면에서 일등보다 이등이 훨씬 더 마음 편하고 행복할 수도 있다. 누군가에게 쫓기는 기분이 들지 않기 때문이다. 무대 위에 올라간 배우나 가수들은 많은 평론가의 사냥감이 되지만, 무대 아래서 그들을 감상하는 사람들은 좋은 시간을 즐기면 그뿐이다. 만약 내 인생의 목표가 행복이라면, 굳이 자신의 창조적 재능 부족을 한탄할 필요가 없다는 뜻이다. 창조성이라는 것은 내가 만들어 내기보다는 내 몸을 지나가는 신성한 힘일 수 있다. 그래서 예술적 재능은 내 조절 능력을 벗어난 신의 축복이자 저주일 수 있는 것이다.

한 걸음 더 나아가 보면 내 삶 자체가 하나의 위대한 창조물일 수 있다. 나라는 존재가 주변 사람에게 행복을 준다면, 그들에게 나는 다빈치의 〈모나리자〉 이상으로 값진 보물이다.

상처받은
마음의 치유는
내 몫이다

사람 사는 동네에서는 항상 갈등이 있고, 서로 크고 작은 상처를 주게 마련이다. 평생 살면서 누군가에 대한 미움 때문에 힘들어했던 기억 또는 배신 등으로 상대방에게 큰 실망을 했던 경험이 한 번도 없는 이들은 거의 없을 것이다. 별로 가깝지 않은 사람이어서 헤어져도 무방하다면 아예 보지 않으면 되지만, 계속 만나야 하는 가족이나 직장 동료, 가까운 친구일 경우에는 특히 더 괴롭다.

용서하는 것이 마음의 평화를 위해 좋다는 상투적인 조언보다는, 화나고 상처받은 원인부터 분석해야 할 것 같다.

우선 오랫동안 일방적으로 희생하며 살았던 사람들이 그만큼 자신에게 되돌려 주지 않았다고 생각하는 경우다. 주로 부모 자식, 형제, 배우자, 사제지간의 경우처럼 완전히 동등하지 못한 상황에서 한쪽이 많이 희생당했다고 생각하는 이들도 있다. 물론 헌신하고 희생할 때는 꼭 무얼 바라고 하는 것이 아니지만, 사람들의 잠재의식 속에는 이만큼 오랫동안 희생했으니 무언가 돌아오는 것이 있지 않을까 하는 생각이 자리 잡게 된다.

그러나 받는 사람 입장에서는 희생을 요구하지도 않았는데 자기 좋아서 해 놓고 왜 공치사하느냐며 발뺌할 수도 있다. 사실 상대방에게 무엇을 베풀 때는 정말로 상대방이 필요로 하는 것을 주기보다는 자기가 무언가 해 줄 때 기분이 좋아서, 자기 취향대로 해 주는 경향이 있다. 선물을 살 때도 무의식적으로 자신이 원하는 것을 사는 경우가 적지 않다.

따라서 오랫동안 희생했는데 대가는커녕 배신당하고 무시당해 상대방을 용서하기 힘들다면, 그동안 상대방에게 베풀면서 느꼈던 기쁨의 가치에 대해 스스로 환기해 볼 필요가 있다. 예를 들어 자녀를 키울 때 힘들었지만 얼마나 행복했는지를 떠올려 본다면, 자식이 그만큼 되돌려 주지 않아도 별로 화나지 않을 것이다.

다음으로는 상대방이 자신을 속이고 배신했다고 생각하는 경우다. 주로 믿었던 배우자나 친구, 또는 동료가 자신의 뒤통수를 치고 생각지도 못한 일을 벌여서 난감해지는 경우다. 배우자가 불륜을 저지르거나 몰래 돈을 어딘가에 썼을 때, 돈 문제로 친구들이 떠났을 때, 생각지도 못했는데 직장에서 떨려 나거나 왕따가 됐을 때, 화나서 도저히 상대방을 용서하지 못하겠다는 생각이 들 때는 그동안 상대방과 자신이 어떤 방식으로 소통했는지 점검해 볼 필요가 있다. 쌍방에 문제가 있을 때 즉각 서로의 불만 사항을 나누고 그것을 서로 조정하고 개선해 나갔다면, 거짓말을 하거나 배신하지 않았을 수도 있다.

물론 병적이거나 습관적으로 사기를 치고 거짓말을 하는 이들도 있다. 만약 그런 이에게 자신이 속아 넘어가 사기를 당했다면, 자신이 왜 그런

거짓말쟁이에게 넘어갔는지, 혹시 자신에게도 그런 허황된 구석이 없었
는지 점검해 보아야, 다음에 비슷한 일이 벌어지지 않을 것이다.

일단 벌어진 과거의 일은 아무리 머리를 싸매고 걱정해 봐야 소용없으
므로 거기에 너무 집착하지 말고 미래를 대비하는 것이 필요하다. 만약 소
를 잃어버렸다면 왜 내가 미리 외양간을 고치지 않았는지, 또 다른 사람들
이 자신에게 왜 조언을 해 주지 않았는지 후회하고 원망만 할 것이 아니라
새로 소를 사고 외양간을 고쳐야 한다.

다음으로는 상대방에게 병적인 학대를 당하거나 불합리한 일을 당했을
때다. 예컨대 남편이나 아내에게 끊임없이 맞는다면, 계속 함께 살아야 하
는지 근본적으로 다시 생각해 보아야 한다. 서둘러 용서하고 덮는 것이 더
건강하지 못한 선택이 될 수도 있다.

테러, 강도나 강간을 당했을 때도 마찬가지다. 성폭력을 당한 당사자들
이 수치감 등의 이유로 자신의 상처를 그냥 덮는다면 대부분의 경우 진정
한 용서가 될 수 없다. 만약 외국의 침략, 독재 등에 대해서 많은 사람이
그냥 용서하고 살아간다면 계속 박해받고 비인간적인 사회로 갈 것이다.

이럴 때 27년간 수감되었지만 자신을 박해했던 정치인들과 감시하고
무시했던 교도관까지 대통령 취임식에 초청할 정도로 큰 용서를 보여 준
만델라의 조언을 들어 보자.♦ 만델라가 자신을 박해한 아파르트헤이트 정
책을 고수한 백인들을 용서한 가장 큰 이유는 마음의 평화와 정신의 자유
로움 때문이다. 감옥에서 나온 후에도 백인들을 미워하는 데 에너지를 쏟

♦ Mandela, Nelson. (1995), *Long Walk to Freedom: The Autobiography of Nelson Mandela*, Back Bay
   Books Littlem Brown and Company NY.

았다면, 몸은 자유로워졌을지라도 마음은 여전히 감옥 생활을 하게 된다는 점을 현명한 만델라는 알고 있었다.

강요가 아니라 진심으로 나 자신을 힘들게 한 상대를 편안하게 용서하려면, 우선 자신의 자아가 행복하고 건강해야 한다. 원인은 상대방이 제공했을지 모르나, 상처받은 마음의 치유는 내 몫이다. 언뜻 내게 상처를 주었으니 내 아픈 마음을 네가 책임지고 낫게 하라고 주장하고 싶을 것이다. 그러나 현실적으로 그런 이상적인 일은 일어나지 않는다. 절대 결자해지란 없다는 뜻이다. 애당초 그렇게 위로해 줄 수 있는 사람은 상처도 주지 않는다. 그러므로 일단 상처받은 마음을 나 스스로 의기롭게 추스르고 나서, 과거의 상처를 과연 어떻게 보고 다루어야 할지 객관화시키려 노력해야 한다. 상대방이 내게 죄를 뉘우치고 용서를 빌 준비가 되어 있는지, 용서해 줄 만한 가치가 있는 사람인지, 그 사람을 용서해서 내게 어떤 이로움이 있는지 등은 그다음에 냉철하게 하나하나 짚어 볼 수도 있다.

분노와 억울함, 용서는 감정 반응이지만, 그 반응을 해결하는 몫은 많은 부분 이성이다. 감정만 과잉되고 이성이 작동되지 않으면, 상대방이 저지른 잘못에 더해 자기 자신을 더 못 살게 구는 경우도 생긴다. 기왕 이렇게 되었으니 하면서 자포자기하는 것이다. 진정으로 자신을 귀하게 여긴다면, 상대방이 아무리 못된 짓을 해도 그것을 잘 막아 내고 자신을 소중하게 가꾸어야 한다. 용서하는 것은 상대방을 위해서가 아니라, 내 마음속의 독소를 빼고 더 행복한 마음을 유지하기 위한 나만의 작업이다.

이 사회의 누구도 상처받은 나를 단번에 구원해 줄 메시아가 아니라는 사실을 받아들일 때, 사람들은 진짜 어른이 되어 자기 삶의 주인으로 당당하게 선다. 상처로 '눈 먼 아이들'의 사회가 아니라 상처를 극복한 '눈 뜬 어른들'의 사회가 되어야 한다는 뜻이다.

천재보다 가슴 따뜻한 일꾼이 필요하다

스스로 영웅이나 천재처럼 멋지게 살고 싶었지만 그렇게 살지 못하면 자녀라도 그러길 바란다. 자녀를 영재로 키우고 싶어 하는 부모들은 어떻게 하면 내 아이의 지능을 높일까 고민하지만, 지능과 영재성은 차원이 다르다. 독특한 관점과 아이디어, 개성을 발휘할 수 있는 창조적 사고와 행동, 무언가를 시도하는 강한 동기, 시작하면 끝까지 책임지고 마무리하는 추진력, 주변 사람들을 이끌 수 있는 지도력 등 계산하고 영어 단어 외우는 것과 전혀 다른 능력이 진짜 영재의 중요한 조건이다. IQ는 사실 산수, 단어, 상식에 관한 질문을 잘 맞추면 높게 나올 수 있다. 당연히 IQ와 영재성의 상관관계가 꼭 비례하지는 않는다.

영재들 중에는 아인슈타인이나 에디슨, 미국의 화가 앤디 워홀이나 바스키아처럼 학교에 적응하지 못하는 이들이 많다. 수동적이고 획일적인 점수 기계를 양산하는 한국의 교육 환경은 특히 영재들을 제도권 밖으로 내치기도 한다. 영재의 능력을 타고났지만 사교육 시장에 내몰려 아예 의

욕을 놓아 버리는 아이들, 또 억척스러운 매니저 엄마 때문에 스스로 계획을 세우고 인내해서 끝마무리하는 경험을 하지 못해 사회 부적응자로 전락하는 영재들도 많다.

그래도 머리가 좋으면 학교생활은 행복하지 않겠냐고 생각할 수도 있지만, 불행하고 외로운 아이들도 적지 않다. 공부를 잘해야 주변 사람들에게 사랑받는다고 생각해 자랑거리가 되지 못하면 아무도 나를 사랑하지 않을 것이라며 불안과 우울을 호소하는 아이도 있다. 친구뿐 아니라 교사도 영재 학생을 질투해서, 대인 관계에 자신감을 잃는 경우도 있다.

반대로 도덕관념이 없어, 출중한 자신의 능력을 이용해서 상대적으로 약하고 모자란 아이나 이웃을 못살게 구는 영재도 있다. 공부하지 않아도 성적이 잘 나와 열심히 하겠다는 동기가 부족한 무기력한 영재도 있다. 탁월하다는 평가만 받다가 대학교나 사회에 나가 두각을 나타내지 못할 때 자존심에 큰 상처를 받고 완전히 포기하는 경우도 있다. 미리 실패해 보고 좌절도 경험해서 면역력을 키우지 못한 탓이다.

지적인 쪽만 훈련받다 보니 정서적으로나 육체적으로 성장이 멈추어 중도에 주저앉아 버리는 영재도 적지 않다. 훌륭한 영재가 되도록 아이들의 능력을 개발하는 것도 물론 중요하다. 그러나 아이의 잠재력을 알아주는 훌륭한 스승, 감춰진 능력을 자유롭게 발휘하게 해 주는 편안한 부모, 독특한 생각을 포용해 주는 열린 사회 등의 외부 조건이 함께 충족되어야 한다. 전 세계에서 IQ가 가장 높은 한국 사회에서 정말로 탁월한 영재가 많이 나오지 못하는 것은 그런 필수 여건들이 형성되지 않았기 때문이다.

한때 한 명의 천재가 수십만, 수백만 명을 먹여 살린다는 말이 유행한 적이 있다. 그러나 전쟁이나 경제 위기처럼 천재 몇 명이 수천, 수억의 인구를 도탄에 빠뜨리기도 한다. 좀 모자란 범죄자는 주변 몇 명을 괴롭히지만, 똑똑한 범죄자는 사회 전체를 흔들 수도, 망하게 할 수도 있다. 원자폭탄을 발명하는 데 기여한 오펜하이머 등 물리학자와 무수한 공학자들을 생각해 보라. 그들은 결코 악하지 않은 순수한 영재들이었지만, 그들이 만든 원자폭탄에 무수히 많은 사람들이 목숨을 잃었다. 이처럼 인재는 키우기도 어렵지만 제대로 활용하기도 어렵다.

무엇보다도 약자와 소수자에 대한 따뜻한 배려, 정의롭지 못한 일은 거부할 수 있는 양심, 국가와 사회에 대한 소속감을 키워 주는 교육이 선행되어야 한다. 국사, 철학, 노동 윤리, 운동을 통한 팀워크, 동아리 활동에서의 리더십 대신 영어·수학 타령만 한다면, 진짜 인재는 오히려 사장되어 버린다. 한국이 행복하기 위해서는 머리만 좋은 영재보다는 큰 틀에서 사회와 역사를 이해하는 가슴 따뜻한 일꾼이 더 필요하다.

스포트라이트는 깊은 어둠과 함께한다

연예인들의 얼굴을 TV나 신문을 통해 보면서, 때로는 그들이 가족보다 더 가깝다고 착각하는 경향이 있다. 매스컴과 휴대전화 덕에 유명인들의 사생활은 언제든지 쉽게 폭로된다. 그들에 대한 악성 댓글을 남기고 소문 만드는 것을 취미로 삼는 이들도 있다. 제3의 인물에 대한 가십을 나눌 때 두 화자(話者)는 돈독한 공동체 의식도 느낀다. 특별히 서로 얼굴 붉히고 다툴 일 없는 공통의 무언가에 대해 판단도 내리고 때로는 비난하면서 권태로운 일상에 활기를 찾기도 한다.

소설이나 드라마에서 공허한 자신의 삶은 보지 못하고 남의 일에 열심히 나서는 부인들의 이미지다. 꼭 그런 여성이 아니더라도 부조리한 세상을 근본적으로 개선해 나가겠다는 비전도 없고 기회도 없는 보통 사람들은 가십거리를 만나 부정적인 소문을 확대 재생산하면서 상대적인 무력감과 박탈감을 일시적으로 해소하기도 한다.

얼핏 유명인은 막연히 부러움의 대상이 되는 것 같지만, 실제로는 부정적인 면이 더 많이 투사되어 대중과 매스컴이 훨씬 더 가혹하게 난도질하기도 한다. 정치인에게는 오만방자함, 재벌 등 기업가에게는 탐욕, 연예인에게는 사치와 방종이라는 이미지가 덧씌워진다. 소문의 당사자로서는 물론 성가시고 화나는 일이다. 정치인들은 자신들이 경멸의 대상이라고 하소연한다. 경제인은 열심히 일하는데 오해만 받고, 연예인들은 자기들 힘든 것 몰라준다고 서운해한다. 겉모습은 화려하니 일반인이 그 속사정을 어찌 알겠는가.

사실, 리더로 성장할수록 주변에서 쓴소리를 해 주는 사람이 점점 사라진다. 나의 생사를 좌우하는 강자에게 바른말을 하는 강심장을 가진 사람은 많지 않다. 자연히 성공한 사람은 자아가 고양되어 죄의식이나 남에 대한 배려도 줄어들 수 있다. 선민의식으로 사람 가려 사귄다면서, 정작 속내는 허접한 이들과 폐쇄적으로 어울려 엉뚱한 짓을 하기도 한다. 생각이 비슷한 이들은 서로 검증을 해 주지 못한다. 실제로 자리가 높고 돈이 많아질수록 스트레스는 더욱 심해지고, 다양한 사람을 만날 여유도 없다. 스케줄이 바빠지고 책임져야 할 이들도 늘어난 탓이다. 그러면 겉은 부산하나 내부는 점점 더 공허해진다.

그 간극으로 인한 자기 소외를 못 견디고 이상한 방법으로 긴장을 풀려는 경향도 생긴다. 사회의 기대치는 높아지는데 오히려 더 취약하고 병든 이들도 많다. 술, 도박, 엉뚱한 투자, 성적 탐닉에 빠지는 경우도 있다. 유명인이나 지도자들의 공허한 실상이 드러나면 본인뿐 아니라 주변까지 충격으로 혼란스러워진다. 여자나 돈 때문에 주변 사람들을 실망시키는 이들 중에는 의외의 인물들이 꽤 있다.

성공한 사람에게 보내는 환호에는 임계치가 있다. 갈채는 언제든 야유가 되고, 관심은 결국 망각으로 변한다. 사람들은 유명세와 명성이 주는 화려함만 주목하고 그 뒷면과 이후의 어둠은 주목하지 않는다. 가짜 자기에 사로잡혀 세상 무서운 줄 모를 때는 진짜 자기와 만나지 못한다. 남이 부추기는 화려한 가면이 아니라, 진짜 자기(Self)를 찾을 수 있는 기회라는 점에서 추락과 고독은 큰 축복일 수도 있다. 정말 소중한 가족과 자신을 위한 시간 없이, 화려한 스포트라이트에만 집착한다면 정신 바짝 차려야 한다. 돈과 허명만 좇는 무뢰배들과 어울리다가는 인생을 허무하게 마칠 수도 있다.

또한 대중도 일단 유명해지면 삐딱하게 보고, 흠잡고 깎아내리는 일을 자제해야 한다. 한 사람의 인재를 키우려면 그에 필요한 많은 투자가 뒤따라야 한다. 그러니 우리가 투자한 만큼 그들이 주변 시선에 대한 걱정 없이 열심히 일하게 도와주어야 한다. 좋은 스승은 좋은 제자가 만들어 주듯이 좋은 리더는 좋은 팔로어들이 키워 준다.

잘못된 직업관부터
바꾸자

　　대입 공부를 독려하며, "그렇게 공부 안 하면 나중에 험하고 힘든 일만 하게 된다"라는 협박 아닌 협박을 하는 교사나 학원 강사가 적지 않다. 부모뿐 아니라 교과서조차 전문직과 관리직만 긍정적으로 묘사한다. 학생들이 육체노동자들을 폄하하는 데는 다 이유가 있는 것이다.

　　대학 교육도 그렇다. 적지 않은 교수들이 사회나 기업이 요구하는 바르고 알찬 교육보다는 정치 등 자신이 하고 싶은 일에만 관심을 둔다. 정작 취직하면 기업이 처음부터 재교육해야 하는 것이 거의 관행이다. 실제 교육 현장에서 성실한 직업인을 키우려는 의지와 실행이 부족하다는 얘기다. 더 문제는, 백수로 살면 살았지 힘든 일은 자존심 상해 못 하겠다는 사람들이다. 땀 흘려 일하지 않는 사람은 밥 먹을 자격이 없다는 부모님의 가르침을 듣고 자라서인지, 사지육신이 멀쩡한데 구직 활동을 하지 않는 이들을 보면 마음이 편치 않다.

　그래서 때로는 중립적 가치관으로 환자를 대한다는 원칙이 흔들릴 때도 있다. 부모의 돈으로 분석을 받는 이른바 백수 환자들은 아무래도 온전한 심리 분석이 힘들다. 돈을 주는 사람이 언제든 치료에 관여할 가능성도 높다. 조부모 유산으로 편히 사는 부모에게, 나나 당신이나 다를 게 뭐 있느냐고 떳떳하게 따지는 이들도 적지 않다. 늙은 부모가 청소나 식당일같이 고된 일을 하는데도 자격증이다, 해외 연수다, 고시 공부다 하면서 실상은 게임이나 채팅만 하는 고학력 백수도 많다.

　아직 한참 더 일할 나이인데도, "내 학력, 내 체면에…" 하면서 자녀의 등골을 빼먹는 백수 부모도 만만치 않다. 한국은 학력 인플레이션이 심해 앞으로는 저학력보다 고학력 실업자가 대세일 것이다. 부실한 사회 보장 제도와 높은 실업률 속에서, 지금까지는 가족 친지들이 고학력 백수들을 먹여 살렸지만, 과연 앞으로도 그럴까?

　어떤 이들은 이희승의 수필 〈딸깍발이〉, 이상의 〈날개〉, 손창섭의 〈미해결의 장〉이나 〈신의 희작〉 등에 등장하는 이른바 백수 지식인 계층은 사농공상의 위계질서를 믿는 유교적 산물이라고 주장한다. 열심히 돈 버는 것이 프로테스탄트 윤리라는 막스 베버 등 서구 사상만 알고 유교는 제대로 공부하지 않은 탓이다. 그러나 본시 유교가 무기력한 선비를 이상화한 것은 아니었다. 하나라 우임금은 치수, 토지 경작, 조림에 바빠 피부가 다 터지고 반신불수가 되었다고 한다. 공자도 《논어》의 〈술이述而〉 편에서 "도에 어긋나지 않으면 채찍을 든 마부처럼 비천한 일을 하며 돈을 벌 수 있다(雖執鞭之士)"고 했다. 예절〔禮〕과 글〔書〕뿐 아니라, 악기〔樂〕와 화살을 다루고〔射〕, 사람과 짐승을 기르고〔御〕, 셈을 배워 장사나 건축 측량에 종사하는〔數〕 육예(六藝)를 다 익혀야 군자다. 조선 말기 유교가 타락해 매관매직이 성행하고, 사회적 격변 속에 무임승차한 벼락부자들이 늘어나면서 놀고먹는 기생 계층의 삶이 어느덧 부러움의 대상이 된 것뿐이다. 출산율만 걱정할 것이 아니라, 이미 태어난 사람들의 잘못된 직업관을 바로잡는 것이 더 시급한 과제다.

진짜 멘토를
찾아라

최근엔 스승, 선생이라는 말 대신 멘토라는 단어를 많이들 쓴다. 외래어 좋아한다고 뭐랄 수도 있지만, 스승은 쓰썽(師僧)이라는 중국어에서 유래했을 수도 있고, 선생(先生) 역시 한자어이니, 꼭 멘토를 나쁘게만 볼 것도 아닌 듯싶다. 스승이나 선생님이라는 단어와 달리 멘토는 덜 권위적인 느낌이다. 원래 '멘토'는 오디세우스가 트로이 전쟁을 떠날 때 남겨진 아들을 돌봐 달라고 부탁한 친구의 이름이다. 아버지의 자리를 대신한다는 뜻이니, 존경할 만한 어른이 드문 현재 한국에 꼭 필요한 존재일 수도 있겠다.

팀이나 개인이 성장하는 것을 돕는 멘토 정신은 리더십과 조금 다르다. 좋은 멘토가 조직의 수장이 아닌 경우가 더 많다. 말없이 팀의 분위기와 문화를 개선해 나가고, 각 팀원의 장점을 끄집어내 극대화시키는 능력을 갖췄지만 성급하게 전면에 나서지는 않는다.

이들은 팀원을 냉소적으로 보거나 무조건 나를 따르는 바보로 보지 않는다. 오히려 훈련시키는 대상에게 진심이 담긴 애정과 존경을 보낸다. 그러나 또한 이런저런 비판이나 하고 거리를 유지하면서 한없이 기다리지도 않는다. 보다 활발하고 생기 있게 멘티들을 바꾸어 놓기 위해 적극적으로 개입할 타이밍을 놓치지 않는 것이다. 결정적인 순간에는 미적대지 않고 행동할 수 있는 추진력도 있다.

좋은 멘토는 남들이 닮고 따르고 싶을 만한 훌륭한 인격과 윤리의식도 갖추어야 한다. 도덕적으로 하자가 있으면 아무리 테크닉이 좋아도 좋은 감독이 될 수 없다. 또한 좋은 감독이나 코치는 자기를 낮추고 조직을 위해 희생정신을 발휘할 줄 안다. 특히 상황이 좋지 않을 때도 포기하지 않고 꾸준히 훈련시킬 수 있는 내적인 자신감을 갖추고 있다.

한편으로는 제자나 구성원들의 말을 주의 깊게 들어 정확하게 불만이 무엇이고 어떤 문제가 있는지 열린 태도로 파악하려 노력한다. 합리적이고 논리적인 일관성도 잃지 않는다. 이랬다 저랬다, 귀에 걸면 귀걸이, 코에 걸면 코걸이인 변덕스러운 태도는 사람들의 신뢰를 얻지 못한다.

혹시 상황이 나빠질 때도 남을 비난하는 대신, 스스로에게 먼저 책임을 돌린다. 조직이나 멘티가 다시 힘을 추스를 수 있게 배려하는 마음이다. 지난 시간이 힘들었어도, 희망을 잃지 않고 높은 목표를 향하게 하는 미래지향적 태도도 강조해 준다. 그러나 허황된 과대망상이 아니라 작은 실천부터 먼저 한다. 매일 반복되는 훈련과 소소한 생활 습관도 '천 리 길도 한 걸음부터'라는 정신으로 모범을 보인다.

무엇보다 좋은 멘토는 남을 딛고 올라가는 성공만 목표로 삼지 않는다. 패배 역시 또 다른 의미의 성취라는 사실을 가르쳐 주는 것이다. 승패와 결과를 떠나, 훈련 과정에서 배우는 인생의 참 가치를 알기 때문이다.

좋은 멘토는 그러나 멘티에게 개인적으로 집착하지 않는다. 만약 더 좋은 선생님이 있다면 망설이지 않고 기꺼이 보낸다. 물러날 때가 되면 축하를 받으며 기쁜 마음으로 멘토 자리를 내준다.

부모, 교사, 선배, 상사, 코치뿐 아니라 정치인, 관료 같은 조직의 리더들은 넓은 의미에서 모두 멘토가 될 수 있다. 그러나 스스로 잘난 리더는 많지만, 존경할 만한 멘토는 드물다. 그래서 매스컴에 등장하는 몇몇 이상화된 멘토에게 젊은이들이 더욱 열광하는 것 아닌가 싶다. 훌륭한 어른상을 보여 주지 못한 기성세대가 아프게 반성할 대목이다.

이렇게 존경할 만한 어른이 없는 사회는 엉뚱하게 흘러가기 쉽다. 나치에게 음으로 양으로 협력했다는 의심을 받는 하이데거 같은 일제 강점기의 친일파들에게 책임을 묻는 이유다. 의식이 잘 분화되지 못한 대중은 가짜 메시아에게 쉽게 넘어가기 때문이다. 저널리스트지만 웬만한 심리학자 못지않은 데이비드 맥레이니는 《착각의 심리학》에서 개인과 집단 모두 무의식 때문에 얼마나 쉽게 엉뚱한 조언에 좌우되는지를 통렬하게 보여 준다.

21세기의 심리학자나 경제학자들처럼 눈에 보이는 실험과 통계를 내놓지는 않았지만, 융은 이미 백 년 전에 집단 무의식과 대중의 선택이 갖고 있는 양면성에 대해 언급한 바 있다. 개인이나 집단 모두, 선하면서 동시에 악하고 똑똑하면서 동시에 멍청할 수 있다. 모이면 뭔가 창조적인 것이 더 많이 나온다며 막연히 집단 지성을 추앙하는 사람도 있지만, 실제로는 시간만 낭비하게 되는 경우도 많다(회의 많은 조직의 비능률이란!).

　　물론 정보가 공유될 때 그 집단의 기술이 전반적으로 발달하는 면을 모두 부정할 수는 없다. 말, 책, 그리고 인터넷은 인간 지능을 획기적으로 진화시킨 계기라 할 수 있다. 그러나 정보의 공유가 반드시 그 집단의 지혜를 보장하지는 못하는 것이다.

　　그럼에도 불구하고 현명한 시민이 모이면 절대 선을 구현하는 국가가 탄생할 수 있다는 헤겔, 프롤레타리아 독재가 평등한 사회를 구현할 것이라고 주장하는 마르크스, 다수결의 결정이 항상 최선의 선택이라는 낙천적 민주주의를 신봉하는 이들도 여전히 있다. 한편으로는 엘리트들에 의한 귀족 국가를 만들어야 한다는 플라톤이나 엄청난 지혜를 가진 슈퍼맨을 기다린 니체처럼 새로운 지도자가 나타나 우중(愚衆)을 계도해야 한다고 주장하는 이도 있다. 사실 필리핀의 마르코스, 짐바브웨의 무가비, 우간다의 이디 아민, 리디아의 카다피 같은 독재자들이 오랫동안 정권을 잡을 수 있었던 것은, 그 나라의 민도가 낮았기 때문일 수도 있다.

　　민심은 천심이라고 하나, 역사 속의 대중은 엉뚱하고 파괴적인 길로 곧잘 들어서 왔다. 5000만 명이 희생된 제2차 세계 대전을 단순히 히틀러나 무솔리니 두 사람이 일으켰겠나. 집단 자살하는 고래나 코끼리와 비슷한 행동을 인간도 얼마든지 할 수 있다.

　　자기 일 충실하게 하는 진짜 멘토는 우리 주변에 숨어 있는 소박하고 건실한 일꾼들일 가능성이 높다. 그러나 멘토라는 미명으로 대중을 미혹하는 사람들을 우리 생활 속의 진짜 스승과 구별해 내는 작업은 결코 쉽지 않다.

따로 또 같이 사는 즐거움

비혼(非婚) 세대라는 말이 나올 정도로 결혼하지 않은 이들이 늘어나는 추세다. 이혼이나 상처 후 다시 결혼을 하지 않은 중년이나 노년도 적지 않다. 결혼 제도의 폐해, 부부 생활의 허위성에 대해 진절머리를 치는 이도 있다. 그러나 한편으로는 쓸쓸하게 늙어 죽는 것 아닐까, 모아 놓은 돈도 없는데 직장에서 떨려 나면 어떻게 혼자 사나 하는 현실적인 걱정들도 한다. 특별히 심리적인 문제점이 없어도, 혼자 생활하다 보면 병들었을 때나 실직할 때가 더 불안할 수 있다.

반대로 스스로 부족하고 불만스러운 모든 상황이 결혼하지 않은 탓이라 여겨, 혼인만 하면 문제가 모두 없어질 것이라는 비현실적인 기대를 하는 이도 있다. 그러나 이런 환상이 굳어지면 어떤 사람을 만나도 만족하기 힘들다. 그래서 겉으로 비교적 완벽해 보이는 유부남이나 유부녀에게 끌리는 이도 있다. 물론 깔끔하고 능력 있는 기혼자들의 안정감이 배우자의 크고 작은 희생과 헌신과 관련되었다는 사실은 곧잘 간과한다.

그러나 독신 생활이 굳어지면 막상 같이 사는 게 불편할 수 있다. 밥 먹고 자는 시간의 차이, 화장실 쓰고 방 치우는 방식, 양쪽 부모님 대하는 태도의 차이 등 사소하지만 참을 수 없는 문제로 부딪치기도 한다. 누군가와 친밀한 관계를 유지하기 위해서는 좀 불편해도 참고, 의견이 다를 때는 조율할 수도 있어야 하는데, 그것이 말처럼 쉽지 않은 탓이다. 갈등이 생겨 충돌한 뒤 서로에게 사과하는 화해 과정도 때론 어렵게 느껴질 수 있다. 갈등을 해소하는 과정에서 느끼는 애매함, 긴장감, 부정적인 감정 들을 견디지 못하고 아예 헤어지자고 지레 선을 긋고 포기하는 경우도 있다.

한편 독거인은 좀 모자라거나 괴팍한 사람, 외롭고 불쌍한 사람이라고 치부하는 편견도 해결해야 할 숙제다. 혼자 살지만 자기관리를 철저하게 해서 깔끔하고 편안한 독신을 즐기는 이들도 적지 않다. 배우자나 자식이 없어도, 자신이 속한 공동체를 일종의 대안 가족으로 생각해, 오랫동안 공들이며 행복한 생활을 영위하는 이들도 많다. 핏줄을 나누고 결혼해야 가족이라는 생각도 시대착오적일 수 있는 것이다. 게다가 소통 방식이 발달해, 실제로 피를 나눈 친지보다 사이버 세계의 친구들과 더 속 깊은 대화를 나누고 친부모나 친자식 못지않게 사회적 약자를 섬기며 나누는 즐거움을 누리는 이도 많다.

결혼하고도 떨어져 사는 사람들

따지고 보면, 20세기식 폐쇄적 핵가족 제도의 역사가 그리 긴 것은 아니다. 봉건시대에는 대가족이나 마을 주민들이 나이 어린 고아나 혼자 사는 노인을 돌보기도 했다(지금도 멀리 떨어져 사는 자식들보다 이웃에게 더 많은 도움을 받고 정을 나누며 사는 노인이나 장애자들이 얼마나 많은가! 이웃사촌이 부모 형제보다 나을 때가 사실 더 많다). 조선시대에도 고향을 떠나 관직을 받은 양반들, 보부상, 화전민, 소작농, 공역을 하는 상민 들 모두 고향을 떠나 살았다. 근대 이후 일제 강점기에는 만주, 일본, 러시아로 떠나고, 해방 후에도 베트남, 독일, 미국 등으로 떠난 가장이나 젊은이들이 적지 않다. 현재 워킹 홀리데이, 원양 어선, 지방 근무, 유학 등으로 집을 떠나 있는 경우와 어찌 보면 큰 차이 없어 보인다.

어떤 역사가들은 현재의 부부 중심 가족 제도가 근대에 들어서는 농노가 땅을 떠나 노동 집약적인 도시에 이주하면서 좁은 가옥 구조에 효율적으로 적응할 수 있게 만든 인위적인 장치라고 주장하기도 한다.

게다가 요즘엔 결혼한 한국의 부부들마저 7분의 1 정도가 서로 떨어져 살고 있다는 통계가 발표돼 혹시 전통적인 가족 제도가 해체되는 것 아닌가 하는 우려의 시선도 있다. 교육이나 직장, 교통과 관련된 문제 때문에 어쩔 수 없이 별거하는 경우도 있지만, 속사정은 다양하다. 우선 가족들의 성격이나 생활 방식이 맞지 않아 함께 사는 데 몹시 불편한 경우가 있다. 물론 같이 살면서 서로 맞추어 가는 것이 이상적이지만, 워낙 자아가 강한 21세기 한국인들의 경우엔 나를 희생해서 배우자나 다른 가족 구성원에 맞추는 것을 굴욕이자 큰 희생으로 생각하기도 한다. 각자의 생활 방식을 그대로 존중하고 계속하려면 차라리 따로 사는 게 가정을 그런대로 유지하는 데 훨씬 편리하다고 말하기도 한다.

부부가 떨어져 사는 경우, 각자의 원가족과 관련된 대소사에서 조금 자유로워 편하다는 부부들도 있다. 예컨대 처갓집과 가깝게 살고 있는 아내, 또는 시부모님을 모셔야 하는 남편을 떠나 혼자 산다면, 대가족에 대한 의무와 제약에서 벗어날 수도 있다.

다음으로 자녀 교육에 대한 의견이 달라 따로 지내는 것이 자녀 교육에 이롭다고 판단하는 경우다. 특히 아이들이 받아들일 수 없는 비합리적인 원인 때문에 부모가 서로 부딪치기만 한다면 오히려 자녀들에게 혼란과 불편, 긴장감만 조성하므로 한 부모 가정으로 사는 게 어떤 측면에서는 더 나을 수도 있다. 자녀에게 좋은 영향을 미치지 못한다면 따로 살다가 주말이나 몇 달에 한 번 잠깐씩 만나면서 절제된 모습만 보이는 것도 일종의 절충이다.

서로에 대한 사랑이 식은 것은 아니지만, 결혼이나 가족 제도 자체가 싫고 자유롭게 살고 싶은 이들의 선택도 존중해 주어야 한다. 결혼은 했으나 가족의 대소사에 얽매이지 않고, 마치 미혼처럼 취미 생활을 즐기려는 사람들의 주관까지 뭐라고 할 수는 없다. 또 가족 때문에 받는 일상의 스트레스가 없으니 어쩌다 만나면 마치 연인처럼 감정이 더 좋아진다는 이들도 있다. 물론 그러기 위해서는 가족으로서의 의무를 공평하게 배분하고, 서로 불만이 없는 합의점을 찾아야 할 것이다.

따로 또 같이, 변화하는 가족 형태

떨어져 사는 부부들이 결국 이혼하는 경우도 적지 않다. 10여 년 이상 외국과 한국에서 기러기 가족으로 살다가, 완전히 남이 되어 버린 부부도 많다. 특히 가까이 살면 충분히 해결할 수 있는 문제도 부정적인 감정을 해소할 기회를 놓쳐 버려 안타깝게 헤어지는 부부들도 적지 않다. 또 성욕이 왕성한 시기의 젊은 부부들은 자의 반 타의 반으로 혼외 관계를 맺고, 이 때문에 신뢰가 깨져 버리는 경우도 있다. 원래 사이가 좋았던 부부라도 오랫동안 서로 보지 않으면 함께 나눌 이야기도 별로 없어져 마음과 몸이 멀어질 수 있다. '이웃사촌'이나 '눈에서 멀어지면 마음에서도 멀어진다'는 말이 그냥 나왔겠는가. 함께 고통스러운 시간을 나눈다고 반드시 사랑이 깊어지고 단단해지는 것은 아니지만, 같이 나눈 달고 쓴 추억이 없으면 깊은 가족애를 느끼기가 어렵다.

부정적인 단점과 위험성에도 불구하고 떨어져 사는 가족이 늘어나는 것은 씨족 공동체에서 대가족, 다시 핵가족을 거쳐 일인 가족으로 이행하는 일종의 고육지책일 수도 있다. 한국인들이 절대 침해받지 않는 사생활을 점점 더 강조할수록, 사실 여러 가지로 잃어버리는 소중한 부분도 많다. 전통적인 가족의 안정과 편안함이 그중 하나일 것이다. 물론 과거처럼 직접 살을 부대끼지 않더라도 다양한 SNS를 통해 오히려 마음을 잘 털어놓아 편하다는 이들도 늘어나고 있다. 이런 것을 보면 같이 살아야 된다는 것도 절대적인 원칙은 아닌 것 같다. 교통이 발달해 세계 어디든 열몇 시간 안에 갈 수 있는 시대라, 마음만 먹으면 지구 반대쪽 사람과도 얼마든지 사랑을 할 수 있다. 물론 쉽게 깨지지 않을까 생각되겠지만 지금과 같은 시대에 어떤 사랑이 확실하고 견고하게 지속되겠는가.

한 방에 기거하면서 증오하고 싸우는 사이보다는, 몇 달에 한 번씩 만나 정제된 시간만 함께하는 사이가 훨씬 더 좋다는 의견도 있다. 반대로 격정

적이고 낭만적인 사랑은 비록 아니지만, 귀찮고 성가신 것을 성실하게 함
께 나눠야 유대감이 훨씬 더 공고해진다고 보는 견해도 있다. 어떤 결혼과
동거 방식을 선택하든 그것은 각자의 자유지만, 그에 따른 결과를 인정하
고 상대방에 대한 예의를 잃지 않는 것 역시 사랑하는 사람들끼리 지켜야
할 최소한의 책무다.

'독거노인의 증가, 급속한 가정 해체가 큰 사회적 문제가 되고 있다' 는
식의 기사도 언젠가는 사라질 것 같다. 독거노인이 일반적인 추세가 될 것
이기 때문이다. 다만 혼자지만 함께 사는 즐거움이 가능할 수 있도록 새로
운 주거 형태와 휴식, 오락, 봉사의 장이 더 다양하게 마련되는 등 사회적
여건과 분위기가 뒷받침되어야 한다. 어쩌면 좁은 의미의 가족 이기주의
를 극복할 수 있는 좋은 기회가 될 수도 있다.

그대로 보고,
받아들이고,
도전하라

       최근 들어 한국인의 정신 건강이 심각할 정도로 병들어 있다는 소식이 많이 들린다. OECD 국가 중 경이적으로 높은 자살률, 특히 노인과 청소년의 정신 건강은 위험 수위라는 연구 결과도 심심찮게 나온다.

2012년 미국 여론조사 기관 갤럽이 148개국에서 각각 1,000명을 대상으로 '행복감을 느끼는 정도'를 조사한 결과, 한국인의 행복 수준은 97위로 나타났다. 1위를 차지한 나라는 중남미의 파나마와 파라과이였으며, 미국과 중국은 공동 33위, 일본은 59위, 싱가포르는 최하위를 차지했다.

갤럽은 조사 대상자들에게 어제 생활에서 잘 쉬었다고 생각하는지, 하루 종일 존중받았는지, 많이 웃었는지, 재미있는 일을 했거나 배웠는지, 즐겁다고 많이 느꼈는지 등 다섯 가지 질문을 한 뒤 "그렇다"고 대답한 비율에 따라 순위를 매겼다. 엘살바도르 · 베네수엘라 · 트리니다드 토바고 · 과테말라 등 중남미 국가들이 10위권에 들었으며, 중남미 외의 국가로는 태국과 필리핀이 유일하게 10위 안에 들었다. 캐나다·네덜란드·아일랜드는 공동 11위, 덴마크 16위, 스웨덴 33위로 북유럽 국가들도 대체로 높은 순위에 있었다.

행복 지수에 드러나지 않는 것들

모든 사회적 기반이 우수하고 삶의 질 자체가 우월한 북유럽 국가들의 행복 지수가 높은 것은 이해가 가지만, 전체적으로 모든 여건이 좋지 않아 보이고 위험하기까지 한 중남미 국가들의 행복 지수가 절대적으로 높게 나타난 것은 의아한 일이다.

갤럽의 행복 지수는 얼핏 사람들의 행복을 객관적으로 평가하는 데 큰 문제가 없어 보인다. 그럼에도 불구하고 한국을 비롯한 아시아 사람들의 행복 지수가 유독 낮은 것은 유럽이나 아메리카 대륙 쪽과는 다른 아시아 특유의 정서와 조사에 임하는 태도를 고려해 보아야 할 것 같다.

행복하게 보이는 중남미 사람들은 대체로 성공하고 잘살아 보겠다는 욕심이 아시아 사람들만큼 강하지 않다. 돈이 생기면 먹고 마시고 춤추고 노래하는 데 쓰지 자녀 교육 등 미래에 많이 투자하려고 하지 않는다. 심지어 공부를 열심히 하는 경쟁적인 사람들을 왕따 시키는 분위기도 있다.

반대로 남들이 어떻게 사는지에 비교적 관심이 많은 아시아 사람들은 최근 수십 년 동안 빠른 국가 발전을 경험하면서 더욱 극심한 스트레스를 느꼈을 수도 있다. 또 좋은 감정을 미소나 웃음으로 자유롭게 표현하기보다는 안으로 감추고 있을 가능성도 있고, 조사에 임할 때도 행복하다고 대답하는 것이 어딘지 어색하고 뻔뻔스럽게 느껴져 짐짓 부정적으로 답했을 가능성도 있다. 단순히 서양에서 만든 조사의 결과에 따라 한국이 다른 나라에 비해 매우 불행하고, 또 과거에 비해 훨씬 불행해졌다고 단정하기엔 고려해야 할 변수가 많아 보인다.

높아진 기대치와 깊어진 박탈감

임상에서 만난 노인 세대들은 지금 보면 그런 상황에서 어떻게 살아남을 수 있었을까 싶은 비참한 시절에도 지금처럼 고통스럽진 않았다고 회상한다. 그 당시엔 그야말로 생존 그 자체가 절체절명의 화두였기 때문에 행복이니 치유니 하는 것들에 관심을 둘 만한 여유가 없었다. 또 비교할 만한 큰 부자들이 많지 않아서, 김일성이 약속했던 것처럼 '이밥에 소고기국'이나 배불리 먹었으면 하는 소박한 욕망이 전부였을 것이다.

사회가 잘살게 되었다고 해서 그만큼 국민들의 행복감이 비례해 증가하지 않는 이유 중 하나는 주관적인 행복에 대한 기대치가 더 높아졌기 때문이다. 심리학적으로 보자면 자극의 피로 현상이다. 일단 단것을 먹게 되면, 좀 더 단 것을 먹어야 그 음식이 달다고 생각된다. 그보다 덜 단 것을 먹으면 단맛이 없다고 착각하게 된다. 또, 매스컴과 주변의 소문 등을 통해 호화로운 생활에 대한 불필요한 정보를 너무 많이 접하면서 상대적인 박탈감을 느끼게 된 것도 사실이다.

지난 대선 때 여야 상관없이 복지와 경제 민주화를 공약으로 내걸었던 것은 그만큼 한국인들이 느끼는 부의 편중으로 인한 위화감과 불행감이 심각하기 때문이었을 것이다. 실제로 지난 몇 년 사이에 재산이 많을수록 세금을 덜 내고 재산이 적을수록 세금을 더 내게 되었고, 사교육의 심화로 소득 상위 20퍼센트가 명문대 재학생의 절반 정도를 차지할 만큼 빈부 격차가 더 심화되었으니, 그렇잖아도 비교하기 좋아하고 남 의식하는 한국인들의 상대적 불행감은 당연히 더 깊어졌을 것이다.

원인론을 경계하라

잘못된 의학과 심리학 지식도 사람들의 마음을 병들게 하는 데 한몫했다. 그 첫째가 유전자에 의한 결정론이다. 예를 들어 부모가 이혼을 했으니 나도 이혼을 할 것이고, 부모가 우울하니 나도 우울하다고 생각하는 식이다. 또 '부모로부터 받은 유전자가 좋지 않아 나는 평생 성공하지 못할 것이다'라고 미리 포기해 버리는 것 역시 잘못된 결정론이다. 좋은 부모의 유전자를 받고도 인생을 망쳐 버리는 사람이 사실은 더 많다.

둘째, 모든 상황을 부모 탓으로 돌리는 태도다. 부모가 너무 과잉보호해서, 무관심해서, 폭력적이어서, 무능력해서 결국 나는 이렇게 될 수밖에 없다고 생각하며 일생 부모만 원망하고 사는 것이다.

셋째, 자기와 자녀가 받은 교육을 원망하는 태도다. 학교가 폭력적이어서, 기회가 불공평하게 주어져서, 주입식에 획일적인 교육이어서 등등 나와 내 자녀의 모든 실패는 교육 정책의 잘못에서 비롯됐다고 생각한다.

넷째, 사회가 안고 있는 병에 모든 잘못을 돌리고 자신은 책임지지 않으려는 무기력한 태도다. 정의롭지 못한 사회라서, 상업성의 홍수라서, 잔인한 장면을 여과 없이 보여 주기 때문에, 결국 나는 잘못된 사회의 희생자로서 결혼도, 육아도, 취직도, 모두 포기하고 아프고 불행하게 살 수밖에 없다고 결론짓는다.

물론 이러한 원인론들이 아주 허무맹랑한 것은 아니다. 다만 기업이나 사회의 책임은 지적하지 않고 개인의 정신에 무한 책임을 돌리는 긍정심리학이 위험한 것처럼, 자아의 책임과 의지는 부정하고 모든 일에 환경 탓만 하는 태도 역시 건강하지 않다. 내 책임은 부정하고 외부에서만 불행의 원인을 찾을 때 사람들은 무기력하게 '아프거나 미치게' 된다.

그러나 외부뿐 아니라 자신 안에 있는 모순과 부조리와 악함을 있는 그대로 보고, 받아들이고, 도전하면 현재의 '아프고 미치겠는 나'를 '새롭고 건강한 나'로 바꿀 수 있는 가능성이 열린다. 자신뿐 아니라 사회를 바꾸려고 노력하는 과정에서 사람들의 심성은 훨씬 더 성숙해지고 건강해진다. 그러나 그 작업에는 반드시 고통이 수반되어야 한다. 아프지 않으면 얻는 것도 없다. 성가시고 불쾌하더라도 자신의 콤플렉스를 바라보는 진지한 내적 작업이 없다면 성장도 발전도 없을 것이다.

니체는 《짜라투스트라는 이렇게 말했다》에서 인간은 낙타가 되어야 하고, 그다음엔 사자가 되어야 하고, 마지막으로 어린아이가 되어야 한다고 했다. 낙타는 '인내'를, 사자는 '자기 확신과 건강한 욕망'을, 어린아이는 '새로운 시작'을 의미한다. 우리 마음속에 그 세 가지를 모두 품고 산다면, 아무리 아프고 힘들어도 자신의 고통 속에 내포된 가치와 의미를 찾을 수 있다. 그리고 그 가치와 의미는 현실의 작은 '나(ego)'가 아닌, 초월적 존재를 지향하는 큰 '자기(Self)'를 찾아가는 비밀의 열쇠일 수 있다.

한국인, 그래도 희망에 산다

재미난 지옥, 한국

금방이라도 망할 것같이 호들갑 떨지만, 자고 일어나면 언제 그랬느냐는 듯이 시치미를 떼는 곳이 한국이다. 누구는 냄비 근성이라고 하지만, 어쩌면 그동안 하도 많은 일을 겪었기 때문에 웬만한 일은 넘어갈 만큼 내성과 포용력이 생긴 탓일 수도 있다.

극단적인 후기 산업 사회와 원시 공동체가 공존하는 사회이기 때문에 다양성에 대한 태도도 비교적 열려 있다. 우리 집만 해도 컴퓨터가 전공인 아들과 경제학을 공부한 아들, 그리고 남이 쓰던 골동품을 갖고 들어오면 재수가 없고 아파트임에도 수맥과 방향 때문에 건강이 나빠진다고 믿는 아흔 다 되신 시어머니가 함께 살지만, 서로 사이가 좋다. 성장 배경도, 가치도, 속한 문화도 하늘과 땅처럼 다르지만 세 사람 사이에는 근원적인 신뢰와 사랑이 있는 듯 보인다.

우리 민족은 세상 그 어떤 민족보다도 사람을 무척 좋아하기 때문에 근본적으로 어울려 사는 삶에 대한 태도도 긍정적이다. 레스토랑이건, 목욕탕이건, 다방이건, 넓은 자리 놔두고 굳이 사람 옆에 바짝 붙어 앉으려 하고, 종업원 역시 그렇게 앉힌다. 그 안으로 침범해 오면 기분이 나빠지는

사적인 거리(private space)가 우리보다 훨씬 큰 서양 사람들 눈에 한국인들
은 그래서 때론 무례하게 보일 수도 있다. 서로 살이 좀 닿아도 별로 개의
치 않는 것은 그만큼 사람 자체를 좋아한다는 뜻이다.

　물론 글로벌 시대에 들어선 지금, 낯선 서로에 대한 예의가 필요한 것은
사실이다. 그러나 선진국은 재미없는 천국이고, 한국은 재미난 지옥이라
고 말할 만큼 사람들끼리 비비며 만들어 내는 드라마 역시 다채롭다. 밤늦
게까지 이렇게 비교적 안전한 상태로 불을 밝힌 상점과 술집을 돌아다니
며 놀 수 있는 나라가 전 세계에 몇이나 되겠는가.

창조적인 ‘혼자’가 되자

조금 아쉬운 점은, 그렇게 어울려 일하고 노느라, 혼자 책 보고 생각할 시
간이 너무 없다는 것이다. 창조적인 작업, 내적인 성찰은 여러 사람과 함
께하기보다는 혼자 하는 것이 훨씬 더 효율적이라는 사실은 이미 많은 심
리학자의 실험으로 확인됐다. 선진국을 따라가느라 허덕인 지금까지의
스트레스를 넘어 지구촌의 선구자가 되려면, 혼자 하는 것도 잘하는 ‘고
독의 힘’을 갖추어야 한다.

　그러나 고독한 자신을 성장시키려면 몇 가지가 전제되어야 한다. 첫째,
외로움과 친해질 것. 그러나 ‘외로워도, 슬퍼도, 나는 괜찮아’ 하는 식으
로 슬쩍 넘어가는 것은 외로움을 슬픔과 동일하게 생각하는 잘못된 가치
관을 심어 준다. 정말로 행복하고 평화롭게 나 자신에게 집중할 수 있을
때는 혼자 기도하고, 책 보고, 나무 심고, 그림 그리고, 음악을 들을 때다.
외로움의 기쁨을 누리지 못하는 사람들은 어쩌면 아직 젖을 떼지 못한 아

이처럼 누가 지켜봐 주고 인정해 줘야 안심하는 것일지 모른다.

다음으로, 혼자서도 즐길 수 있는 구체적인 무언가에 꾸준히 투자해야 한다. 예술이건 운동이건, 일이건 혼자서 열심히 즐기면서 할 수 있는 것이 없다면, 지금이라도 빨리 개발하기를 권한다. 한국이 아무리 사람 많은 재미있는 동네라 해도 우리는 모두 언젠가는 혼자가 되어야 할 운명이다. 그곳이 양로원일지 집일지는 알 수 없지만 말이다.

그렇다고 혼자 살다가 늙고 죽는 것에 너무 공포심을 가지고 준비를 한다며 야단 피울 필요는 없다. 얼마 안 가 동호인 주택, 싱글들의 주택, 주방과 거실을 공유하는 셰어하우스 등 방법이 생길 것이다. 노르웨이나 스웨덴 등의 선진국에서는 비혼 가정에서 태어난 아이들의 숫자가 절반 이상을 차지한다. 앞으로는 싱글들도 당당하게 입양할 수 있는 날이 올 것이고, 결혼하지 않은 노인들이 자신들의 자유로운 성을 즐길 날도 곧 올 것이다. 다만 지금까지처럼 고속 성장이 계속되지는 않을 터이니, 생활 수준에 대한 기대치를 좀 더 낮추고 자신을 보다 객관적으로 볼 필요는 있다.

다음으로 전제되어야 하는 것이 '단순함'이다. 끊임없이 새로운 것이 나오면 구매하라고 부추기고, 복잡한 인간관계에 매여 살도록 강요하고, 사회가 그것을 당연시하기 때문에 실은 행복하기가 점점 더 어려워진다. 옷장이 넘쳐나는데 세일하면 또 옷을 사고, 매일 누군가 만나느라 지치는데도 모임에 참석하지 않으면 불안하다면, 복잡한 생활을 근본적으로 바꿀 필요가 있다. 감당할 수 없는 일과 사람에 얽매여 불평하면서도 끊지 못하고 있다면, 당신이 불치병에 걸렸다거나 어떤 나쁜 일에 연루되어 감옥에 가는 최악의 상황일 때, 과연 당신 손을 잡고 위로해 줄 사람이 누구일지 한번 상상해 보자. 만약 한 명이라도 확실하게 떠오른다면 당신은 성공한 인생을 산 사람이다. 그 밖의 다른 사람들은 사실 당신 인생에 꼭 필요한 존재가 아니니 그렇게까지 애면글면 아우르려고 노력할 필요 없다. 단순하고 소박한 삶을 기꺼이 나누지 않는 친구들은 내가 늙고 병들면 언제든지 떠날 수 있는 껍데기들일 뿐이다.

변화된 한국 사회에 필요한 것

한국 사회의 역동성이 유지되려면, 인구 자체가 유지되어야 한다고 많이들 걱정한다. 출생률이 떨어져 큰 걱정이지만, 막상 외국에서 젊고 좋은 인력을 데려와 우리의 국민으로 포용할 생각은 하지 않는다. 과잉보호와 불만으로 자라나 의욕이 별로 없는 한국인들보다는 험한 일도 마다 않고 모든 것을 잘 받아들이는 아프리카, 남아메리카, 동남아시아의 아이들을 우리 아이들로 받아들이는 것이 더 시급한 작업일 수 있다. 똑똑하지만 이기적인 21세기 한민족이 착하고 순수한 제3세계 아이들과 만나면 더 좋은 영향을 받을 가능성도 있다. 게다가 진화론자들의 주장대로 근친 관계끼리만 결혼하는 순혈주의에서는 각종 유전 질환이 많이 생기지만, 관계가 멀수록 오히려 더 우월한 유전자가 활성화될 수도 있다.

만약 이렇게 이민 정책을 획기적으로 바꾸지 않으면 앞으로 30년쯤 뒤에는 어떤 변화도 싫어하며 죽음에 대한 공포에 휩싸여 사는 무기력한 노인들의 세상이 될지도 모른다. 과잉보호하는 부모와 사회에서 양육되어 때로는 노인보다 더 노인같이 겁 많고 소심한 젊은이들의 노년을 상상해 보라. 정신없는 사회 변화에서 오는 스트레스보다 오히려 정체된 사회를 어떻게 바꿀 것인가 하는 고민이 더 클 수 있다.

　다음으로 필요한 것은 공고한 부계 중심에서 모계 중심으로 변한 사회에 대한 적응력이다. 딸 가진 사람들은 그나마 노후가 보장되지만, 아들 가진 사람들은 길거리나 시설에서 죽는다는 농담도 돈다. 그러나 그것도 어머니의 경우일 뿐이다. 아버지에게 상처받거나 아버지를 원망하는 어머니와 동일시하기 쉬운 딸 입장에서는, 늙은 아버지를 가정에서 '공공의 적'처럼 고립시키고 비난하는 경우도 적지 않다. 젊어서는 여자들의 환심을 사느라 월급보다 더 많은 돈을 들여 명품을 사 주고, 결혼할 때는 집을 마련하고, 늙어서는 연금까지 부인에게 차압당하는 게 앞으로 한국 남자들의 자화상이 될 수도 있다. 그럴 능력이 되지 않아 성폭력범이 되거나, 가정 파괴범이 되거나, 혼자 사는 알코올 중독 독거노인이 될 가능성도 많다. 그러니 남자들과 남자들의 어머니는 지금이라도 정신 차려서 여자의 도움 없이 남자 혼자 잘 살 수 있도록 준비해야 한다. 모계 사회로의 변화에 따른 제도의 변화와 남자들의 적응력은 앞으로도 계속 미흡할 터이기 때문이다.

행복은 당연히 주어져야 된다고 믿는 사람들

사람들은 행복하지도 못할 거라면 왜 이 고생을 하면서 살아야 되느냐고 묻는다. 특히 자기의 처지나 사회에 불만이 많은 이들이 자주 던지는 질문이다. 버트런드 러셀이 아니더라도 인간은 자신이 행복해야 한다고 믿지만, 현실은 대부분 그렇지 않다. 우리는 행복하게 살기 위해 세상에 태어난 것이 아니라, 태어났기 때문에 행복하게 살려고 애쓰는 것뿐이다. 지구 위 모든 생물처럼 자기 보존 본능이 우리를 살게 하는 것이다. 어떤 종교도, 부모도, 사회도 우리에게 변하지 않는 쾌락과 기쁨을 보장해 주지 않는다.

행복에 대해 가르치는 심리학 서적, 에세이, 행복에 대한 강의는 해마다 엄청나게 쏟아져 나오지만, 비현실적인 낙관주의 또는 감각과 쾌락에 초점을 두는 내용, 아니면 소비와 탐욕을 부추기는 사이비들이 많다. 성적 억압이 모든 불행의 원인이라며 쾌락의 추구를 옹호하는 대중 프로이트주의의 영향도 있을 것이다. 또 도덕적 신념과 종교적 믿음에 따른 금욕적 태도를 비웃는 물질 지상주의와, 심리학을 돈과 권력을 얻기 위한 도구로 차용하는 상업적인 대중 심리학 탓도 있다.

그러나 감각적 쾌락은 경험하면 경험할수록 그 효과가 반감된다. 쉬운 예를 들어 보자. 맛있는 케이크도 첫 입엔 황홀하지만 쉬지 않고 한 판, 두 판 먹어 댄다면 결국 맛을 느끼기는커녕 탈만 날 것이다. 명품 가방, 비싼 가구, 일류 오디오, VCR 등 모든 소비재는 시간이 지나면 시들해지게 마련이다. 미남·미녀와의 섹스도 마찬가지다. 처음엔 세상이 온통 바뀌는 것처럼 황홀할 수 있겠지만, 다른 일은 않고 뜨거운 잠자리만 몇 주일, 몇 달 계속하면 처음의 감흥은 사라지고 상대에 대한 혐오감만 남을 가능성이 높다. 자극이 너무 많아 권태로운 사회가 된 것이다. 성생활이 되지 않는다며 부부 스와핑을 하고, 스리섬(세 명이 하는 섹스)이나 노골적으로 사도 마조히즘을 하자고 권하는 카페도 있다. 쾌락과 행복을 브레이크 없이 추구하는 한국 사회의 현주소다.

엄밀한 리얼리즘의 시각으로 보자면, 인간은 행복한 순간보다 고통스러운 순간이 훨씬 더 많게 태어난 존재다. 그러나 '자아'와 '개인의 의지와 행복', 그리고 '소유하고 소비하는 삶'을 강조하는 오늘날에는 '이 세상에 태어난 이상, 나만은 꼭 많이 누리고 항상 행복해야 한다. 그렇지 않으면 정말 화가 난다'라는 유아적인 논리에 사회 전체가 빠져들고 있는 것 같다.

자아 분화가 덜 된 전근대성도 경계해야 하지만, 합리성을 체득하는 근대적 자아 발달 단계는 건너뛰고 과잉된 감정과 본능에 휘둘리는 '자아'가 우상이 되는 것도 경계해야 한다.

그럼에도 불구하고, 희망을 갖는 이유

요즘엔 내가 좋으면 다 좋은 것 아니냐고 강변하는 이기주의자들도 늘어나는 추세다. 나 때문에 다른 사람이 상처받건 말건 무슨 상관이냐는 사고방식을 가진 이들도 넘쳐난다. 이렇다 보니 어느 틈에 서로가 다른 사람에게 언제 상처받을지 모르는 세상이 되어 가고 있다. 외부의 억압과 통제가 사라지면 내부의 통제가 작동되어야 하는데, 그렇지 못하니 그만큼 위험과 불안이 고조될 수밖에 없다.

또한 다른 사람들에 대한 책임감이 없어져 무언가에 헌신하고 투신할 수 있는 인내와 용기도 사라져 간다는 점도 짚어 보아야 한다. 결혼, 육아, 직장을 모두 포기하는 이들이 많아지는 원인 중 하나다. 모든 세상의 가치와 덕목에 냉소를 보내는 사람들이 많아지는 것은 경제 성장률이나 출생률이 떨어지는 것보다 더 위험하다. 힘든 것을 참지 못하니 아이들은 학교를 떠나고, 젊은이들은 금방 직장을 포기하고, 장년이나 노년은 갈 데가 없으니 세상을 떠난다. 매스컴과 소셜 네트워킹 때문에 너무나 많은 쓰레기 정보가 나돌고, 기대 수준만 높아져 구체적인 실행은 하지 않고 한없이 큰 그림만 그리는 이들도 적지 않다. 소소한 일상이 창조성의 원천인데도, 스티브 잡스나 스티븐 호킹 정도는 되어야 창조적 인재라고 생각하니, 일반인들은 시작하기도 전에 기가 죽거나 포기한다.

그럼에도 불구하고, 나는 한국에 대한 희망을 포기하지 않는다. 문제가 많다고 떠들고, 함께 고민하고, 서로를 원망하고, 자책하고, 또 새로운 계획을 세우는 역동성이 살아 있기 때문이다. 만약 한국인에게 보다 나은 미래에 대한 희망이 없다고 생각했다면 이런 책도 쓰지 않았을 것이다. 아무리 커다란 단점이 보이고 문제가 많아도, 나는 욕심 많고 재주 많고 샘 많은 한국 사람들을 아주 많이 사랑하는 것 같다.

한국인에 대한 사랑을 확인하고 키워 가는 작업은 곧 나와 내 가족, 그리고 내 이웃에 대한 사랑을 확인하는 일의 근간이라고 생각한다. 사랑하는 가족에 대한 내 잔소리와 비판의 말을 우리 가족이 너그럽게 받아 주는 것처럼, 한국인에 대한 내 어쭙잖은 고언도 많은 사람이 넓은 아량으로 읽고 우리 삶이 조금이라도 풍요로워지길 감히 희망해 본다.

한국 사회와 그 적들

콤플렉스 덩어리 한국 사회에서 상처받지 않고 사는 법

1판 1쇄 발행 2013년 3월 20일
1판 4쇄 발행 2013년 4월 15일

지은이 이나미
펴낸이 고영수

편집이사 조병철 **기획 · 편집** 노종한 최원준 박나래
경영기획 고병욱 **외서기획** 우정민 **마케팅** 유경민 김재욱 **제작** 김기창
총무 문준기 노재경 조은진 송민진 **관리** 주동은 조재언 신현민

펴낸곳 추수밭
등록 제406-2006-00061호(2005.11.11)
주소 135-816 서울시 강남구 논현동 63번지 청림출판 추수밭
　　　413-756 경기도 파주시 교하읍 문발리 파주출판도시 518-6번지 청림아트스페이스
전화 02)546-4341
팩스 02)546-8053

www.chungrim.com
cr2@chungrim.com

ⓒ이나미 2013

ISBN 978-89-92355-97-1(03180)